U0585362

邓小平自述

（修订本）

中共中央文献研究室
邓小平研究组
编

人民出版社

目录

开篇自述

　　我自从十八岁加入革命队伍，就是想把革命干成功，没有任何别的考虑，经历也是艰难的就是了。我一九二七年从苏联回国，年底就当中共中央秘书长，二十三岁，谈不上能力，谈不上知识，但也可以干下去。二十五岁领导了广西百色起义，建立了红七军。从那时开始干军事这一行，一直到解放战争结束。建国以后我的情况你们就清楚了，也做了大官，也住了"牛棚"。你问我觉得最高兴的是什么？最痛苦的是什么？在我一生中，最高兴的是解放战争的三年。那时我们的装备很差，却都在打胜仗，这些胜利是在以弱对强、以少对多的情况下取得的。建国以后，成功的地方我都高兴。有些失误，我也有责任，因为我不是下级干部，而是领导干部，从一九五六年起我就当总书记。那时候我们中国挂七个人的像，我算是一个。所以，在"文化大革命"前，工作搞对的有我的份，搞错的也有我的份，不能把那时候的失误都归于毛主席。至于"文化大革命"，那是另外一回事。我一生最痛苦的当然是"文化大革命"的时候。其实即使在那个处境，也总相信问题是能够解决的。前几年外国朋友问我为什么能度过那个时期，我说没有别的，就是乐观主义。所以，我现在身体还可以。如果天天发愁，日子怎么过？粉碎"四人帮"以后，我出来工作，从一九七七年到现在是七年，我相信没有犯大错误。但究竟怎样，让历史去评价吧！①

---

　　①　1984 年 3 月 25 日邓小平会见日本首相中曾根康弘时的谈话。《邓小平文选》第 3 卷，人民出版社 1993 年版，第 54—55 页。

第一章

走上革命道路

1

（我）生于一九〇四年七月十二日（农历），学生，父业教育。

（我）生于一九〇四年七月十二日（农历），学生，父业教育，同时又是军政界中人，同时又是一个小地主。[①]

我的家庭经济地位是一个将破产的小资产阶级的地位。我的父亲是一个小官僚，是进步党的党员。民国三年我的父亲曾任四川广安县警卫总办，所以家庭当时的生活，可谓丰满已极。其后进步党的势力在四川大失败，于是我的父亲亦随之下台，逃难在外约七八年之久。因之，家庭的经济亦随之而逐渐破产，直到现在，仍然继续处在逐渐破产的命运。不过现时中国军阀的势力还存在，小官僚还有依附军阀剥地皮的可能，所以我的家庭现在的生活可算是没有什么问题。

我的家庭除了我的父亲去捧军阀剥地皮得来的臭钱可以补助家庭的需用外，还有每年几十石租及几万株桑的收入。本来，这样的收入，如果过很俭约的生活，是很够了的。不过，我的父亲每每总要闹官派，以致家庭的经济往往发生困难。不过我两个兄弟的学费是不发生问题的。

至于我对于家庭的关系，以及家庭对于我的情感也可以说一说。我从母胎坠下来直到我十六岁出国时的生活都是过的很自由很丰富的生活——贵公子的生活。我的父母之爱我犹如宝贝一般。因为我自幼时资

---

① 邓小平在莫斯科中山大学学习期间撰写的个人简历。

◎ 邓小平出生在这里，他的童年和少年时代的大部分时光也是在这里度过的。

质就颇聪明，他们的爱我，自然是对我有很大的希望，希望我将来能够做官发财，光耀门庭。其后，我到了法国，我的环境使我发生了退婚的念头，尤其是我加入了共产主义的团体后，此念愈决。原来我在一岁的时候，我的父母为得要想早日养得孙儿，为要实行"不孝有三，无后为大"①的格言，所以在我不知不觉中就给我定了一位地主唐家的女儿。我到法国后，"自由恋爱"的呼声，充满了我的耳鼓，触发了我的心事，于是我决定写信回家退婚了。不久我便加入了共产主义青年团，更觉得一个不识字、不相识而毫无关系的女子，于我将来的革命工作实无补益且有障碍，于是又接连写了若干封信向我的父母请求退婚。不两月，父亲的回信到了，大骂我这种行为是不孝，是大逆，并且说"倘故意违拗，

---

① 出自《孟子·离娄上》。原文是："不孝有三，无后为大。舜不告而娶，为无后也，君子以为犹告也。"

家庭与汝从此脱离关系任其所为可也"的忿怒话来。我怎么办呢？当然，只有两条路：一是受家庭的软化；一是与家庭脱离关系。于是又写了一封回去坚持退婚的主张。结果，他们以后的来信，也不说脱离关系的话了，也不提及退婚的事了。最近几月简直没有通信了。至于我以后呢，也不写信回家去正式脱离关系，不过以后我对于家庭，实际上可说是已经脱离清了关系了。①

我于五岁就开始入国民小学读书，毕业后，十岁升入高小校，毕业后，十四岁升入中学校，入中学一年两月复去学，到重庆入留法勤工俭学预备校，一年卒业，即到法国。从十岁到出国时（十六岁）的生活，都非常浪漫，那时除了好玩以外，可说是没有思想。不过将到法的时间，我的脑中不外是以为到了法国什么都解决了，一则可以求学，再则可以找钱。

谁知到法后，情势大不然，到法之初虽然入了五个月的学校，然自一九二一年初华法教育会与勤工俭学生脱离经济关系后，我便无法继续求学，只好出校到法国克鲁梭（Creusot）大铁工厂做散工，两月后便又到巴黎领中法监护委员会所发的维持费。

一九二二年初因生活压迫，使我不得不到蒙达尔纪（Montargis）城做工钱极低的鞋工。

不过我自觉那时是有进步的。因为我起初在看关于社会主义的书报了。最使我受影响的是《新青年》第八九两卷及社会主义讨论集。我做工的环境使我益信陈独秀们所说的话是对的。因此，每每听到人与人相争辩时，我总是站在社会主义这边的。那时共产主义的团体在西欧已经成立了，不过因为我的生活太浪漫，不敢向我宣传。及到一九二三年五月我将离开蒙达尔纪时，同志舒辉瞕才向我宣传加入团体。我同时又与汪泽楷同

---

① 邓小平在莫斯科中山大学学习期间撰写的自传。《邓小平文集（1925—1949 年）》上卷，人民出版社 2024 年版，第 4—5 页。

志谈了两次话，到巴黎后又与穆清同志接洽，结果，六月便加入了。①

附：邓垦（邓小平胞弟）谈家世

我们家是个小地主，破落地主，只有四十亩地。四十亩土地，在我们那里叫两百挑。父亲长期在重庆不回来，家里很困难，经常欠债。父亲过去在成都念书，也担任过县联防团长、乡联保主任等地方小官。他属旧社会的人，有旧社会的一些坏东西，坏作风。但他对旧社会不满，对我们兄弟俩参加革命，一直采取支持、拥护的态度，从来没有反对过。我们这个家的组成是比较复杂的，我母亲生了五个孩子：老大是大姐，叫邓先烈，老二就是邓小平，在男孩子中排行老大，我们都称他大哥。接下来就是我二姐，邓小平走后不久她就死了。再下来就是我，一九一一年出生，行称老二。再下来是我三弟，叫邓蜀屏，解放后到重庆上革大，后到贵州地方工作，"文化大革命"中被逼死了。

我的母亲生了我们五个孩子，同时要承担全家里里外外的繁重事务，得了痨病，吐血，一九二四年左右就去世了。父亲找了继母，生了老四，叫邓先清，在成都工作。第二个继母夏伯根，原来丈夫姓陈，陈死后再嫁我父亲，她带来一个女孩，就是邓先芙，现在成都工作。夏到我家又生了两个女孩：一个死了，一个是邓先群。

夏伯根，劳动家庭出身，很能干，身体也很好，她跟我大姐的年龄差不多。她任劳任怨，大哥家的几个孩子她都带过，后来又到江西待了三

---

① 邓小平在莫斯科中山大学学习期间撰写的个人简历。《邓小平文集（1925—1949年）》上卷，第5—6页。

◎ 邓小平与胞弟邓垦。

年。她会做四川泡菜，大哥喜欢吃。大哥家十几口人吃饭，四世同堂，每天吃饭要开两桌，大人一桌，小孩一桌。大哥家的几个孩子都很喜欢她，她也离不开孩子们，她对邓家是有功的，作出了很大贡献。

我们曾祖父、祖父、父亲三代都是单传，到我们这一代才发展起来。常到邓小平家的是邓先芙、邓先群两姐妹，因为她们的母亲夏伯根还在，经常去看母亲。①

---

① 中共中央文献研究室第三编研部编：《话说邓小平》，中央文献出版社 2004 年版，第3—5 页。

2

我在法国呆过五年半，其中在工厂劳动了四年……这样的生活使我接受了马克思主义。

（我）受过中等教育。至于思想的变迁亦甚简单。我十六岁以前在中国，小孩子当然无思想可言，及到法国后，受了经济的压迫，致不得不转到工厂做工，变成了工钱劳动者。

生活的痛苦，资本家的走狗——工头的辱骂，使我直接或间接地受了很大的影响。最初两年对资本主义社会的罪恶虽略有感觉，然以生活浪漫之故，不能有个深刻的觉悟。其后，一方面接受了一点关于

◎ 1921 年 3 月邓小平（邓希贤）在法国的留影。

◎ 1921 年，邓小平（邓希贤）与同去法国勤工俭学的远房叔父邓绍圣合影。

社会主义尤其是共产主义的知识，一方面又受了已觉悟的分子的宣传，同时再加上切身已受的痛苦，于是遂于一九二三年加入了"中国共产主义青年团旅欧区"。总上所说，我从来就未受过其他思想的浸入，一直就是相当共产主义的。

一九二三年六月入团——在法国"中国共产主义青年团旅欧区"。

一九二五年四月入党——在法国"中国共产党旅欧支部"。

在法国，曾入过团，在党中曾任过组书记（旅欧支部之下）即支部候补委员。在青年团中亦曾作过相当的工作。[1]

一到法国，听先到法国的勤工俭学生的介绍，知道那时已在第一次世界大战后的两年，所需劳动力已不似大战期间（即创办勤工俭学期间）那样紧迫，找工作已不大容易，工资也不高，用勤工方法来俭学，已不可能。随着我们自己的切身体验，也证明了确是这样，做工所得，糊口都困难，哪还能读书进学堂呢。于是那些"工业救国""学点本事"等等幻想，变成了泡影。[2]

---

① 邓小平在莫斯科中山大学学习期间撰写的个人简历。
② 毛毛：《我的父亲邓小平》上卷，中央文献出版社 1993 年版，第 82 页。

◎ 邓小平（邓希贤）赴法乘坐的"鸯特莱蓬"号邮轮。

　　我也是一个工人，一九二〇年在法国当工人，那时才十六岁。当时是勤工俭学。勤工就是劳动，想挣一点钱上学。但这个目标没有实现。我在法国呆了五年半，其中在工厂劳动了四年，干重体力劳动。我的个子小，就是因为年轻时干了重劳动。当时工资很低。但也有个好处，在这样的生活中，使我接受了马克思主义。①

　　中国人对法国有特殊感情，这有历史渊源。中国共产党的第一批创始人中有相当数量的人在法国受过教育，这包括社会知识的教育。我曾在法国呆过五年半，在工厂做工近四年。我同工人关系很好，但你们的资本家也教训了我，使我和我们这批人受到教育，走上了共产主义道路，信仰

――――――――――

　　① 1985 年 4 月 24 日邓小平会见欧文·比伯率领的美国联合汽车工人工会代表团和威廉·温皮辛格率领的美国工会领导人访华团时的谈话。中华全国总工会、中共中央文献研究室编：《毛泽东　邓小平　江泽民论工人阶级和工会工作》，中央文献出版社 2002 年版，第 152 页。

◎ 邓小平（邓希贤）在施奈德工厂的档案卡。厂档案密码62175，工厂号码07396，注册日期为"1921年4月2日"，年龄"16岁"，"来自巴耶中学"。

◎ 邓小平（邓希贤）在哈金森橡胶厂的档案卡。工号为5370，上面有人事部的附注：辞职不干，不再雇用。

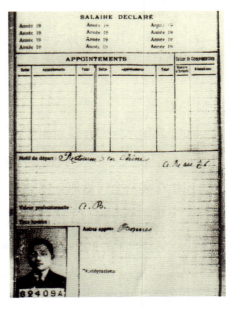

Nationalité Chinoise
Nom Teng
Prénoms He-Hien
Né à Se-Tchouan le 12-7-1904
Fils de Teng-Wen-Mun
et de Tsain-che-Teng
Profession ouvrier d'usine
Marié à Célibataire
Immatriculé à //
le // N° //
Carte d'identé n° 1.250.894 délivrée
le // à //
Arrivé le 13 Février 1922
Adresse Tanglée
Parti le 3 Novembre 1922
pour se rendre Chatillon-sf-Seine (Collège)
Observations
Revenu le 1° Février 1923 Tanglée
Parti le 11 Juin 1923 à La Garenne-
Colombe, 42 Rue de la Pointe.

◎ 邓小平（邓希贤）在夏莱特市政府外国人登记簿上的登记记录。登记时间为 1922 年 2 月 13 日，身份卡上的编号为 1250394。

◎ 邓小平（邓希贤）在雷诺汽车厂的工卡。这家工厂至今还保存着这个工卡。登记日期为 1925 年 11 月 6 日。住址为比扬古尔市特拉维西尔街 27 号。熟练工种工人，分配在 76 号车间，磨件单位工价 1 法郎 5 生丁。

◎ 1924 年 7 月，出席旅欧中国共产主义青年团第五次代表大会的代表在法国巴黎合影。后排右三为邓小平（邓希贤），前排右六为周恩来。

马列主义。[1]

我加入团体后，自信对团体的工作是未尝稍息的。[2]

我自一九二三年六月加入中国共产主义青年团旅欧区后，曾在旅欧共青团执行委员会（支部）任了两届宣传干事，同时受了团体的命令与傅烈同志为华工会办理《工人旬报》。一九二三年底因执行委员会书记部需人做事，我遂向工厂请假一月到书记部工作。

一九二四年八月[3]旅欧区第五届代表大会，我被选为区执行委员会委员，在书记局担任财政及行政的工作。

第六届代表大会后一九二五年初，我又到里昂做工，复任宣传部副

---

① 1985 年 8 月 31 日邓小平会见法国对外关系部部长罗朗·迪马时的谈话。

② 邓小平在莫斯科中山大学学习期间撰写的个人简历。

③ 在 1924 年 7 月 13 日至 15 日。

主任，并任青年团里昂支部训练干事。是年四月我又由中国共产党旅欧支部争取入党，并任党的里昂小组书记。六月初，因在巴黎的负责同志为反帝国主义运动而多被驱逐，党的书记萧朴生同志曾来急信通告，并指定我为里昂克鲁梭一带的特别委员，负责指导里昂克鲁梭一带的一切工作。当时我们与巴黎的消息异常隔绝，只知道团体已无中央组织了，进行必甚困难。同时又因其他同志的催促，我便决然辞工到巴黎为团体努力工作了。到巴黎后，朴生同志尚未被逐，于是我们商议组织临时执行委员会，不久便又改为非常执行委员会，我均被任为委员。同时又继续进行行动委员会的反帝国主义工作，我被团体指定为行动委员会中文书记。

一九二五年八月第七届大会我又被选为区执行委员。同时又为中国国民党驻法总支部监察委员会书记，负责国民党一切工作，这也是团体指定的。

一九二五年底第八届大会后我便设法来此了。

以上便是我对团体服务的经过。①

我在法国的五年零两个月期间，前后做工约四年左右（其余一年左右在党团机关工作）。从自己的劳动生活中，在先进同学的影响和帮助下，在法国工人运动的影响下，我的思想也开始变化，开始接触一些马克思主义的书籍，参加一些中国人的和法国人的宣传共产主义的集会，有了参加革命组织的要求和愿望，终于在一九二二年夏季被吸收为中国社会主义青年团的成员。我的入团介绍人是萧朴生、汪泽楷两人。②

我加入共青团时，是和蔡大姐一起宣的誓，誓词是事先背好的。入党宣誓是一件很庄重的事，可以使人终生不忘。③

---

① 邓小平在莫斯科中山大学学习期间撰写的自传。《邓小平文集（1925—1949 年）》上卷，第 7 页。

② 毛毛：《我的父亲邓小平》上卷，第 110 页。

③ 1980 年 2 月 5 日邓小平同胡耀邦、胡乔木、邓力群谈对《中国共产党章程（修改草案）》二月三日稿的意见。

我在《赤光》上写了不少文章，用好几个名字发表。那些文章根本说不上思想，只不过就是要国民革命，同国民党右派斗争，同曾琦、李璜他们斗争。①

我们那时候（指在法国——编著）生活很苦，职业化以后生活来源是公家，但只能吃点面包、煮点面条。我们那时候的人不搞终身制，不在乎地位，没有地位的观念。比如说，在法国赵世炎比周恩来地位高，周恩来比陈延年地位高，但回国以后陈延年的职位最高。陈延年确实能干，他反对他老子（陈独秀），见解也比别人高，他的牺牲很可惜。赵世炎回国后工作在他们之下，并不在乎。大家都不在乎地位，没有那些观念，就是干革命。这是早期共产党员的特点。

那个时候能够加入共产党就不容易。在那个年代，加入共产党是多

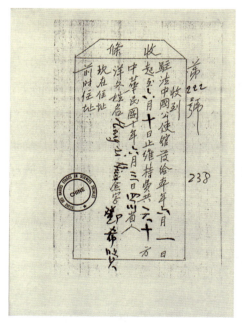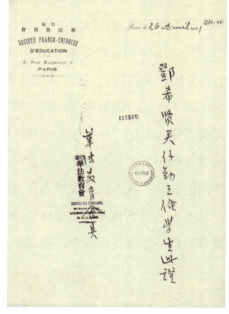

◎ 邓小平（邓希贤）签收的华法教育会的维持费收条。

---

① 毛毛：《我的父亲邓小平》上卷，第118—119页。

大的事呀！真正叫做把一切交给党了，什么东西都交了！①

我在法国呆了五年多，一九二五年底离开。五十年后再去，感到法国变样了。我问了警察，我原来在巴黎住的地方已经找不到了，是在意大利广场。我看到法国的农村也变了，我喜欢你们过去的农村，很漂亮。②

对中国的责任，我已经交卷了，就看你们的了。我十六岁时还没有你们的文化水平，没有你们那么多的现代知识，是靠自己学，在实际工作中学，自己锻炼出来的，十六七岁就上台演讲。在法国一呆就是五年，那时话都不懂，还不是靠锻炼。你们要学点本事为国家做贡献。大本事没有，小本事、中本事总要靠自己去锻炼。③

附：邓垦谈邓小平留法勤工俭学的情况

一九一九年下半年，大哥已在念中学了，由于欠了很多债，我父亲长期不在家，上学交学费都很困难。当时吴玉章几个人创办留法勤工俭学预备学校，我的父亲在重庆知道这个事情以后，就写信回家，要他去读留法预备班，准备到法国勤工俭学。我父亲呢，极力主张，我母亲舍不得，不赞成。大哥很愿意去，加上家境困难，听说能出去留洋，也都做母亲的工作，家里还有一场争论，他就跟母亲又讲道理，又争论。最后还是说服了母亲，同意了，母亲是很勉强同意的。我那时只有几岁嘛，但是他走的

---

① 毛毛：《我的父亲邓小平》上卷，第138、139页。

② 1987年5月5日邓小平会见法国外交部部长让-贝尔纳·雷蒙时的谈话。中共中央文献研究室编：《邓小平年谱》第5卷，中央文献出版社2020年版，第484页。

③ 1993年1月3日邓小平给孙辈们的信。

那个情景，我知道，家里都集中啊，欢送他嘛，然后他就很简单地走了。行李，那个时候，四川农村出个门，背个包袱，里面有几件换洗衣服就行了。我们家离重庆还有二百多华里，要经过一个合川县。

大哥到重庆读书，在重庆念了一年多一点，就动身去法国。同行的有三人，一个邓小平本人，一个叫邓绍圣，是我们的堂叔，我们称他"幺叔"，另一个是远亲胡伦（胡明德）。这几个人既是同县（广安县）人，又是同乡（协兴乡）人，又是有些亲戚关系的，家里人还比较放心些。走的时候，大哥年龄很小，只有十六岁。我记得走前，他由重庆回到家里看了看。我当时还很小，只有八九岁。他走时家里借了一笔钱。

我清楚地记得，他去法国两年后，家中突然收到他从法国寄来的一封长信，内容是说他参加了革命，参加了什么革命组织，要为国家富强、为天下穷苦人翻身解放而努力，不能回家了。从事革命活动就不能回家了，他就把这个事情告诉了家里。当然，家里嘛，父母特别是我的母亲很着急，很伤心的。我的母亲非常爱邓小平。她是那个旧

◎ 旅欧中国共产主义青年团机关刊物《赤光》。

社会的妇女嘛。邓小平是长子，母亲当时维持那个家庭是很困难的，她就很希望邓小平长大了以后，来管理家事，就盼望他回家来。旧社会嘛，老太婆嘛，希望他回家，这一下不能回家了。

他在信中提出两个要求：一是从此不能回家，也不能顾家了；二是要求废除旧式婚约。当时四川农村很兴娃娃亲，他很小就跟一个姓唐的家庭定了娃娃亲。他来信提出这两条是理所当然的。可是母亲急得要死，急出病来了。大儿子不能回来，不能见面了，从此一直发病，过了大约两年多就吐血死了。唐家也很着急，后来慢慢说通了，那个姓唐的女孩子，我见过，很老实，在我家呆过一年多，她后来也同意出嫁。她出嫁，由我们邓家办全嫁妆，是作为邓家女儿嫁出去的。

大哥在法国参加革命后，曾在赵世炎、周恩来指导下办过一份杂志叫《赤光》。他经常往家里邮寄，寄了有七八期。我参加革命，我的思想是受他的影响，我当时才十几岁，还念小学，什么都不懂，只看到封面有光身子小孩，里面内容看不太懂，当时政府也不懂、也不管，我就存放在家里。到我念初中后，逐步看懂了，什么帝国主义侵略、劳苦大众、劳农政府、剥削被剥削、苏维埃、人人平等、为穷苦人民谋利益等。一九二九年我在家乡上中学，高中时代，我在南充。一九三〇年我到成都，一九三一年春赴上海去上大学。我由"赤色群众"逐步走上革命道路，最早最初受的革命思想影响，就是大哥寄回的《赤光》杂志。①

---

① 中共中央文献研究室第三编研部编：《话说邓小平》，第5—7页。

3

我来莫的时候，便已打定主意，更坚决地把我的身子交给我们的党，交给本阶级。

◎ 莫斯科中山大学旧址。

我们那时在法国是一批一批去莫斯科的，我算是第一批。当时我们在法国的党员有三百多人，大体上有二百多人到莫斯科中大。①

我没有访问过你们那里，但是我去过你们那里。那是一九二五年，从巴黎经过柏林，住了一个星期，受到德国党非常热情的照顾。二十几个同志分住在德国同志家里。当时德国工人生活很困难，德国同志夫妇只有一个房间，让我们睡床上，他们睡地板，把最好的东西给我们吃，真是共产主义者、国际主义者。除

---

① 1983 年 10 月 21 日邓小平会见高理文、罗亚南夫妇时的谈话。《邓小平年谱》第 5 卷，第 239 页。

了参观，还专门请我们看了红色赤卫队的训练。所以，我对德国共产党不生疏。那个时候我们从接触中了解到，德国党对中国革命抱有很大的热情。我们两党、两国工人阶级、两国人民声息相通，历史很久。我们要相互关心，发扬那个时代的友谊。①

我过去在西欧团体工作时，每每感到能力的不足，以致往往发生错误，因此我便早有来俄学习的决心，不过因为经济的困难使我不能如愿以偿。现在我来此了，我便要开始学习活动能力的工作。

我更感觉到而且大家都感觉到我对于共产主义的研究太粗浅。列宁说：没有革命的理论，便没有革命的行动；要有革命的行动，才能证验出革命的理论。由此，可知革命的理论于我们共产主义者是必须的。所以，我能留俄一天，便要努力研究一天，务使自己对于共产主义有一个相当的认识。

我还觉得我们东方的青年，自由意志颇为浓厚，而且思想行动亦很难系统化，这实于我们将来的工作大有妨碍。所以，我来俄的志愿，尤其是要来受铁的纪律的训练、共产主义的洗礼，使我的思想行动都成为一贯的共产主义化。

我来莫的时候，便已打定主意，更坚决地把我的身子交给我们的党，交给本阶级。从此以后，我愿意绝对地受党的训练，听党的指挥，始终为无产阶级的利益而争斗。②

我来此虽不久，团体对我已有很正确的批评，使我知道自己的缺点，向着自新的路上走去，向着使我成就一个真正的共产党员的路上走去。我已有在我的错误中去改我的错误的决心，使自己得到进步。③

---

①　1986 年 10 月 23 日邓小平会见德国统一社会党中央总书记、德意志民主共和国国务委员会主席埃里希·昂纳克时的谈话。《邓小平年谱》第 5 卷，第 445—446 页。

②　邓小平在莫斯科中山大学学习期间撰写的自传。《邓小平文集（1925—1949 年）》上卷，第 8 页。

③　1926 年 1 月 19 日至 22 日邓小平在莫斯科中山大学填写的《每周活动研究成绩表》。《邓小平年谱》第 1 卷，第 27—28 页。

第二章

投身国内革命

1

当时，焕章（冯玉祥）先生要求我们党派人到西北军。我们从莫斯科来了二十多人。当时，我们有三个人打前站，我就是其中的一个，那时我才二十三岁。

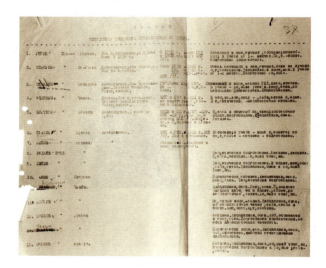

◎ 莫斯科中山大学派往中国北方的同志的名单和鉴定：多佐罗夫，中山大学学员，四川人，知识分子，军官子弟，曾旅法学习……

在中大（指莫斯科中山大学——编者注）呆了一年，我们二十几个人回国了，说是冯玉祥要人。结果交通不通，只有我们三个人随运子弹的车到宁夏。一路走沙漠，骑骆驼，一个月老晒太阳，很热。①

这个学校（指西安中山军事学校——编者注）是当时担任国民革命军驻陕总司令的于右任办的，于当时属于国民党左派，这个学校的主要职务都是由党派人担任的。校长史可轩是党员（后牺牲），副校长是由苏

----

① 1983 年 10 月 21 日邓小平会见高理文、罗亚南夫妇时的谈话。《邓小平年谱》第 5 卷，第 239 页。

联回国的李林同志（我们在法国就熟识，李后在中央苏区牺牲），我同时担任校党的书记。学校经过短期筹备，很快办起来，学生不少是党团员，除了军事训练外，主要是政治教育，健全和发展党团等项工作。政治教育主要讲革命，公开讲马列主义，在西安，是一个红色的学校。这个学校在一九二八年成为陕西渭华暴动的基础。①

◎　戎马生涯的邓小平。

今天我们在一起纪念焕章（冯玉祥——编者注）诞辰一百周年。焕章先生是很值得我们纪念的人物，他一生有相当长的时间为国家和人民做了许多好事，建立了丰功伟绩。他也是同我们党长期合作的朋友。李德全大姐（冯玉祥的夫人——编者注）是很好的同志，我们也很怀念她。

弗能（冯玉祥的大女儿——编者注）是我在苏联东方大学的同学，她是我们班上年纪最小的，只有十五六岁。当时有两个人是我们班上最年轻的，一个是冯弗能，一个是蒋经国。

---

① 毛毛：《我的父亲邓小平》上卷，第157页。

当时，焕章先生要求我们党派人到西北军。我们从莫斯科来了二十多人。当时，我们有三个人打前站，我就是其中的一个，那时我才二十三岁。记得一九二六年跟李大钊的弟弟一起经过大沙漠，坐的是运军火的汽车，当时交通很不方便，我们在库伦呆了一个多月，才回到内蒙古。①

① 1982年9月14日邓小平接见冯玉祥将军亲属时的谈话。中共中央文献研究室、中共四川省委编著：《邓小平画传》上，中央文献出版社2014年版，第55页。

2

当时我们二十几个人是分三天陆陆续续进来的，我是第一批进来的，最后走的，在这里待了六天，会议开了一天一夜。

当时我们二十几个人是分三天陆陆续续进来的，我是第一批进来的，最后走的，在这里待了六天，会议开了一天一夜。当时政局变化很大，决定一部分人举行南昌起义，一部分人开这个会议。

八七会议前，我住在武昌三道街，那是党中央所在地。会后，武昌局势紧张，我搬到汉口，和李维汉同志住在一个法国商人的酒

◎ 位于湖北省汉口三教街41号（今鄱阳街139号）的八七会议会址。

◎ 八七会议会场及八七会议记录手稿。

店楼上。那时我不是党中央秘书长，一九二七年底我才当党中央秘书长。这个时候我是秘书。那个时候，陈独秀要搞大中央，搞八大秘书，我就算一个，以后没搞齐。

首先要讲八一南昌起义。会议是号召举行全国武装起义，会后在全国各地相继组织武装起义，虽然八一南昌起义在八七会议之前，但八一南昌起义也是体现八七会议方针的。①

---

① 1980 年 7 月 15 日邓小平参观八七会议会址时的谈话。刘建华、刘丽主编：《邓小平纪事（1904—1997）》下，中央文献出版社 2018 年版，第 598—599 页。

3

我们在上海做秘密工作，非常的艰苦，那是吊起脑袋在干革命。

我们在上海做秘密工作，非常的艰苦，那是吊起脑袋在干革命。我们没照过相，连电影院也没去过。我在军队那么多年没有负过伤，地下工作没有被捕过，这种情况是很少有的。但危险经过好几次。最大的危险有两次。一次是何家兴叛变，出卖罗亦农。我去和罗亦农接头，办完事，我刚从后门出去，前门巡捕就进来，罗亦农被捕。我出门后看见前门特科

◎ 20 世纪 20 年代末至 30 年代初设在上海的中共中央机关所在地，位于云南路 47 号（今云南中路 171—173号）。这张照片是 1946 年拍摄的。

一个扮成擦鞋子的用手悄悄一指，就知道出事了。就差不到一分钟的时间。后来罗亦农被枪毙了。

还有一次，我同周总理、邓大姐、张锡瑗住在一个房子里。那时我们特科的工作好，得知巡捕发现了周住在什么地方，要来搜查，他们通知了周恩来，当时在家的同志就赶紧搬了。但我当时不在，没有接到通知，不晓得。里面巡捕正在搜查，我去敲门，幸好我们特科有个内线在里面，答应了一声要来开门。我一听声音不对，赶快就走，没有出事故。以后半年的时间，我们连那个弄堂都不敢走。

这是我遇到的最大的两次危险。那个时候很危险呀！半分钟都差不得！①

附：邓垦谈一九三一年在上海找邓小平时的情景

一九三一年我到上海求学，临走的时候我父亲要求我，说"你到上海去找找你哥哥"。因为胡伦曾给家里来信，说大哥可能在上海。我到上海就找吧。我父亲当时对旧社会也是不满意的，对我们兄弟俩参加革命，一直采取支持、拥护的态度，从来没有反对过，父亲知道小平在干什么。

我当时不到二十岁，到上海后到处找老乡打听，上海有广安老乡几十人，打听不到他的下落。上海情况很不熟悉，语言不通，熟人也不多，找来找去没着落。我找得没有办法，突然想出一个幼稚的办法，当时我看到报上有很多"寻人启事"。结果我就到当时的《时事新报》登了"寻人启事"。我很清楚地记得，那是一九三一年五月一日。当天该报只出半张报，启事

---

① 毛毛：《我的父亲邓小平》上卷，第193—194页。

内容就讲：邓希贤兄，我现在已到上海，住在什么地方，希望你见报以后来找我。因为那时候国民党特务用这种方法抓人的也有，登报用亲戚的名义，结果你去找会碰到特务。后来据他们讲，他们先派了地下交通化装了之后，到我登报的那个地方来了解，看有没有几个四川人在那读书，其中有没有一个邓先修，房东说有，后来他自己亲自来找我。有一天下午，我们四个青年人，都是四川我们的同乡、同学，正在一个小房子里聊天，突然间进来一个人敲门，他登门时穿着长衫，戴着便帽，学者样子，一进门就问你们这儿有没有一个邓先修。当时我想，我在上海没有熟人啊，怎么会有人找我？一下子想到了我登的报，一看这个面孔还有印象，因为他

◎《时事新报》登载的邓垦的"寻人启事"。

走的时候我只有七八岁，隔了十三年，变化很大，他那时二十八九岁，还有点印象。我就看出来了，我说我是邓先修。他说：好好好，你登了个报我们知道了。你收拾收拾跟我走，马上跟我走。我就跟他走。他在一个乱七八糟的地方预定一间房子，跟我谈话、接触。那个地方流氓、妓女、叫花子成堆，特务也不管。我们在一起，他先简单地问了一下家庭情况，那时候我母亲已经去世了，我父亲还在。简单地说明一下，我这次到上海来，是求学的。我知道他早就是共产党员了，讲了我想参加革命的愿望。他说："不要多说了，其他的事情以后再说，现在你赶快回去，立刻搬家，越快越好。不仅你自己要搬，而且你那三个同学都要搬，全部离开这个地方。"并要我搬了新的地方后告诉他。我就知道了他的意思。因为我也参加了共青

团。当时东西很少，一包东西，一张小铁床，我就搬到了一个同学家。

登报是一九三一年五月一日，他来找我是五月中旬，五月至七月他去过几次，我也去他熟人家见过他，一边打牌，一边谈话，别人不注意。此时一个姓戴的同志介绍我参加一个国际组织"赤色互济会"，救济狱中的同志。有时参加游行、集会，还搞"飞行集会"那一套。

几个月之后，大哥就去江西中央苏区了，我们分开了。在这期间他带我到张锡瑗的墓地看了看。从这以后又过了十五年，"七大"以后我们又在延安见了面。①

---

① 中共中央文献研究室第三编研部编：《话说邓小平》，第7—9页。

第三章

红旗飘过左右江

1

（我）二十五岁领导了广西百色起义，建立了红七军。从那时开始干军事这一行。

◎ 红七军政治委员兼前敌委员会书记邓小平。

我对一九二九年至一九三〇年时期红八军和左江革命斗争的情形，简述如下：

（一）一九二九年，广西俞作柏、李明瑞领导的反李（李宗仁）、白（白崇禧）斗争，于当年七月失败。失败时，我党同志领导的武装警备第四大队和第五大队于南宁起义。第四大队由张云逸（大队长）同志率领到广西右江百色地区，于

十一月在百色揭起红旗，成立了中国工农红军第七军。第五大队由大队长、党员俞作豫同志率领到广西左江龙州地区。李明瑞当时不是党员，亦随到龙州。于一九三〇年四五月间揭起红旗，成立了红军第八

军，俞作豫同志任军长，我兼任政治委员。其时，李明瑞同志被中央批准加入了我党，并被任命为红军第七、八两军总指挥，我兼任政治委员。

（二）红八军成立的时候，约两千多人不到三千人，其时，我正在上海向中央报告工作。当我一九三〇年七月底由上海经越南回到龙州时，敌情开始比较紧急了。我同李明瑞、俞作豫等同志商量，由于当时左江群众基础很薄弱，红八军也比较孤单，人数也不多，乃决定靠向右江红七军。我在龙州只住了几天，即由红八军派一个连护送，先到右江与红七军取得联络。我到右江后，十月才与红七军会合，其时第八军已在左江失败，失败的时间大约在八九月间。由于警惕性不高，被李、白部队突然袭击，大部分被打散了，俞作豫同志去香港，由香港当局引渡到广州，被国民党杀害了。由李明瑞、袁也烈（当时名袁振武）等同志收集了八九百人于十月辗转到达右江与红七军会合。这些人被编成为红七军的一个团，由袁振武同志任团长，李明瑞同志仍任红七、八两军总指挥，随红七军到了江西，后在江西中央苏区牺牲。

（三）红八军失败的原因，主要是警惕性太差，特别是由于迷恋于龙

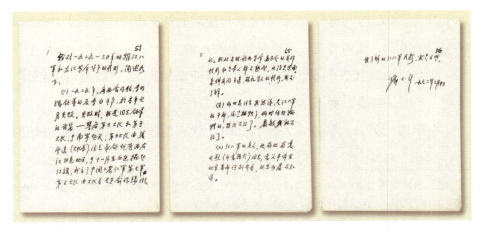

◎ 1972 年 6 月 20 日，邓小平对红八军和左江革命斗争的回忆。

◎ 广西百色红七军军部旧址内邓小平与张云逸的住室。

州的税收，没有按照决定迅速向右江红七军靠拢。①

一、我是中央的代表，任务是做上层统战工作和领导广西全盘工作，七月到南宁。二、我在广西时，广西特委（不是省委），没有设立军委。三、一九二九年底，中央电令我回上海报告工作，途经香港驻了两三天，那个报告（《关于广西红军工作布置的讨论》的补充报告——编者注），谈了左江的发动，从内容看，可以确定是我作的。②

我是以中央代表的身份对俞作柏、李明瑞做统战工作的。同时对广西党（当时是特委，而不是省委）有领导责任。

在第四、第五大队撤向左、右江时，就有创建红军和革命根据地的

---

① 1972 年 6 月 20 日邓小平对红八军和左江革命斗争的回忆。《邓小平文集（1949—1974 年）》下卷，人民出版社 2014 年版，第 306—307 页。

② 1984 年 8 月 29 日邓小平对中共广西壮族自治区委员会党史办公室来函的答复。《邓小平手迹选》第 4 卷，中国档案出版社 2004 年版，第 34 页。

决策，并派龚饮冰同志回上海，向中央报告。到百色后，即得中央电示，予以批准，遂决定于十月革命节打红旗，建立红七军。

河池会议改选了前委，我仍是前委书记，陈豪人是前委的成员。①

我对广西很熟悉。

川军不能打，四川军战斗力最差。云南兵能打。那个时候他们（滇军）打广西，分两路，卢汉（滇军总指挥）带两个师往龙州那条路，他（滇军师长张冲）就带一个师往百色这个路，三个师就要打广西啊。

那个时候中央提出三个口号："打到柳州去！打到桂林去！打到广州去！"红七军、红八军不得不执行中央的决定，他们打仗很勇敢，但是，敌强我弱，红八军最后拼到只剩下七八十个人的一个团了……

特别是李明瑞。不仅勇敢能吃苦，又会带兵打仗。七军北上开往江西的时候，李明瑞从来没有骑过马。我和他带一个先遣连（又叫特务连），一直走在队伍前面，李明瑞是个艰苦奋斗的人。

我同李明瑞第一次见面，我是从百色到龙州，他们驻龙州，八军。那个时候还没有打红旗啊，那个时候见面。……

不要宣传我，要多宣传李明瑞，他英勇善战，北伐时期已会指挥打胜仗。

李明瑞健在的亲属，你们要多多关照他们。

百色起义后，红七军在平果附近和滇军张冲打过一仗相当激烈。

在百色、龙州起义过程中，有一天我在百色地区活动，在一条偏僻的小山路上遇到几个拦路抢劫的土匪。土匪拔出尖刀顶住我的额头，头皮被刺出了血。后来，抢走了我二十块光洋，才幸免脱险，终于摆脱了歹徒的纠缠，顺利到达目的地。

---

① 1985 年 6 月 20 日邓小平通过办公室给中共广西百色区委员会党史征集办公室的回信。《邓小平年谱》第 5 卷，第 352 页。

广西右江地区，是一个比较有群众基础的地区，这里有韦拔群同志那样优秀的、很有威信的农民群众的领袖。东兰、凤山地区是韦拔群同志长期工作的地区，是很好的革命根据地，这给红七军的建立与活动以极大的便利。①

云南军队能打仗，最沉着。但是每个兵都是两杆枪，一个是步枪，一个是烟枪。抽鸦片烟走不动路，所以滇军是打防御战打得好。我曾经与张冲打了一仗，在百色东面平马附近。张冲是云南的战将，滇军三个师就要打广西！后来张冲参加了革命，他是彝族人，解放后才死的。②

我同李明瑞第一次见面是从百色到龙州的路上，李明瑞入党是我到上海请中央批准的，我们两人一路走向江西。李明瑞是红七、红八军的总指挥，我是总政委，苏维埃主席是雷经天。八军被打垮了，七军能打。俞作柏跑到香港去了，李明瑞是坚决的！③

附：邓小平起草的《七军工作报告》

一　八军的经过

（一）我去年由中央到龙州是二月七号，到后知道龙州已于本月一日成立左江革命委员会，八军全部正在出发会同七军攻南宁，我仅与留守后方的宛旦平同志会面，得知八军及左江工作大略：1. 左江政权仍在动摇时

---

① 1986 年 1 月 27 日邓小平游览漓江途中的谈话。邓榕：《我的父亲邓小平：戎马生涯》，中央文献出版社 2010 年版，第 25 页。
② 毛毛：《我的父亲邓小平》上卷，第 242 页。
③ 毛毛：《我的父亲邓小平》上卷，第 273 页。

期。2.革委虽然成立，然尚无实际工作。3.大军出发后，留守后方的是极靠不住的收编的队伍。4.八军本身的基础完全在旧军官手中，甚至有好些同志都没有分配带兵的工作。根据中央不打南宁的决定及这些条件，乃停止了下南宁的行动，并电七军亦停止此行动，并指出从主客观的条件上来估计，攻南宁必遭一个失败的结果，特别是第八军本身更为危险，如到南宁打了败仗，有全军覆灭的可能。

（二）停止了攻南宁之行动的第三日即得到七军由右江来的电报，报告已在隆安失败，同时我们召集了一个干部（包括地方党部）会议，决定八军暂时组织一个前委，因为当时我的计划是与七军汇合后八军即取消，健全七军实力。在会议中我根据中央指示作了一个口头报告，决定了八军及左江工作方针：1.以龙州为中心发动左江土地革命，一方面分配所有的同志到下层群众中去做实际的工作，反对机关的工作方式；一方面分发队伍到龙州附近几县游击，发动土地革命及建立苏维埃、农会等政权及群众的组织，我们是这样进行了。2.八军的总方向是与七军汇合向外发展，应

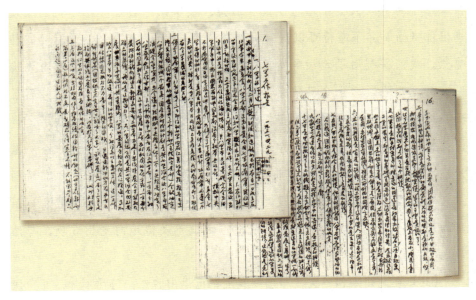

◎ 邓小平起草的《七军工作报告》手稿。

多方设法与七军联络，八军的发展方向应向右江推进。3.加紧八军本身的改造，肃清旧的军官，分配同志以主要的工作。这一工作因作豫同志执行不力发生了极大的困难。4.迅速解决地方有反动可能的武装（因技术上不完善只解决了大半），武装农民（发了三百多支枪）好组织工人农民赤卫队，以为扩大红军之基础。5.此外对于党、政权、红军的工作均有相当具体的决定。

（三）上面这些决定，在短期内作出了相当成绩，但因干部的缺乏（地方工作干部简直没有）收效仍然不多，发动群众方法完全不懂，不能回答群众的问题，斗不过敌人的把戏。

（四）同时我们注意到反帝国主义的工作，因为左江与法占地（指今越南，当时为法国殖民地——编者注）接壤，一般群众反法的热情很高，"打倒老番"的口号每一个群众都懂得都热烈地拥护。不过过去反法的运动为流氓及封建势力所领导，所以我们将反法运动与土地革命，与苏维埃政权，与反帝、反国民党联系起来，作广大的宣传，收到了相当结果。在二月中旬群众大会中通过了没收海关、领事馆、教堂财产并驱逐法领事出境（当时并不懂得可以讲一讲外交政策），群众甚高兴，游行时亦甚热烈。我们并利用了无线电发英法文通电于全世界。后法政府曾派飞机一架到龙州附近之上金县侦察示威，适我军一营开往游击，当即号召了千余群众，口号之声震天，士兵开枪，司机慑群众威，致飞机跌下，得机关枪一挺、手枪几支、炸弹十余个。三法人，一死二重伤（住医院医治）。后阅报载，法政府曾将此事向南京政府抗议，结果不知。总之帝国主义对龙州赤色政权非常重视，特别是对安南（今越南——编者注）革命的影响，给法以极大之恐慌，故敌军之迫不及待地向龙州进攻，与法帝之催促有很大的关系。

（五）在龙州工作不久，即确知我七军已退出右江，何往不知，并得探报，桂系将以重兵犯龙州。我们当时考虑龙州是绝对不能守的，敌来必退，同时八军如不与右江七军联络将感极大之困难，故决定速下靖西，加紧龙州附近的群众工作，地方政权有相当基础时八军即全部向右江推进。决定后我即率一纵队攻靖西，因为与右江联络我自己去比较好，同时八军第一纵队的改造也要我自己去才有办法，靖西有电话，指挥龙州工作不成问题。

（六）攻靖西数日不下，适右江向都县委书记来到，报告右江沿岸还有果化在我们手中，故我决定带一连人去联络，转达中央指示。临行时电告龙州务须照前决定原则进行，如敌来即向右江前进，即敌不来，左江工作有相当基础时亦须照前决定迅速向右江推进，求得与七军整个的联络。

（七）我一连人冲到右江，始知沿岸完全为敌占领，七军已退入东兰一带，惟沿岸还有几个赤色乡村，故得偷渡右江，在一乡村（赤的）住了半月之久，始得机会冲到东兰，其时已是三月下旬了。

（八）到达东兰之第二日，适作豫派了两个卫队（东兰人）亦到，报告龙州已于我离靖西之第三日失败，因侦探不好，敌人到了城边还不知道是桂系主力，以为是土匪，及至接触了两小时后听到大炮机关枪声才懂得，但结果是被敌人冲散，全部无法退右江，只得逼退安南方向之凭祥，又受敌追兵打击（旦平同志即于此时牺牲），曾一度冲向右江但无效，乃又退回粤桂边企图去玉林一带工作（作豫家乡，过去有相当的基础），但中途即发生部队叛变（叛变官长是作豫始终不肯撤换的），作豫仅得几十卫队，曾一度冲向右江来联络不果，后闻将武装交给地方同志，只身到港遂被捕。攻靖西之第一纵队（龙州的为第二纵队）得到龙州失败的消息，乃经滇边向右江前进，企图到东兰与七军联络。到右江之凌云（接近苏区仅数十里），因技术上及侦探不好，受了敌人极大打击，损失三分之一，乃退贵州边界，受编于贵州一个土匪队伍（改组派收编的），仍与东兰设法联络，几次不成功，直到七军回右江才取得联络，更于七军第二次向外发展才汇合起来，此时该纵队仅存二百支枪了。这部队能得到这样的结果还是改造得比较好的原故。八军失败，龙州政权亦失败。

（九）八军开始成立时的武装约枪一千支（内坏枪约有三百支），组织两个纵队，每纵队两营六连，另有一挺机关枪，一门迫击炮，还有一个手枪连。

（十）以上就是八军的成败兴亡史。

二 七军的经过

（一）由百色转变到隆安之役。

一九二九年十月革命节日，以广西警备第四大队及东兰农民武装为基础转变成了第七军，转变后兴奋了右江的群众，百色、平马的群众大会到的群众非常之多而热烈，红军本身的情绪非常之好，战斗力亦甚强，在隆安作战中充分表现出来。

惟当时前委没有将中心工作摆在发动群众深入土地革命上面，而决定了打南宁的行动。当时前委的估量是打南宁极有把握，桂系主力在前线没有开兵回来的可能，轻视了攻坚和敌人的力量，结果到隆安即与敌人接触，经过三天最激烈的作战，敌人的损伤虽比我们为大，我们的损伤亦不小，好几个很得力的干部亦于此役牺牲，加上作战的指挥太差，双方都成为各自为战的局面，结果是我们失败了，耗费了子弹不下五十万发。

我们对于此次行动指出了不但轻视了敌人，主要的还是忽视了发动右江群众深入土地革命，巩固右江苏维埃政权的错误。当时右江群众情绪虽已开展起来，但过去并没有经过斗争，始终是暴发户，纯粹由红军弄起来的。如果不注意用正确路线来发动群众，群众的情绪是不能保持下去且易走到失败情绪上去的。打下南宁固好，打不下，一失败下来则必给群众一个很大的打击。同时，当时作战完全没有运用群众的战术，单凭红军的力量，深入白色区域去打硬战，处处受敌人（豪绅民团）的扰乱。如果当时作战不在隆安而在赤区的果化，很有消灭敌人三团的可能。我们更指出这次幸好在隆安失败，如果有一个小的胜利，直追南宁，有全部或大部被敌人消灭的可能。

（二）由隆安失败到向外游击时期。

隆安失败后，完全放弃了右江沿岸。平马为敌占领，我军曾一度进攻平马，但无最后决心，故未成功，乃向东兰退去。此次攻平马没有决心是一错误，因为如果攻下了平马，可以保持群众的情绪。事实上是可以攻下的，攻下后可以得敌人不少的辎重。后敌人追至亭泗与我接触，战甚烈，双方损失均不小，结果双方均同时撤退。这次军事上如果有最后决心，可以全部消灭敌军两团，因在作战中我较占优势也。亭泗作战时我军士气仍好，失败后则大不如前了。

亭泗战后，前委即讨论行动问题，决定向外游击一时期，乃留第三纵队在东兰右江工作，一、二纵队向河池方向游击。本来是一步步发展的计划，后来变更了，一直经怀远到思恩，在思恩因不小心被敌人袭击，受了一个小的挫折，后又向贵州之古州（贵州三大城市之一），结果攻下古州，子弹得到相当补充，经济也得到相当解决，士兵情绪也比较提高。本来他们当时欲直出湘南，但因未与第三纵队联络好，故又折回河池。

我们攻下古州，消灭了敌军大部（四五百人），对敌军俘虏的官兵均非常之优待，对贵州军队有不少的影响，甚至不少中下级官长，对进攻红军问题表示动摇。这是我们从各方面得到的消息来证明的。后来王家烈之始终不愿与我们接触，这也是原因之一。

（三）河池会议与回右江的决定。

一、二纵队回到河池时，我已到东兰近一月，得消息后即赶到河池与他们会面，召集了一个党员大会，报告中央指示，同时讨论到行动问题，认为：1.当时湘南驻有重兵，不易通过。2.右江群众自红军去后，失败情绪非常之深，对红军表示不满。在发展、巩固右江工作上，需要红军回右江一时期。3. 回右江可以发展第七军。4. 回到百色可以解决服装、经济的问题。因此决定回右江一个短的时期，在这时期的主要工作是深入右江土地革命及发展改造红军，但总的方向还是迅速向外发展（此时是阴历五月初）。

（四）回右江后的工作。

回右江后即恢复了沿岸的城市和政权，在百色解决了敌军五六百武装。在百色仅十日，适滇军一师经百色到南宁攻桂，我军在力量上不能与敌人正面作战，故决定暂时退到平马，准备在平马运用群众战术扰乱他，打击他的一部分。结果在果化作战有五日之久，敌人损失甚大，团长死一伤一，营长死二伤一，士兵死伤五六百。我军亦死伤官兵六十余人。但因军事技术上的缺点，没有能实现打击敌人之一部的计划，仅得到两万发子弹而已。算起来我们还是吃了亏，虽然滇军对我们再不敢轻视，攻南宁失败后再不敢与赤色区域为难。

与滇军作战后即回师攻百色，因等大炮问题及被一个连长领导一营叛变（当土匪）问题牵延了一个时期，后百色加了兵（滇军），难攻下，故又改变，不攻百色，而在平马、田州、思林、果化一带加紧工作，相当创造右江的基础，改造七军发展七军，并在经济上准备向中心区域发展的出发伙食费。

统计在右江约有三月半之久，没有一天停止武装行动，与豪匪武装的作战简直成了家常便饭。

至于在右江的群众工作，以后专门讲。

（五）向中心区域发展问题之讨论。

回右江时即已决定在右江仅是短的时间，与滇军作战后又提到此问题，因为：1. 经济未解决。2. 秋收快到，如果红军离开，则农民的收获必全被豪绅抢去，必使农民发生反感，并且农民分得了地主反革命的土地，必定得到了秋收才能深刻地感到土地革命之意义。故当时决定"相当保护秋收"的原则，计时九月底可出发。结果实现了这个决定，定在十月一日出发。出发之前一日，南方区代表邓拔奇同志赶到，故改在四日出发。

十月二日在平马开了一个前委会议，拔奇同志出席，报告六月十一日政治局的决议。我们接受了这个路线，决定：1.改变军队编制为三个师，留二十一师在右江作为发展一军的基础，由韦拔群同志任师长，十九、二十两师（每师两团）出发。2.因恐东兰士兵逃，同时与在桂黔边之第八军的一部联络，故大部由凌云转向河池。我及拔奇同志同到东兰布置右江工作及率原第三纵队出河池。3.在河池集中全军举行全国苏维埃代表（拔奇）的阅兵礼以鼓士气，并开全体党员代表大会。

（六）河池的全军党员代表大会（十月革命节日开的）。

河池会议完全是在接受立三路线下开的，确定了第七军的任务是"打到柳州去""打到桂林去""打到广州去"三大口号。在此三大口号之下，消灭两省军阀，阻止南方军阀不得有一兵一卒向以武汉为中心的首先胜利进攻，完成南方革命。执行此任务的红军战术是集中攻坚，沿途创造地方暴动，迅速打到柳州、桂林，向北江发展。不过我们认为，执行此路线不是先下柳州，而是要先取得桂林，因为下桂林后才能与外面政治影响联系起来。同时估量到打柳州的困难，也必须以桂林为中心向柳州推进才有可能。不过在庆远、融县应创造相当基础，对柳州取一个包围的形势。

这次会议改选了前委，批评了过去的错误，并特别提到了敌军士兵运动的问题，组织了一个兵委，豪人同志为书记。

（七）由河池出发到攻长安。

由河池出发时经过一个鼓动，士气颇好，到怀远与敌一个小时的接触即占领了怀远，敌人退到对河与我隔河相持。当时发生一个是否攻庆远的问题，有两个意见：一方面赞成，以为在执行新的路线，应攻庆远，且很可能。反对的意见认为庆远是敌人重镇，敌必出死力守之，没有攻下的把握，如攻不下，攻回甚难，并且我们到桂林有一条大江相阻，如不迅速渡过，敌一注意很难通过。后一意见不但不赞成攻庆远，且不赞成攻融县。我及李明瑞同志是后一意见，结果通过了不攻庆远，攻否融县到天河再看情形决定。

到天河时讨论，始终以渡河问题决定不攻融县，而经三防转移敌人视线，还占长安渡河。次日忽得报告说融县有一小河可徒涉到长安，故又临时决定到融县。行不四十里，即在四把与敌接触，后面敌人追来，前后作战，前胜后败，结果在天河附近与敌相持三日之久。最后乃决定脱离敌人，仍由三防到长安，沿途均有民团相扰，到三防因天雨休息数日即到长安，其时长安已有重兵驻防了。敌人有两师，名义上六团。我们攻长安有五日之久，打得敌人胆寒，只有死守城内。白崇禧亲到指挥，斩断浮桥背水死守。后得报告敌人又加一师兵力，故决定撤退。退得非常之好，致敌不敢追出一步。长安作战的确建立了七军的威风，敌人称我军是全部的北伐老兵，但从实质上我们还是吃了亏。

（八）进攻武冈。

长安撤退后，至福禄渡江，向古宜前进，原拟经古宜到桂林，后因古宜已有敌军教导师守对河（又一小河）无法过，乃改经绥宁、武冈到桂林。到武冈时原本决定不攻，后因得报告说只有点民团守，故决定攻城，攻下后可以解决七军的服装、经济问题（都是当时的急迫问题）。攻了四日夜，仍决心攻下，当时估量敌援兵不会来得这样快，故一切布置忽视了这一点。到第四日已发觉不当，决定重新布置，但马上接到报告说再三四小时即可攻下，因城上敌人已无子弹，我已架好楼梯也，故未改布置。孰知城尚未攻下，敌援兵已至，以致失败。此次损伤不小，士气大挫，乃向新宁退去，又转到全州，在新、全交界之"八十山"中又受了敌人追兵一个小打击，结果算好，安全地达到全州，此时已由四团而缩为三团了。武冈作战时阵亡了一个很好的团长何子初同志。

武冈失败后，大家认为攻桂林已不可能，七军的迫切需要是迅速找一个地方发动群众，休养补充，安置伤兵，故决心到湘南，估量湘南总有点党和群众的组织。

来武冈敌人的援兵，报上载名义十团实则约五团，宝庆两团，长沙用汽车运来一团，还有两团新成立的游击队，飞机两架。如果当时我们军事布置缜密，以战斗力论，决不致失败得如此之狼狈的。

（九）到全州后直到攻连州。

到全州后开会讨论，结果都感觉到要休养补充之严重。当时估量江华、临武一带最少可以休息一下，发动群众，故决定到江华一短期仍向小北江发展。豪人、拔奇两同志即于全州离开来中央。

在全州驻了三天，筹了点款，发了点零用钱。此时士兵失败情绪很深，逃兵亦甚多，逃的不仅是老兵，而且许多是农民。

后知敌人（桂系）来全州，故我们即照决定出道州，一路只有小的接触。到道州后已是空城一个，仅有贫民还在，城周围几里路就是豪绅的武装，侦探都难派出。开了一个群众大会，到了三四百人，都表现还好。仅驻两日，知湘军已从三方向道州前进，此时我军决不能作战，仍照原计划到江华。当天奇寒，苦极，士兵冻死数人。江华的环境比道州还坏，一点党和群众基础都没有，仅没收了大批布匹发给士兵，但无处成衣。

原来对于江华一带的估量成了幻想，宁远亦不能去，只得离开江华，想到湘桂边之桂东桂岭一带工作（皆山地），得到一个被囚在江华狱中的前县长带路达到了桂岭。离江华时四面八方打起来，我军又受了小的挫折，失去枪二十余支。

到桂岭后即布置工作，但该处豪绅力量太强，强迫农民守住炮楼不出来，如果桂系重兵来，将大不利于我，故计划又不成，乃决心继续到小北江。在桂岭驻了四天，将部队整顿了一下，缩编两团。为提起士气起见，以主要官长兼团长，李明瑞及龚鹤村两同志任之，两团组织比较完密，原来团长皆任营长，营长任连长，干部亦较前充实，故战斗力又恢复了一些。

行军三天到了连州属之东陂圩（离连州六十里）。当时讨论到是否攻连州的问题，认为如果攻连州，就一定要在连州工作，因一攻连州，北江即不易通过，同时估量北江此时还无重兵，如能迅速行军，通过北江干路是可能的，故决定到北江湘南宜章一带工作（该处过去是经过斗争的，且多险要山地，鹤村同志很熟悉）。军行至星子圩（离连州八十里），得报说离此三十里之黄沙埠已有湘军千余人到来，名义上是两团。据鹤村云，该处有一山坳甚险，如有千余兵力守住，难通过。故又决定去连州一次，最少可以解决一些经济问题。到连州后并未决心攻城，仅作了小小的尝试，不到五分钟伤死二十余人。武冈的教训使我们不能再攻。在连州因筹款问题逗留了几天，做了一点群众工作。因为敌人放火烧街，我们救火给了城市民众甚至于商人以很好的影响。后得报告粤军邓辉一团到连州来援，乃决定消灭该团之布置，并退入一好布置阵地之山地。此时我们计划仍然是要到北江。在山地驻三日，一面做群众工作，一面休息兵力，但结果又得报告说并无敌人来，故决定仍出星子经黄沙埠到北江。在星子方知邓辉团亦于是日由星子出发到连州，以致失掉了一大机会，因为从力量上说来，消灭该团是有把握的。

到黄沙埠果有湘军千余驻守，但不敢与我作战，仅一小接触即退守圩场，我即绕过圩场向北江前进。

在连州附近之山中时并与土匪代表有一度接洽，原因是我们如果不能由大路去北江，必经乳源大山（匪巢）运动，接洽的目的是使他们不妨碍我们的运动，同时想派人打入进去做点工作，结果因时短，土匪心多疑忌，没有收到什么效果。

（十）到北江后至乐昌渡河。

到北江后即在宜章、乳源交界之梅花一带工作，一切布置均是在创造当地的苏维埃政权，发动土地革命斗争并补充红军。发动群众的工作在几天内有相当的成绩，并即刻武装了几十个农民（发枪六十支）。但不几天即得报告说，邓辉一团追来，我们认为是大好机会，仍决定布置消灭该部，谁知一经接触方知侦探报告之误，敌人有三团之众，且有两团系由乐昌赶来之生力军，结果经过五小时的最激烈的作战，我们不能不失败了。此次作战的损失为向来未有，重要的干部如李谦（龙光）、章健等皆死，鹤村、振武、李显等皆伤，全军干部损伤过半，真令人痛哭。

作战失败后即退入山中，兵力疲极，失败情绪甚增，伤官兵不下二百，最难处置不过此时，后经多方设法才勉强将伤兵官安置。决定速出乐昌，向江西前进，找到苏区作一相当时期之休息。本定拂晓渡河，因兵疲足痛不能实现，至午前十时前卫团才达到河边，本部两时后才到。又因前卫团没有达到掩护渡河的任务，结果敌人由乐昌、韶州两处用汽车运兵来，致后卫团仅过一连。七军从此分散两股，我及明瑞过了河，张云逸同志未能过河。未过的一团即由他率领，过河的一团由明瑞同志兼团长。那边的消息从此割断，后经多方设法均不得达到联络目的。

在梅花时与湘南特委会了面，他们得到三中全会文件及中央的紧急通告，因作战关系我仅看到一个紧急通告。

我们决定在梅花一带工作是因为这个地方如果创造成了一个巩固的基础，影响湘粤均极大，因该处离乐昌、韶关、宜章均近也。

（十一）由乐昌分散到退出崇义。

乐昌分散后，我们一团（五十五团）即经仁化边界到江西大庾属之内良，当时因不知大庾情况，更不知何处是赤区，故不敢冒险去，乃向崇义前进，估量如崇义一带找不到，再深入到遂川一带总可以找到。

到崇义后敌已退，知离城二十五里有红军三十五军的独立营，有苏维埃政府，经三日才联络到，并会见赣南行委之一路行委(管大、南、上、崇四县工作)，当即决定在该处工作。因我们看见过中央的紧急通告，知道一点新的路线，故企图以崇义为中心创造巩固的苏维埃政权，深入土地革命，同时加紧创造党的工作及整顿发展红军。发展方向是粤赣大道，实现扰敌后方的任务。

在这样的方针之下，在崇义做了二十日许的工作。因当地向无党及群众的基础，即赤区也是没有的，加之干部的缺乏，故仅创造了几个区乡苏维埃政权，开始提出分配土地的问题，故只能说群众是开始起来，但如达到巩固的赤色政权，还要一个时期的艰苦工作。假使没有敌人重兵来犯，这一前途在当时用我们的工作方式是有可能的。

在敌军未来前几天，我们得到了敌人准备来的消息，但当时赣南行委书记及一委员亦到，讨论结果认为敌如来，群众基础极薄弱，七军力量亦不厚，很难站住，同时信丰自三十五军去后无武装掩护赤区，赤区逐渐失败，如七军去，可以巩固当地赤色政权，更易实现扰敌后方的任务，作用且更大，故决定到信丰去。但方决定于次日出发，敌人两团及一些民团已来攻崇义城了，因侦探不好，敌人到了城边才知道，故未与作战即向过埠退去。我即于此时来中央（时为三月初）。后知他们是向营前到遂川界，大约可以与独立师之第四团会合。近阅报载，大约他们还是在遂川一带。

我在临行时曾告他们仍须设法到信丰去，即使暂时不可能，不能不到遂川一行，也必须经过一时期到信丰，因到信丰作用较大，且七军不能独立行动，必须在信丰这样的地方与群众会合起来才能实现其任务也。

（十二）七军的力量。

由右江出发时有六七千人，二千七八百枪，机关枪八挺，迫击炮三门，山炮二门，子弹平均约六七十发。到乐昌渡河时还有枪约千八九百支（给了湘南特委约二百支），迫击炮两门，机关枪七挺，山炮藏了。在乐昌虽被分散，但武装无大损失。五十五团到崇义时，有枪近八百支，迫击炮一门，机关枪五挺，子弹平均二十五发，机关枪子弹每挺不过百发。到崇义后，曾交步枪约八十支给独立营及苏维埃政府。

（十三）组织。

出发前是三个纵队，出发时编两师（二十一师留右江不计），每师两团，取三三制，另有一教导队特务连，每团有一特务连、机关枪连、迫击炮连，到武冈失败后编三团，到桂岭又编成两团。

（十四）党的工作。

七军因干部缺乏，工作不很好，前后发展同志虽不少，但每次作战死伤的大半是同志。还有一很大缺点就是士兵同志比例太少，约占十分之四，因好多士兵同志均陆续升作官长也。

（十五）士兵成分。

出发时还有一些老兵，经过一时期打的打死了，逃的逃了，到现在老兵已到极少处，五十五团不过二十人。旧军官五十五团没有了，五十八团亦然，但现在的营连长十之八九皆南宁教导队的老兵升任的。

（十六）七军党的组织。

总指导机关是前敌委员会，下有师团营委，连有支部，每级均有士兵同志参加，但极弱。前委在河池代表大会改选名单为：邓斌、陈豪人、张云逸（军长）、李谦（师长）、袁振武（团长）、许卓（团政）、许进（师政）、李朝纲（士兵）、黄一平（团政）。候补为：龚鹤村（师长）、胡鹤林（士兵）、杨英（营政）。现在还在军中的，五十五团方面有许进、许卓、李朝纲，在五十八团方面的仅云逸一人。

我们到崇义决定取消前委，仅组织一团委，我兼团委书记，后决定组织上受赣南特委指挥，我去后团委书记为佘惠同志（团政治委员）。

三 地方党的状况及土地革命的工作

（一）右江。

右江的指导机关是右江工作委员会，共有东兰、凤山、平马、田州、思林、向都六个县委及凌云、百色等处设特支。共有千余党员，成分上是雇农、贫农占多数，余为中农，还有很少数的富农及知识分子（都是比较老的党员）。成分虽如此，但党的中心是在极少数知识分子手中，他们的基础多是破产的地主富农，多是民国十六年斗争到现在的，故在党的地位上变成了党的中心。他们不但阻止了党和土地革命的发展，且逐渐新豪绅化，把持了党及政权、军事的机关。派人去改造，他们可以阻止你与群众接触，派去的人实在太弱，常常把他们没办法，后来我及豪人自己下去，虽有相当成绩，但因干部缺乏，每县找不出一个中心，我们又不能常在下面，故甚困难。东兰的干部比较好，故成绩亦较好，土地革命比较深入。

我们在右江解决土地问题的原则是"没收豪绅地主阶级土地"，"没收一切反革命的土地"。后一口号主要是反富农的作用，因为富农必然走上反动的道路。我们没有提出"平分一切土地"的口号，分配的方式是"平分""共耕""没收豪绅地主反革命土地分给贫苦农民"三个办法，由群众在乡苏维埃大会中自己选择。但我们指出，虽然没有提出平分土地的口号，结果一定要做到平分。分配土地是以乡为单位。

东兰、凤山分配土地的结果，共耕仅有两乡，多数地方是平分土地，还有一些地方是仅就没收的土地来分配。至于其他地方，名义上是平分，实际上很少地方分，处处是富农新豪绅反土地革命的作用，同时东、凤等处也发生苏维埃将好土地分配自己及亲戚的事实，故当时提出了重新分配的口号，我们出发一时期正积极执行这一口号。

分配土地中有许多的问题我们均是个别地解决，一般的问题大致是如此解决的：1.耕牛、耕具都是向富农借出的，谷种完全由原有田地的所有者拿出，不足的由富农拿出。右江穷，贫农在耕种时多无饭吃，又无钱买，无力耕种，亦向富农借出。2.红军兵士亦分配土地，可以请人耕种。3.瑶民分配土地，有些瑶民不愿下山，则分配山地，田地不够时则将山地分给富农。4.土地所有权，本来照政纲是交给农民，但因群众表示由苏维埃给以使用证，有了凭据，比较安心些，故分配土地后由苏维埃发给使用证，禁止买卖。5.两乡区县之间分配土地之多寡相差太远时，则以移民办法解决之。6.森林特产祠堂庙宇极少，没有成什么严重问题。

对经济政策，小商人仍然继续营业，惟交通不便，故日用品极缺乏，特别是盐，苏维埃曾自己设法买运，各乡区办了合作社，但资本缺乏，故成绩不好。曾拟设一农业银行来帮助贫农，没有筹到款。

对于富农领导是右江极严重的问题，我们一开始就注意到，可是富农的魔力大，我们党的领导力弱，故其影响常能存在于苏区中。有些区域的党和苏维埃对反富农怠工。有些区域雇农、贫农比较组织得好，但又走到另一极端，无条件地反富农，提出了"没收富农财产""杀富民"的口号，结果使中农动摇，实际上帮助了富农。我们是注意了纠正这一错误。

右江的最高政权机关是右江苏维埃政府，各县区乡均成立苏府。苏维埃中，富农被剥夺了选举权与被选举权，但实质上他们仍然在领导地位，因为富农不一定在苏维埃政府中当委员，在外面一样可以在许多实际问题上来阻碍土地革命，实现其领导作用，再加上政府中的"老"党员腐化、新豪绅化，使群众对苏维埃不满。前委为此曾公开开除右苏主席雷经天的党籍。党发宣言指出过去苏维埃的错误，准备开全右江代表大会改造之，同时号召全体民众参加监督苏维埃工作。各级苏维埃应经常开群众大会、代表大会，报告自己的工作，并指出一定要在"重新分配土地"的口号之下来改造苏维埃，当选的一定要是能坚决执行此口号的分子。一直到最后我们出发时还是这一方针。

右江的武装很多，可以集合起来的不下三千，好坏各半，各县均有赤卫军的组织。我们出发时决定将这些武装集合起来，与留下的红军编成二十一师，作为发展一军之基础，不过这也是一个很艰苦的工作。赤卫军的成分多是贫雇农，富农没有，但领导的还有不少新豪绅化的老党员，私有武装的观念非常浓厚。

我们离开右江时的工作布置是加紧土地革命工作，扩大红军，以东、凤为中心，用游击战术向都安推进。

右江工作的主要困难是干部太弱，找不出一个胜任的县委书记，亦没有一个比较好点的中心，故工作推动甚难。对干部的训练，我们注意到的，除了实际工作的指导外，不断地办训练班，参加的多半是贫雇农，但成绩甚少（讲的课目均是解决实际问题的办法）。

（二）沿途。

沿途没有党的组织及群众组织，仅在连州有几个湘南失败逃亡的同志组织了一个支部，但无工作。由连州到梅花一带，有很多湘南逃亡的同志未组织起来。到梅花后，有一个湘南驻粤工作委员会，后改湘南特委，该处亦无群众组织，宜章一带也没有东西，乐昌、仁化一带也没有，直至崇义后才找到一点党和群众的组织。

一路群众，穷苦的对红军感觉是好，不满豪绅、民团、县政府、国民党，亦能对我们宣传表示接受，但发动斗争不是几天的事，群众还是害怕。至于豪绅地主，闻我军到早已跑光了，有些城市的商人都走光，故一路解决经济问题都很难，仅在怀远、全州、连州三处筹了点款，都是分配给大商店负担。

（三）崇义。

崇义原来也没有东西，有些同志没有很好的组织，支部很少开会，没有经常工作，天天在那里叫暴动，或者是同志拿暴动两字来要求党给暴动费，或者是几个同志做一点土匪式的抢劫就算暴动，没有丝毫注意去创造群众的基础。去年底大庾一带的钨矿工人数千，我们仅有相当影响，赤色工会未组织起来，附近农民未发动起来，一路行委即决定来一个暴动，结果还是没有暴动起来。我们到后才纠正这一错误观念，要他们很艰苦地去创造群众基础，创造党的组织。当地党的同志没有统计，成分多流氓分子，因为斗争没有起来，地方干部更是缺乏，我们到后完全由军中党来做，同时办训练班，企图训练一些干部出来，但因到的成分不很好，收效亦不大。

群众的基础虽有两个乡苏维埃，但是挂名的，且是新成立的，到后即动员全军以一连一营为单位分散游击，经常给以工作方式的指导，结果经过二十余日的工夫做了相当成绩，创造了三个区苏维埃，几个乡苏维埃，找出贫苦农民到苏维埃工作，组织赤卫队、雇农工会、贫民农团等组织，群众情绪还好。但有一严重问题，就是流氓意识的影响，我们已注意到从发动尖锐的斗争中来消灭流氓意识。经过这样工作之后，党、苏维埃略有发展和改造，惜为时不久方进到分配土地时（赣南当时口号是彻底平分土地），敌人来了，故我军在崇义工作只能说有点影响，说不上创造了什么基础。

（四）富田事变对赣南的影响。

这件事我们到赣南才知道，得到的事实是如此：过去总前委与省行委向来有冲突，如对军阀混战的分析，引敌深入的战术，开除刘士奇等问题，省行委常骂总前委是右倾，总前委常指省行委中有AB团的作用，故有富田事件之爆发。爆发的经过是总前委派一团长率一连将省行委、省苏维埃负责人通通捕去，后二十军一团长即率一营去救回，并杀死该团长。省行委负责人回后即公开反毛，当时有一中央巡视员曾批评他们不对。此事传到赣南后，当时赣南行委即在信丰开群众大会反毛。三十五军军委得知此事，指出赣南行委之错误，并将负责人（三人）扣留，后改随军行动，停止活动，并改组赣南临时行委。此事发生后，一般同志特别是干部非常恐慌，人人自危以致不敢开口，特别不敢批评总前委。赣南临时行委对此问题的处置是在中央未解决此问题前，与总前委、省行委均断绝关系。我到后与他们讨论到此问题，批评他们这种脱离组织的解决办法不对，仍须与两方发生固有组织关系，但声明富田事件候中央解决，目前坚决按照中央紧急通告的国际路线（我只看到一个紧急通告）来布置赣南工作，哪方面的指导合乎国际路线就服从哪边的指导。他们同意了这个意见，写信与双方面发生关系，同时指出省行委、赣南行委之严重错误。我对总前委之反 AB 团的方式亦觉有超越组织的错误，这种方法事实上引起了党的恐怖现象，同志不敢说话，另一方面是可以助长 AB 团的发展，如赣南曾发生过 AB 团的分子抓住党来枪毙忠实同志的事实，且在党内恐怖之际给了 AB 团活动以大好机会。但同时我向他们说明，反 AB 团之严重主要是从深入群众斗争的路线中来解决，当然并不是说紧急的处置不能用且必要用。

赣南指导机关的同志能力甚弱，需要派一人去作中心，才能将赣南工作创造起来。

四 个人的回忆

我们在这一时期的工作中有很多的错误，据我现在的回忆感觉到主要的有：

（一）过去七军的中心错误是处处以军事为中心来决定一切问题，不是以群众为中心来决定一切问题的错误路线，结果常常是处在被动地位。在右江时攻滇军之役，攻武冈之役，攻连州之役，均是这样的错误。没有以发动群众为中心（不一定占领城市）而是以军事为中心。因为有了这样的中心错误，就不能不一路处在被动地位，到处站不住脚，一直跑到赣南。至于沿途是不是注意发动群众呢？是注意了，但因有这一中心错误，实际上是忽略了群众的工作。

（二）是不是应该离开右江呢？离开右江是否反对了巩固苏区的路线呢？我以为不是的，应该离开右江，因七军留在右江的作用太小，且留右江给养等等都发生困难，并且我认为七军的错误还是在出来太迟了。同时七军到江西也是对的，因为在武冈失败后，在环境及本身的估量上，须要到江西与苏区发生一时期的联系，以休养补充，当时七军太残破、太疲劳了，不过由右江到江西，应该一路执行正确的发动群众的路线，而不是一直跑到江西。对于在北江发动群众，创造一个巩固苏维埃区域，我认为这一决定是不正确的，梅花一带对湘粤影响固大，正因为如此，敌人之注意力亦大，敌必不惜一切来进攻，在七军本身力量及群众未起来之际是无法占住的。当时七军的需要实在应迅速到江西，果如此也不会有梅花之损失了，因梅花之役在该地工作的决定之下不能不打的，固然侦察不好也是一个失败的原因。

（三）集中攻坚的错误，七军是深刻地感觉到了。几次的攻坚都是我们失败，向柳州、桂林、广州进攻更成了"左"的空谈，过去的事实是证明了。

（四）过去七军历史上向来有轻视敌人的观念，因之屡次上当不小。隆安、长安、武冈、梅花作战都是犯了这个错误。

（五）七军本是和平转变来的，转变后的改造工作非常不够，致有三次叛变事实之发生，都是旧的基础（包括兵油子）没有肃清的结果。党及政治工作仍有很多缺点，党的领导仍是薄弱，不能在紧急关头打破官兵的失败情绪。这固然干部太缺乏是一原因，但工作方式不够更是主要原因，当然还有七军路线之错误所形成的困难之反映。

（六）右江的错误是富农的路线，以致土地革命没有深入。固然当时是加紧了反富农的工作，但工作方式错误，没有动员全军的党去进行这一斗争，结果工作推动不来，仍然成就了富农的路线。

（七）八军的失败是机会主义的错误，但同时我认为当时八军应该早坚决地向右江推进。固然龙州对外影响很大，但是一个保守不住的地方。

（八）侦探工作太差，好几次都吃了这个亏。

（九）敌军士兵运动做得太少，特别是对桂系军中的兵运，是一很大的错误。

（十）七军是坚决地执行了立三路线，碰了不少钉子，犯了不少错误，但是假使六月十一日政治局决议达不到七军，是否我们可以避免立三路线的错误呢？我认为是不会的，因为七军的基础是，一部分是转变过来的旧军队，一部分是斗争未深入的农民，这便是便利于立三路线发展之基础，过去攻南宁正是犯了这一错误（立三路线并未到七军），并且我们未得到六月十一日的决议即已决定向中心区域发展。我相信即使立三路线没有传达到七军来，七军一路仍是会犯不以群众为中心而以军事为中心的错误，这仍然是走到了立三的路线，这也是我感觉到的。

（十一）以上是我个人感觉到的主要错误。①

---

① 1931 年 4 月 29 日邓小平在上海给中共中央写的报告。《邓小平文集（1925—1949 年）》上卷，第 11—34 页。

2

在江西根据地，王明路线夺了毛主席对红军、对苏区的领导权，还反对什么邓毛谢古路线。我算一个头头，叫"毛派头头"。

我们在瑞金工作的时候，搞土地革命，制定分地的政策。有人说小孩子不应该分地，我就对他们讲，四川俗话说，三岁小子，吃死老子！小孩子吃得也不少呀，因此也应该分地。后来他们接受了我的意见。①

◎ 位于瑞金县沙洲坝的红军总政治部旧址。

———————————

① 毛毛：《我的父亲邓小平》上卷，第 295 页。

◎ 中央革命根据地的中心——江西瑞金。

◎ 中共苏区中央局机关报《斗争》。

在江西根据地，王明路线夺了毛主席对红军、对苏区的领导权，还反对什么邓毛谢古路线。我算一个头头，叫"毛派头头"。这件事一般人不大知道。我能在被打倒后的极其困难的情况下坚持下来，没有什么秘诀，因为我是共产主义者，也是乐观主义者。①

---

①　1977 年 9 月 14 日邓小平会见河野洋平为团长的日本新自由俱乐部访华团时的谈话。《邓小平年谱》第 4 卷，第 201 页。

3

长征路上"跟到走"。

问："长征的时候你都干了些什么工作？"邓小平答："跟到走！"[1]

◎ 长征后邓小平在陕北。

---

① 毛毛：《我的父亲邓小平》上卷，第 353 页。

附：邓小平同毛毛等谈长征时的经历

父亲告诉过我们，他那时编《红星》报，手下只有几个人，很长时间只有两个人，所以从选稿、编辑、印刷到各种新闻、文章的撰写，都要他自己亲力亲为。那些手写的标题，是他写下后，由别的同志在木头上刻下字模，再印到报纸上去的。父亲说，《红星》报许许多多没有署名的消息、新闻、报道乃至许许多多重要文章、社论，都出自他的笔下。我曾经把中央档案馆汇集的《红星》报册拿给他看，请他辨认哪些文章是他写的，他一挥手，说："多着呢！谁还分得清楚！"

……

遵义会议后，父亲随部队四渡赤水，再渡乌江。

有一次，父亲对我说，那种和敌军兜圈子、打奇袭的运动战方式，

◎ 遵义会议会址。

◎ 1937年春，红一军团和红十五军团的部分领导干部在陕西淳化县合影。右起：邓小平、徐海东、陈光、聂荣臻、程子华、杨尚昆、罗瑞卿、王首道。

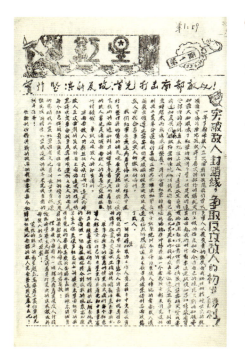

◎ 邓小平在长征中主编的一期《红星》报。

好比"猫捉老鼠、老鼠捉猫"！

父亲的意思是说，强大的敌人欲"捉"红军，不想却被红军引得昏头转向地团团打转，结果反倒被红军一再重创。大猫想捉小老鼠，反倒被小老鼠着实地捉弄了一番！

在懋功，一、四方面军会师后，父亲遇到了与他一起在法国勤工俭学和从事革命活动的傅钟。他们两个人一起在法国，又一起在苏联学习，交情可不算浅。四方面军从川陕根据地出来，兵强马壮，实力雄厚。傅钟那时候在四方面军任政治部主任，颇有点权，他看见他的老战友的马死了，便立即慷慨解囊。

父亲说："过雪山后傅钟送了我三件宝，一匹马，一件狐皮大衣，一包牛肉干。这三样东西可真是顶了大事呀！"

……

父亲说，直罗镇战役打响了以后，他和罗荣桓等人在一个山头上"观战"，突遭

◎ 1937 年 9 月，邓小平在延安抗日军政大学作报告。

敌人一股部队来袭。敌人火力密集，十分危急。他身上穿的那件傅钟送给他的狐皮大衣，给子弹打了好几个洞，万幸的是人没有负伤。正在危急之时，原红七军的一个连冲了上来，解了围。

父亲常说，他做地下工作没有被捕过，打了几十年的仗没有负过伤，很不容易。①

---

① 毛毛：《我的父亲邓小平》上卷，第 326、354、357—358、367 页。

第四章

战斗在太行山上

1

中华民族的儿女，是要站在最前线与日寇拼命的。

◎ 1937 年任八路军政治部副主任的邓小平。

抗战以来，敌我在华北的斗争大致可分为三个阶段：第一阶段，抗战开始到武汉陷落（一九三八年十月二十五日），这是敌人进攻作战阶段。第二阶段，武汉失守到百团大战（一九四〇年底），这是敌人"治安肃正"阶段，也可说是其"总力战"的实施阶段。第三阶段，一九四一年到现在，这是敌人"治安强化"阶段，也可说是其"总力战"的强化阶段。

三个阶段的敌我斗争，各有其不同特点，兹分述如次：

一、敌人对我们的进攻。

第一阶段，敌人的重点是放在正面进攻，进行徐州、武汉诸会战。其对华北方针是巩固占领的战略要点和交通线，企图以较小兵力，达到控制华北的目的，其在本战略区周围兵力不过五万人。

此期敌人提出的总口号是"以华制华，以战养战"。其在本区之表现为：在军事上，开始采取"突贯攻击"，继之转变为"分进合击"的战术，进行了三次大的"扫荡"，在"扫荡"中烧杀甚惨。在政治上，着重于恢复"治安"，首先建立治安维持会，招回流亡人民，实施小恩小惠，欺骗人民回家，大肆收编土匪散兵及封建武装，建立皇协军，开始组织爱护

◎ 1937 年秋，邓小平（右一）同周恩来（右二）、彭雪枫（右三）等在山西。

村，提出"一人护路万人享福"的口号。在经济上，掌握与没收占领地带之工厂、矿山，实行军事管理，一九三八年春成立伪联合准备银行，大发伪钞，吸收法币，并开始强征壮丁，一九三八年全年出关壮丁五十万人以上。

第二阶段，敌占武汉后回师华北，于一九三九年春由华北方面军提出"治安肃正计划"，同时在日本国内颁发"告总力战国民书"，于是开始其"总力战"。

此期敌人强化了巩固与掌握华北的斗争，其在本区之表现为：

在军事上，兵力大增，本区最多时约为八万人。一九三九年冬调走一部，尔后经常保持四万人左右，对根据地进行了十次大"扫荡"和进攻。一九三九年占领了长治、沁州、路城、辽县（今左权县——编者注）等城镇，打通邯长公路，修筑白晋铁路，占领冀南所有城市，其战术指导则为"分区扫荡、分散配置、灵活进剿的牛刀子战术"。一九四〇年的军事特点则为展开大规模的交通战，实施"囚笼政策"，继续修筑白晋铁路，建成德石铁路，兴筑邯济路。在冀南大量修筑公路，密如蛛网，拟将根据地分划为井字、王字、田字诸形状，并开始在铁路、公路线两侧挖掘护路沟。

在政治上，扩张与改进伪政权，强行发展维持，逐渐改维持会为县公署，利用与收买投降地主及较有声望人士，洗刷初期使用之流氓地痞；提出"与匪团比赛忍耐之斗争""要以五十年至百年掌握民心"等纲领，提出"三分军事七分政治""剿共灭党"的口号，挑拨国共关系，配合反共顽固派向我进攻；加强宣抚工作，扩大特务活动，采用恩威并用、软硬兼施的手段；加强伪军组织，改皇协军为"剿共军"，建立治安军、伪县警备队、警察、保甲自卫团及爱护村民的连坐昌等；组织民众团体，掌握封建迷信组织，建立新民少年团、护路队、妇女队等，设立佛教会。在本区，一心堂、长毛道、六离会等曾猖獗一时。

◎ 1938年，邓小平同八路军总部的领导成员在山西洪洞县马牧村八路军总部合影。左起彭德怀、朱德、彭雪枫、萧克、邓小平。

在经济上，封锁根据地物资，隔断我平原与山地物资交流，大量发行伪钞，破坏法币，开发资源，整理煤矿，设立工厂，大量掠夺粮食、棉花，强迫种棉成立合作社，举办随营商店，日人商店增加很多，大量倾销毒品，设立妓院、赌场，武安、榆太等县受毒尤深。

在文化上，实行"文化提携"，道以上均设报馆，改修县志，改编学校教材，普设日语课，组织、留日学生和组织、赴日参观。

总之，敌人强调了"军政会民一体"，开始了各方面的"总力战"。

第三阶段，其特点则为：百团大战给予敌人以很大的震荡，使敌人重新考虑了问题，提出了"治安强化运动的方针"，取消了"剿共灭党"

◎ 1938 年邓小平与张文彬在西安。

的口号，而专致力于"剿共"。所谓"治安强化"，就是"治安肃正"计划的进一步发展，就是"总力战"的进一步实施，也是"三分军事七分政治"更进一步的运用。在一九四一年、一九四二年两年内，敌人实行了五次"治安强化"运动，一次比一次毒辣，特别是在太平洋战争爆发后，敌人更提出了"完成大东亚兵站基地，建立华北参战体制"的方针，所以在一九四二年的第四、第五两次"治安强化"运动中，斗争特别尖锐。

前后五次"治安强化"运动可以分成两个阶段来说。

一、二、三次是在一九四一年实施的。第一次口号是"育成强化乡村自卫力"，第二次口号是"乡村自卫力与军警协力以实践剿共"，第三次口号是"强化剿共工作，对敌匪地区实行经济封锁"。其在本区之表现为：

在军事上，较大"扫荡"共有九次，除太岳两次外，每次兵力都不很大，而小的"扫荡"和袭扰则甚为频繁，共有二百五十三次之多。此期的特点则在于敌人更多地着眼于政治进攻。鉴于百团大战的威胁，强调了敌占区的"乡村自卫力"之强化，开始肃清点线内之不稳分子，建立情报网和保甲制度，加强各组织之训练工作，有计划地整训与扩大伪军和警备队，组织与训练灭共自卫队、保甲自卫团或防共自卫团，身份证改为居住证，扩大太平洋战争胜利的宣传，加强敌占区人民特别是青年的奴化运动。

在经济上，一方面着眼于绝对统制物资，进一步达其封锁根据地的目的，同时进行了严重的货币斗争，打击我们的冀钞；另一方面则是对抗日根据地实行其"三分军事七分政治"的蚕食政策。多采用反复连续奇袭、奔袭的战术，学习并发挥了游击战术，加紧特务工作，在根据地内组织秘密维持会，大肆发展会门、青红帮，策动黎城离卦道暴动和准备沙河柴关暴动，实行自首政策，收买叛徒，派遣大批汉奸深入根据地活动。同时在"扫荡"时，采取"铁环合围阵""驻剿""清剿"的战术，实行"三光政策"，制造无人区，制造失败情绪，一切军事动作，都是配合政治特务进攻，达其逐渐蚕食根据地的目的。

其最严重的为冀南、太行二分区和沿平汉线，公路据点、封锁沟墙大大增加，平汉西侧向根据地发展了第二道封锁线，碉堡平均每八百公尺一个，冀南与太行的交通被割断。这里还应注意的是，一九三九年的较大"扫荡"一般在下半年，主要在冬季。由此可以看出，敌人在敌占区的"治安强化"与对根据地的蚕食和经济封锁，都是为着缩小根据地，割裂根据地，以便于进行大的"扫荡"和企图摧毁根据地的目的。一九四一年的三次"治安强化"运动准备了一九四二年对根据地的大进攻。

四、五两次"治安强化"运动是在一九四二年实施的，中间实行了一个夏防计划。第四次的口号是"东亚解放""剿共自卫""勤俭增产"。第五次的口号是"我们要建设华北完成东亚战争""我们要剿灭共匪""我们要确保农产减低物价""我们要革新生活安定民生"。其在本区之表现为：

在军事上，实行了十次大"扫荡"，每次兵力都比过去为多，"扫荡"时间更长，情况也更为严重。小"扫荡"及袭扰次数更为增加，共有二百六十二次之多。其在战术上的特点则为"铁环合围、捕捉奇袭、纵横扫荡、反转电击、辗转抉剔"等等。结果，冀南根据地变为游击根据地，据点大增，平汉西侧构成第三道封锁线。太行占领榆社，太岳占领沁源并企图打通临屯公路线。上半年的蚕食曾引起根据地的严重形势。在政治上，则继续加强以往的一套，强调了伪军的发展，实际上也有很大发展，强化敌占区的统治，切实实行保甲，编成大编乡，在伪组织内部实行"清政"，肃清不稳分子，注意健全下层机构，提倡深入下层，大肆掠夺壮丁，平乡一县即抓去四千人之多，特别提出"阵头主义"，要求各级官员亲立前线，将汉奸列在阵头，以便利统治民众，同时强调"中日军的协力"与军政会民的一元化。

在经济上，经济掠夺成了两次"治安强化"运动始终贯彻的中心。而五次"治安强化"运动的重点，完全放在粮食的掠夺上，其当时向根据地的"扫荡"，也是为了这个目的。在敌人掠夺下，冀南吃亏最大。很明显的，一九四二年敌人的重点，主要是放在"剿共"（"扫荡"和蚕食）、经济掠夺之上，以遂行其"完成大东亚兵站基地，建立华北参战体制"的方针。

以上就是五年来敌人对我们进攻的概述。

二、我们的对敌斗争。

五年来，我们同敌人在华北进行一天比一天尖锐、严重的斗争，大致可以分作三个阶段。

第一阶段，敌人前进，实行正面进攻，在华北兵力较少，经验缺乏，更对我党我军估计不足，给了我们从对敌斗争中创立抗日根据地以非常优良的条件。此期我们充分利用了敌人的弱点，打开了局面。当华北中央大军南撤的时候，我党我军即提出了"坚持华北抗战，八路军与华北人民共存亡"的基本口号，确定了坚持敌后斗争的基本方针。这一阶段的对敌斗争，是环绕在打开局面，创造根据地与求得大发展的任务之上。其在本区的表现为：

在军事上，一九三七年我们先以一部在同蒲路北段作战，如在阳明堡火烧飞机，随即全部沿正太线作战，如七亘村、黄崖底、广阳战斗，都是在敌侧背配合正面友军防御作战；只有在太原失守之后，才是本师单独作战，如在正太路粉碎敌人六路围攻。一九三八年进行了三次反"扫荡"作战，其中尤以敌人调兵会攻徐州之前九路围攻晋东南之被粉碎为最激烈，我大部分力量使用于邯长大道的伏击作战，打退了黎涉沿线敌人，光复了长治地区，伸向道清路活动，扩大了我们的影响，形成了晋东南根据地的局面，同时于一九三七年末，即对冀南派出东进小支队，作侦察式的活动，一九三八年春夏正式进入冀南，形成了冀南根据地的局面；当徐州、武汉会战之际，我们组织了平汉线津浦线的破击作战，尤以在平汉线的十余次大破击，给了正面的国军以很大的助力。

在政治上，我们的"坚持华北抗战"的方针，打击了敌人"以华制华，以战养战"的方针。我们严重地打击了敌人的爪牙，打坍了晋东南、冀南广大地区的维持会及为敌利用的封建组织，如会门、自卫团、联庄会等，建立了广大地区的抗日政府；消灭了六七万皇协军及伪化了的土匪会门等封建武装，普遍成立了抗日游击队，发展了正规军数倍；进行了广泛而深入的抗日宣传和民族教育，激发了人民的抗日积极性，打击了敌人"招回流亡，恢复治安"的欺骗人民的诡计；游击队不断地在铁路两侧的活动，相当程度上打击了敌人的护路计划。

在经济上，我们尚无何种设施，亦未引起注意；敌人则有相当成就，但在广大乡村被我控制的条件之下，敌人未能达到"以战养战"的目的。

我们军事政治斗争的结果，把敌人束缚于点线之内。这是我们的大发展时期。

第二阶段，敌人回师华北，实行"治安肃正"计划，华北斗争局面开始严重。此期我们的方针是"巩固华北，发展华中"。其在本区的表现为：

在军事上，我们进行了十次反"扫荡"作战。一九三九年在太行区进行了敌人打通邯长公路及我们收复邯长大道的斗争，一九四〇年则由我们主动地展开了大规模的破击交通线斗争，以打击敌人的"囚笼政策"，其最大者为冀南全年的破击交通线斗争，五月白晋战役，特别是由八月二十日开始直至年底的百团大战，破坏了敌人进攻重庆、昆明、西安的计划。一九四〇年全年之激烈战争的结果，敌我双方均有相当的削弱，敌人伤亡较我更大（九与七之比）。

在政治上，根据地日趋巩固。一九三九年我党我军仍有相当发展，群众有相当发动，抗日政权初具规模。而一九四〇年夏冀南、太行、太岳行政联合办事处的成立，在统一本战略区强化根据地建设上，特别在对敌斗争上，有其重大的政治意义。这一阶段，我们几乎有一半时间处在寇奸夹击的困难局面当中，一方面顽固派进行蛮横的破坏抗日根据地的斗争，另一方面敌人则抓住机会挑拨国共关系，积极配合顽固派向我们进攻。一九三九年冀南、太行、太岳处在非常严重的局面。直至一九四〇年初，由于我党政策的正确，北方局和朱德、彭德怀英明的直接领导，人民的拥护，以及军事斗争的胜利，才打开了局面，既巩固了根据地，又巩固了国内的团结，打击了敌人挑拨离间的阴谋诡计。

在经济上，一九三九年我们仍然是忽视的，民生凋敝，军队供给极端困难，在敌占区只有需索而无工作，故征集资财亦无成绩，这是我们（主要是太行区）最穷困时期。一九四〇年我们才开始注意经济问题，在根据地注意生产和节约民力，在敌占区反对"把敌占区变为殖民地"的观点（结果又形成了完全不到敌占区工作的偏向），根据地民众才缓过气来。同时，一九三九年发行了冀南钞票，加强了经济斗争力量，军需才有了保

◎ 1939 年冬，毛泽东（后排右五）在延安和八路军部分干部合影。前排左二为邓小平。

障。但在此期间对敌经济斗争的成效，则甚为微弱。

在反特务斗争上，我们只做了些防御工作，故敌人的特务政策仍有相当成就。

此一阶段，在巩固根据地方面，有了进一步的成绩，但忽视了敌占区工作，虽曾屡次提出纠正，转变很少。一九三九年在敌占区的需索政策，给了敌占区人民以很坏的影响，大大损害了我们的政治声望。一九四〇年的不到敌占区，没有挽救这个损失，这恰恰给了敌人以巩固占领区、扩大占领区的很大便利。而一九四〇年讨逆战争后的冀南，一九三九年十二月政变前后的晋东南，都产生了政策上"左"的错误，既损害了根据地的建设和巩固，又帮助了敌人扩大其社会基础。一九四〇年四月黎城会议，克服了混乱，强调了巩固根据地的建党、建军、建政三大方针，有其明显的成绩，基本上是成功的正确的。但在部分问题上亦有其片面性的缺点和错误，如对根据地的群众工作及敌占区工作重视

◎ 中共中央北方局代理书记邓小平。

不够，对游击战争的分量估计不够，过分强调了正规军，编并地方武装，结果更便利了敌人的前进和造成了我们的退缩。这一阶段斗争的结果，我们在极困难的条件下，巩固了抗日根据地，我们忽视了敌占区的政治工作和一些政策错误有关的。

第三阶段，敌人实行"治安强化"运动，我们加强对敌斗争和根据地建设，双方都走向深入，斗争进入空前尖锐化的阶段。其在本区的表现为：

在军事上，我们进行了十九次大的反"扫荡"作战和五百一十五次反小"扫荡"与袭扰，两年作战达七千九百七十六次之多；我们于一九四一年初即强调了军区建设工作，纠正了对地方武装的编并与放任的错误，县区基干队建立与逐渐健全了，不少正规兵团地方化了。人民武装主要是民兵的建设，打下了群众性游击战争的基础，两年来有了相当的规模和战斗能力，开始起了很大的作用。游击集团的组成上亦有进步。这些都大大地增强了保护根据地的力量。一九四一年开始注意向敌占区开展游击活动，但各地对此了解较差，收效不大。一九四二年成立武装工作队，认真地注意了面向敌占区面向交通线，提出与加强格子网内的斗争，特别是北方局、军分会提出反蚕食斗争之后，收效很大。所以一九四二年五月以前，根据地还始终是退缩的，五月以后则完全改观。抗日政府的负担面在太行区有了相当的扩大；冀南则在根据地变质的条件下，顺利地坚持平原游击战争，太岳亦有不少成绩，并开辟了岳南和中条山的局面。惟在某些区域，向敌占区发展的注意力仍嫌不够。

在政治上，一九四〇年底北方局指示了一套明确的政策，一九四一年成立了临时参议会和晋冀鲁豫边区政府，抗日根据地各方面的建设有了显著的进步，惟一九四一年对于发动与组织群众的工作，仍在忽视之列，所以民主建设等工作，还是架在云端之上而无确实的成就。对敌占区和敌占优势的游击区，北方局提出了革命两面政策的运用，开始某些地区不懂得这个政策的进攻性，反变成了主动的退缩，帮助了敌人的蚕食，纠正后获得了不少的成功，冀南对伪军的工作成绩尤大。在反对敌人的蚕食斗争，反对敌人的特务政策，在敌占区进行对敌斗争等方面，一九四一年没有多大成绩，一九四二年则各地都有大的进步。我们采取了"敌进我进"的方针，创立了少数格子网内的隐蔽游击根据地，无论太行、太岳和冀南，在这方面都积累了比较丰富的经验。

在经济上，我们在一九四一年即已提出加强对敌经济斗争，因在摸索之中，未获多少成就，冀钞对伪钞比值甚低，物价高涨即其一例。一九四二年则一改旧观，太行区不仅在根据地建设上有不少成绩，而且在对敌占区经济斗争上，也创造出一些经验，获得了初步的较大的胜利。不过冀南、太岳在经济斗争上仍然无力，敌人收获亦大，应加注意。此问题将有专门报告，毋庸多述。

在反特务斗争上，一九四一年前，对敌人破坏根据地千奇百怪的特务活动警惕不够，直至黎城离卦道暴动、柴关暴动的惊人事件发生后，才略有注意，但对敌人之毒辣性一般均认识不够深刻，虽群众运动发展之后有些进步，但至今仍是我们应该大声疾呼的事情。

在文化宣传上，我们曾于一九四一年进行了对敌三次政治攻势，在

◎ 邓小平在作战斗动员。

敌占区作了广泛的政治宣传鼓动工作，在打击敌人的"治安强化"运动和振奋人民抗日情绪上，起了不小作用。一九四二年继续进行了三次政治攻势，配合以游击活动，在某些地方曾结合敌占区民众反对捕壮丁、反对配给的斗争，而以反对敌人第五次"治安强化"运动的一次为最成功。这是因为过去几次政治攻势，一般只作了一些宣传工作，而反第五次"治安强化"的攻势则主动地抓住了反对敌人抢夺粮食斗争这个中心，组织了真正的一元化斗争，多支的小武装部队作了有力的行动，再配合以恰当的反汉奸、反维持、反特务的斗争和宣传鼓动工作，故成绩甚大。但必须指出：过去的政治攻势，也可以说五年来，我们都一般地忽视了敌占区的组织工作。照目前情形看来，在太平洋战争爆发之后，经过了几次政治攻势和一九四二年的敌占区工作的前进，敌占区的状况与过去大大不同了，我们的政治影响大大地扩大了，人民都认识日本必败了，这就打下了我们在敌占区进行组织工作的基础。可是过去我们是不可容许地忽视了敌占区的组织工作，今后则是我们刻不容缓的任务了。

　　总起来看，在敌人五次"治安强化"的阶段中，前三次都未引起我们的警觉，麻痹的结果，敌人获得了很大的成功，后两次特别是第五次，我们进行了激烈的斗争，敌人虽仍有其相当成就，但未取得更大的效果，而我们则获得了很大的胜利。

以上就是我们对敌斗争的概述。[①]

问："你那时一个人在前方，也够不容易的吧？"

邓小平答："我没干什么事，只干了一件事，就是吃苦！"[②]

附：卓琳对同邓小平相识到结婚的回忆

一九三九年夏天，邓小平回延安参加政治局扩大会议。他那时是一二九师政委，在太行山工作，还没有结婚。和他同住一个窑洞的好友邓发是个热心肠，他看邓小平还没有妻子，就热心地帮忙张罗。一有空闲，他就带邓小平到延安保安处去玩，因为在保安处工作的都是些年轻的女学生，我当时就在保安处工作。

有一次我去曾希圣家，曾希圣说有人想和我结婚，问我愿不愿意，因为当时我还年轻，还想再工作几年。另外，我曾和几个要好的朋友约定：抗战不胜利，就不结婚。当然了，就是结婚，也不想找老干部。因为我觉得，延安的老干部，文化水平都不高，和他们生活在一起，不会有什么共同语言。所以，我就两次拒绝了邓小平的求婚。

我的拒绝，并没有让邓小平灰心。他说，他要亲自和我谈一谈。我

---

① 1943 年 1 月 26 日邓小平在中共中央太行分局高级干部会议上作的《五年来对敌斗争的概略总结与今后对敌斗争的方针》的报告。《邓小平文集（1925—1949 年）》中卷，第 1—12 页。

② 毛毛：《我的父亲邓小平》上卷，第 353 页。

◎（从右至左）邓小平和卓琳、孔原和许明在延安举行婚礼时的合影。

说，好啊。第一次见面，他谈了自己的革命经历和两次婚姻的情况。第二次见面时，他说：我有意要和你结婚，在前方战斗很辛苦，我年纪是大了，又不大会说话。年纪大，这是我的缺点，但我希望能从别的方面弥补。

我听听他的谈话，觉得这个人还可以。他有点知识，是知识分子。第二呢，我想，反正早晚都得结婚。我那时已经二十三岁了。于是我就同意了，但我提出个条件，就是结婚后马上离开延安，因为我害怕其他人笑话我也嫁了个"土包子"。邓小平也同意了。

后来，在延安杨家岭毛泽东的窑洞前，他们把两张桌子拼起来说："今天我们会餐啊！大家都来会餐吧！"也没有说要结婚。当时李富春对我说："你也认识邓小平，大家会会餐，现在给你们腾出个窑洞，吃完饭后你们一块回去就算结婚了。"当时有两对夫妻，还有一对是孔原和许明。因为当时我有些勉强，没有什么准备，邓发就把他们的窑洞腾出来给我

◎ 邓小平和卓琳在太行山。

们，我们就在他们的窑洞里结婚了。

　　我们在延安结婚后，一块回到了抗日前线——太行山。

　　彭德怀说：邓小平你可真会找老婆，你们怎么长得跟兄妹似的。

　　太行山上，八路军总部，朱德是总司令，彭德怀是副总司令。当时总部有个妇女训练班，我就担任了妇女训练班的队长。邓小平则赶回了位于辽县桐峪村的一二九师师部。

　　这段时间，只有邓小平来八路军总部开会时，我们夫妻俩才能见上一面。有一次我跟他说："你回去以后可以给我写信吗？"

　　他说："写什么呀？"

　　我说："就写你每天都干了什么。"

　　他说："那好，我让秘书写个底稿，印上十几份，每月寄给你一份。"

　　我一听，哎呀，那就算了。

　　后来我对他说："写信你也不写，我们还是在一块儿共同生活，共同理解吧。"他想了想，说："行！"

所以，我就和他到了一二九师，住在一块儿了。慢慢地就互相理解了。

一九四一年我生了邓林，因为我们常常转移，就把邓林寄养在老百姓家。

我这个人好说话，可周围又没有其他的人。我就跟他说："我说话你得听，你不听，我这人好说话，没人听，我跟谁说呀。我这个人是比较落后的，你听了我说的话，有意见就给我提意见，我对的地方你也告诉我。"

他没有回答。

我又继续说："我说话你不说话，我们这样相处下去也不行啊，你得说点话呀。"

他说："我这个人就是这样的脾气，你愿意说话你就随便说，我有意见我就提，没有意见就这么算了。"

后来我想，对待这样一个老干部，老让他说些家长里短的话肯定是不行的。他也说不出什么。夫妻之间只能慢慢相处，慢慢了解。①

---

① 中共中央文献研究室邓小平研究组对卓琳同志的采访。

2

人们习惯地把"刘邓"连在一起，在我们两人心里，也觉得彼此难以分开。

◎ 邓小平同一二九师师长刘伯承在一起。

我认识伯承，是一九三一年在中央苏区。初次见面，他就给我留下忠厚、诚挚、和蔼的深刻印象。我们一起工作，是一九三八年在八路军一二九师，一个师长，一个政治委员，以后在晋冀鲁豫野战军、中原野战军、第二野战军，前后共事十三年，两人感情非常融洽，工作非常协调。

我比他小十多岁，性格爱好也不尽相同，但合作得很好。人们习惯地把"刘邓"连在一起，在我们两人心里，也觉得彼此难以分开。同伯承一起共事，一起打仗，我的心情是非常愉快的。伯承善于与同志团结共事的高尚风格，在今天仍是我们领导干部的表率。①

附：庆祝刘伯承同志五十寿辰

热爱国家，热爱人民，热爱自己的党，是一个共产党员必须具备的优良品质。我们的伯承同志不但具备了这些品质，而且把他的全部精力献给了国家、人民和自己的党。在三十年的革命生活中，他忘记了个人的生死荣辱和健康，没有一天停止过自己的工作。他常常担任着最艰苦最危险的革命工作，而每次都是排除万难，完成自己的任务。他为国家和人民的解放事业负伤达九处之多。他除了国家和人民的福利，除了为党的事业而努力，简直忘记了一切。在整个革命过程中，他树立了不可磨灭的功绩。

我同伯承同志认识，是在一九三一年，那时我们都在江西中央苏区。后来都参加了长征，而我们共事，是在抗战以后。五年来，我们生活在一块，工作在一块。我们之间感情是很融洽的，工作关系是非常协调的。我们偶然也有争论，但从来没有哪个固执己见，哪个意见比较对，就一致地做去。我们每每听到某些同志对上下、对同级发生意气之争，遇事总以为自己对，人家不对，总想压倒别人，提高自己，一味逞英雄，充"山大王"，结果弄出错误，害党误事。假如这些同志一切从

---

① 《悼伯承》，《邓小平文选》第 3 卷，第 185 页。

国家、人民和党的利益出发，而不是从个人的荣誉地位出发，那又怎么会犯这样的错误呢？伯承同志便是不断地以这样的精神去说服与教育同志的。

伯承同志对于自己的使命，是兢兢业业以求实现的。过去的事情不用谈它，单以最近五年来说，奉命坚持敌后抗战，遵行三民主义、抗战建国纲领和党的政策，未尝逾越一步。他对于上级命令和指示，从未粗枝大叶，总是读了又读，研究了又研究，力求适应于自己的工作环境而加以实现，在实行中，且时时注意着检查，务使贯彻到底。"深入海底"，差不多是他日常教导同志的口语。

伯承同志热爱我们的同胞，每闻敌人奸掳烧杀的罪行，必愤慨形于颜色；听到敌人拉壮丁，便马上写出保护壮丁的指示；听到敌人抢粮食，马上就考虑保护民食的办法；听到敌人烧房子，马上提倡挖窑洞，解决人民居住问题；听到了有同志不关心群众的利益，便马上打电话或电报加以责备。还是不久前的事情吧，他看到村外的道路被水冲坏了，行人把麦地变成了道路，他便马上督促把路修好，麦地得到了保全。这类的事情，在他身上是太多了。他不仅率领着自己的部队，从大小数千次的血战中，来保护我们国家的土地和人民的生命财产，而且在日常的生活中，处处体现着共产党员热爱国家和人民的本色。

伯承同志热爱自己的同志，对干部总是循循善诱，谆谆教诲，期其进步。他同同志谈话的时间很多，甚至发现同志写了一个错字，也要帮助改正。在他感召下得到转变和发展的干部，何止千万。

伯承同志是勤读不厌的模范。他不特重视理论的研究，尤重视理论与实际的结合。他常常指导同志向下层向群众去学习，他自己也是这样做的。

伯承同志可供同志们学习的地方太多了，这些不过是其中的一枝一叶。他的模范作用，他的道德修养，他的伟大贡献，是不可能在短文中

——加以介绍的。

假如有人问，伯承同志有无缺点呢？我想只有一个，就是他除了读书工作之外，没有一点娱乐的生活。他没有烟酒等不良嗜好，他不会下棋打球，闲时只有散散步，谈谈天。他常常批评自己，对于时间太"势利"了。难道这真是他的缺点吗？这只能说是同志们对他的健康的关怀罢了。

在伯承同志五十寿辰的时候，我祝福他健康，祝福我们共同努力的事业胜利！①

---

① 邓小平为刘伯承五十寿辰撰写的文章，原载于《新华日报》（华北版）1942年12月15日《特刊》，见《邓小平文选》第1卷，人民出版社1994年版，第30—32页。

第五章

最高兴的三年

1

在我一生中，最高兴的是解放战争的三年。那时我们的装备很差，却都在打胜仗，这些胜利是在以弱对强、以少对多的情况下取得的。

◎ 1945 年 8 月，邓小平任晋冀鲁豫中央局书记兼军区政治委员。

回想战争年代，我们二野在每一个阶段都完成了自己的任务，而且完成得比较好。这是对二野的评价。

整个解放战争，从头到尾，二野都处在同敌人针锋相对斗争的最前面。开始在晋冀鲁豫，用刘伯承同志的话说，这里是华北解放区的大门，敌人要进攻首先就从这个口子来。果然，毛主席到重庆谈判的时候，敌人从两路来。一路是阎锡山，我们就手打了个上党战役。接着对马法五、高树勋一路，又打了个平汉战役。还要说远一点，在抗日战争时，我们就处在一个

◎ 晋冀鲁豫部队在上党战役中攻克屯留城关。

◎ 1945 年 8 月，邓小平和刘伯承等由延安飞回太行山前线时，中共高级将领在机场的合影。前排右起为李富春、聂荣臻、蔡树藩、李伯钊；后排右起为陈赓、萧劲光、滕代远、刘伯承、邓小平、陈毅。

大门的地位。那时不叫二野，是二野的前身。国民党同我们搞摩擦，几个大解放区都有，但最集中的是在晋冀鲁豫。抗战胜利后，他们进攻解放区首先攻的就是这个大门，而我们守这个大门的力量并不强。阎锡山进攻上党区有三万八千多人，我们比他们还少一点，也就是三万出头，从编制上讲，一个完整的、编制充实的团都没有，而且装备很差，弹药很少，可以说是一群游击队的集合。还有就是临战前没有指挥作战的将军，那时只有李达在前线，好多将军都不在，在延安开会。我们是乘坐美军驻延安观察组的运输机回太行的，同机飞回的有伯承和我，还有陈锡联、陈再道、陈赓等。那时宋任穷留在冀南。仗已经打得热火朝天了，我们才到，一下飞机就上前线。在那样的情况下，把阎锡山的进攻部队完全消灭可不容易啊，应该说是超额完成了任务。

随后就是平汉战役，国民党第十一战区两个副司令长官马法五、高树勋带的三个军，还有一个乔明礼的河北民军纵队，几个部队打过来。马法五的第四十军、三十军都是强的。高树勋的新八军也有战斗力呀！锡联在马头镇拚了一次，一拚就是几百人伤亡。我们打平汉战役比打上党战役还困难。打了上党战役，虽然弹药有点补充，装备有点改善，但还是一个游击队的集合体。在疲惫不堪的情况下，又打平汉战役。队伍没有到齐，敌人进攻。我跟苏振华通电话，叫他坚持五天，等后续部队到达指定地点。那次他们那个一纵队的阻击战是打得不错的，完成了阻击任务。这样，后面的队伍才赶上。平汉战役应该说主要是政治仗打得好，争取了高树勋起义。如果硬斗硬，我们伤亡会很大。我一直遗憾的是，后来我们对高树勋处理不公道。他的功劳很大。没有他起义，敌人虽然不会胜利，但是也不会失败得那么干脆，退走的能力还是有的，至少可以跑出主力。他一起义，马法五的两个军就被我们消灭了，只跑掉三千人。这个政治仗，我们下的本钱也不小。高树勋在受汤恩伯指挥的时候，就同我们有联系。由于关系比较久，所以我们是派参谋长李达亲自到马头镇他的司令部去做工作的。这

◎ 1946 年 2 月，邓小平与刘伯承、薄一波、杨秀峰、高树勋送平汉战役中被俘的国民党第十一战区副司令长官马法五返回他的部队驻地新乡。

件事你们好多人可能不知道。同李达一起去的还有王定南，当时是我们的联络，我见过多次。我们确实知道高树勋倾向起义，但在犹豫当中。那时国民党要吃掉西北军，有这个矛盾。李达、王定南一到那里，看见所有的汽车、马车都是头向南，准备撤退的。他们见面后，一谈就合拍了，高树勋决定起义，并且第二天就实行起义，把部队开向西北面的解放区。起义的第二天，伯承就到马头镇去看望高树勋。这样，马法五就惊慌了，命令他的两个军南撤。结果，我们在南面，在漳河北岸，把敌人截住了，又打了一个胜仗。

所以说，抗日战争时，全国各个解放区都有摩擦战，但集中在晋冀鲁豫地区。抗战胜利后蒋介石发动进攻，首先也在这个地区。仗一打开，我们才开始真正形成野战军的格局，编成纵队。打完上党战役编了四个纵队，从东向西数，一纵杨得志、苏振华，在冀鲁豫；二纵陈再道、宋任穷，在冀南；三纵陈锡联、彭涛，在太行；四纵陈赓、谢富治，在太岳。

接着，又编了六纵、七纵。

在解放战争第一年，我们完成了中央军委规定的歼敌指标。战争开始三个月后，毛主席就说，全国战场只要每个月消灭国民党八个旅，这个仗就肯定能打胜。果然，第一年就歼敌九十七个半旅，略超过一点。就二野所在地区来说，完成了分配给自己的份额，也许还超过一点。由于圆满地完成了任务，战略反攻的时间提前了，比预定的不止提前一年两年。解放战争开始时没有提出反攻的问题，那时反攻时间还捉摸不定。从一九四六年七月开始，到一九四七年六七月，打了一年就很有把握地确定反攻。要说原因，一个是第一年歼灭了近百个旅的敌人，相应地我们的装备也有所改善。另一个原因是客观形势迫使我们要早反攻。那时国民党重点进攻山东和延安，这好比是扁担的两头。我们晋冀鲁豫在中间，虽然不是敌人重点进攻的地区，但是是一个挑扁担的地区，伯承同志讲的是"扁担战略"。我们的任务就是要把两头的敌人吸引到中间来，而我们的战略反攻，实现了中央军委、毛主席的战略意图。首先过黄河，一下消灭敌人四个师部、九个半旅，旗开得胜，那气势是很了不起的。过黄河实际上就是开始反攻。但是，反攻深入到什么程度？歼敌九个半旅，这只是一个声势，更重要的是我们怎么进一步行动？我们打电报给军委，说趁势还能够在晋冀鲁豫地区继续歼灭一些敌人，吸引和牵制更多的敌人，形势很好啊。毛主席打了个极秘密的电报给刘邓，写的是陕北"甚为困难"。当时我们二话没说，立即复电，半个月后行动，跃进到敌人后方去，直出大别山。实际上不到十天，就开始行动。那时搞无后方作战，困难是可想而知的啊。北方人到南方，真不容易。果然一过淮河，好多人拉肚子。中国真正的南北界线是淮河，淮河以南就叫南方，不是长江以南才叫南方。一过淮河，种水稻，走山路，都是南方的生活习惯。原来我们估计不足，只知道北方人到南方有不习惯的问题，过了淮河才知道就是原来的南方人，鄂豫皖的人，在北方过了好多年，也不那么习惯了。往南一下就走一千里，下这个决心，真了不起，从这一点也可看出毛主席战略思想的光辉。而这个担子落在二野身上，整个解放战争最困难的是挑这个担子，是挑的重担啊。不是说消灭敌人九个半旅是挑了重担，主要的是撇开一切困难，坚决地挺进一千里，挑的就是这个重担。过黄泛区，真困难啊，重装备带不走了，只能丢了，所以打淮海战役的时候，二野的炮兵就很少。过淮河，天老爷帮了一个大忙，能够徒涉。过去没有人知道淮河是能够徒涉的，那一次刚涨起来的河水又落下去了，伯承亲自去踩踏，恰好就是那个时候能徒涉，这就非常顺利了。不然，我们过淮河还是能过，但会有伤亡，以后的斗争会更困难一些。当时形势相当严峻，相当险恶，但是整个地看应该说是很顺利地实现了战略反攻的任务，跃进到大别山。

大别山这场斗争，主要是我们政策对头，包括军事政策。军事政策

◎　1946 年，邓小平在河北邯郸会见北平军调处执行部执行小组成员。

◎ 1947 年 6 月，刘邓大军夜渡黄河。

就是坚决地拿出三分之一的野战部队地方化，搞军区、军分区。因为大别山的斗争不决定于消灭好多敌人，而决定于能不能站住脚。这是毛主席的战略决策。什么叫胜利？胜利不在当时消灭多少敌人。要不要消灭敌人？要消灭，要争取打几个歼灭仗。从这一点来看，我们完成得并不好，消灭的敌人不多，除地方保安部队外，一共只消灭了几个旅。但关键是能不能站得住，站得住就是胜利，结果，我们站稳了。我们前进了一千里，直达长江，面对着武汉、南京、上海，扩大了四千五百万人口的新解放区。这是个真正的胜利，前进一千里的意义就在这里。

大别山战略机动范围不大，容不下更多的部队，特别是我们习惯于在平原地区搞大开大合的作战，到这里感到很拘束。所以，把部队分开建立军区、军分区以后，主力就逐步向北面转移。中间还有些插曲，就是部队的同志着急，总想打个把歼灭战。我们开了个会，我讲的话，提出要避战。因为那时打不得败仗，一败就不可收拾。后来刘邓分开了。伯承率领一纵和野战军的司令部、直属队到淮河以北，指挥全局。南下大别山的两个后续部队王宏坤、张才千的十纵和十二纵，也不在大别山，向桐柏、江

◎ 1947 年，刘邓大军千里跃进大别山。图为胜利到达大别山后，邓小平在干部大会上讲话。

汉两区展开。就是我一个，先念一个，李达一个，带着几百人不到一千人的前方指挥所留在大别山，指挥其他几个纵队，方针就是避战，一切为了站稳脚。那时六纵担负的任务最多，在大别山那个丘陵地带来回穿梭，一会儿由西向东，一会儿由东向西，今天跑一趟，明天跑一趟，不知来回跑了多少趟，调动敌人，迷惑敌人。别的部队基本上不大动，适当分散，避免同敌人碰面。这样搞了两个月，我们向中央军委、毛主席报告，大别山站稳了，实现了战略任务。主力撤回北面，准备大的战斗，大的战斗还是到北面去打。大别山斗争的胜利，主要是对几个问题的判断比较准确，处置也比较正确，我们伤亡不算很大，费的劲也不算很大，但是完成了战略任务，种种艰难都克服了，站稳了脚，把战线从黄河延伸到长江。所以说，战略反攻，二野挑的是重担，还是那句老话，叫做合格。经过大别山斗争，二野受到削弱。只有秦基伟的九纵，你们那一坨，保持兴盛的旺气。主体四个纵队就削弱了，更新也困难啊，有三个纵队每个纵队仅两个旅，只有一个纵队是三个旅，就这样迎接淮海战役。当然中间还打了一些小仗，凡是有机会取得胜利的，没有丧失过机会，该干的都干了。后来，转出大别山，以后到了豫西，成立扩大的中原局和中原军区。

迎接淮海战役的时候，总的形势很好。东北战场取得了胜利，这对全国鼓舞很大，西北也稳住脚，中原三足鼎立。淮海战役是二野、三野联合作战，用毛主席的话说，二野三野联合作战，不只是增加一倍两倍的力量，数量变，质量变，这是一个质的变化。淮海战役成立了总前委，由五个人组成，其中三个人是常委，我当书记。毛主席对我说："我把指挥交给你。"这是毛主席亲自交代给我的。淮海战役的部署决策是我根据中央军委和毛主席的指示主持决定的。渡江作战，部队突破江防后，我的指挥部在三野司令部，张震是参谋长。渡江战役也就是京沪杭战役的实施纲要是我起草的。

◎ 1948 年，邓小平在晋冀鲁豫野战军作开展整党和新式整军运动的动员报告。

◎ 1948 年 11 月，淮海战役开始，中共中央和中央军委决定，组成由邓小平任书记的总前委统一领导和指挥中原野战军和华东野战军。图为总前委的五位成员，右起为谭震林、陈毅、刘伯承、邓小平、粟裕。

◎ 1948 年，中原局和中原军区领导人在河南宝丰县。右起为邓小平、李达、李雪峰、张际春、刘伯承、陈毅。

二野的内部关系是非常团结、非常协调的。上下级之间，各纵队之间，甚至于更下层一点，关系都很协调。你们可能注意到，从战争一开始，每一次的具体作战，指挥的都是各纵队的头头，刘邓没有亲自到战场上指挥过一个战斗行动。羊山集战斗就是陈再道指挥的，好几个战斗是陈锡联指挥的，双堆集战斗有一面是王近山、杜义德指挥的，也有是陈赓、杨勇、苏振华指挥的。我们没有发现过下面有什么不对的，也没有纠正过任何纵队领导同志指挥的战斗。我们如果对指挥有意见，发现有不妥的地方，有电话可以联络。这种做法对增加上下级之间的相互信任，提高部队的战斗力，很有好处，还可以锻炼指挥员的主动性，讲句哲学语言叫发挥能动性。野战军的领导人相信自己的部下，下面也相信领导，这种互相团结、互相信任的关系从作战一开始就是这样的。这是个了不起的力量。二野所以能锻炼成这么样一个了不起的部队，主要靠的这一条。①

附：邓小平同毛毛等谈解放战争时的经历

上党、平汉两大战役胜利结束了。

至今，提起这两个战役，父亲仍是感慨万分。他几次对我们说："我们这个野战军，从抗战以后，一直没有停止过一天打仗。最多只能整训一个礼拜，十天都难得呀！"

他说："真正讲反攻，是上党、平汉战役开始迎战敌人的。我们迎战敌人，逼蒋签订双十协定。"

---

① 1989年11月20日邓小平会见编写第二野战军战史的老同志时的谈话。《邓小平文选》第3卷，第336—342页。

◎ 1949年3月，邓小平出席在河北建屏县（今平山县）西柏坡举行的党的七届二中全会，并在大会上发言。从右至左：邓小平、贺龙、聂荣臻、蔡树藩。

他充满感情地说："那两个仗打得好险！没有弹药，一支枪才有几发子弹。打攻坚战很困难，决定的关头靠冲锋，靠肉搏战。这两个都是歼灭战，打胜了以后，武器也多了，人也多了！"

父亲从来话很少，也从不谈个人的历史，但讲起打仗，他的话就多了。他总是说："哪有天生会打仗的！都是从打仗中学习打仗，从打败仗中学习打仗。我刚到红七军的时候，什么也不知道，一点军事也不懂。还是我在上海当中央秘书长的时候，陈毅来中央汇报红四军的工作，才知道了好多情况。这也是一种学习呀！以后仗打得多了，败仗也打过，慢慢地就学会打仗了！"有一次我的好朋友，陈毅元帅的小女儿姗姗来我们家玩，父亲看见她，还在说："我从你爸爸那里听了不少东西，后来搬到红七军去用！"……

父亲曾这样描述过大别山："中原的战略地位非常重要，正当敌人的大门，其中大别山是大门边。"

他说："中原形势决定于两个山，一个是大别山，一个是伏牛山，敌人最关切的还是大别山，它比伏牛山更重要。中原要大定，就要把大别山控制起来。"

他说："大别山是一个战略上很好的前进基地，它迫近长江，东面一直顶到南京上海，西南直迫汉口，是打过长江的重要跳板。"

他说："大别山，敌人必争，我也必争！"

父亲有一次向我们讲了个故事。

他说："那些仗，打得快呀！原因是敌人跑得快。我们的追击，都是成排、成连、成团地跑路，否则追都追不上。我们的部队，分成了多少路呀！陈赓打得最远，占领了江西的全省。红军时期，蒋介石抓住了陈赓，后来因为念及陈赓在大革命时期曾救过蒋介石一命，就把陈赓放了。蒋介石放陈赓的时候，在南昌，有人说：欢迎你再来。陈赓说：'再来，我就带十万部队来！'结果，真的是陈赓带兵去占领了南昌。幸好我们当时没让陈赓打南京，让他直接往南边打去。否则，陈赓就实现不了他的诺言和愿望了！"……

毛泽东曾说过，二野三野联合作战，不只是增加一倍两倍的力量，而是一个质的变化。

也就是说，这个数学公式是：1+1>2。

父亲说："这个质的变化，一开始就体现在扩大中原局，调陈毅来当第二书记。特别是淮海战役前成立了总前委，由五个人组成，刘陈邓三个人是常委，我当书记。毛主席亲自对我说：'我把指挥权交给你。'这是毛主席亲自交代给我的任务。"①

---

① 毛毛：《我的父亲邓小平》上卷，第512—513、558、624、631页。

第六章

主政大西南

1

到西南后，西南局规定的一九五〇年的任务概括为几个数字：九十万，九十万，六千万，六十万。

淮海战役一打完，以后就没有什么大仗了。渡江作战后，除了三野在上海打了一仗以外，其他的算得了什么大仗？进军西南，同胡宗南那一仗打得很容易，同宋希濂也没有打多少仗。真正打了一场的是剿匪战斗，打得很漂亮。到西南后，西南局规定的一九五〇年的任务概括为几个

◎ 主政西南时的邓小平。

◎ 1949年，邓小平与刘伯承、张际春等研究进军西南问题。

◎ 1949年底，邓小平和刘伯承、贺龙等研究西南的有关问题。

◎ 进军西南途中，刘伯承和邓小平在铁山渡口准备渡河。

数字：九十万，九十万，六千万，六十万。什么叫九十万，九十万呀？头一个九十万，就是起义、投诚、俘虏的国民党官兵有九十万，怎么消化，怎么安置，怎么教育改造，这是个大难题，需要解决。还有一个九十万，就是土匪，要把他们消灭。这个完成得很顺利。打土匪本来是很困难的事情，我们声威雄壮啊，把他们打怕了，费劲也不大。六千万就是西南地区人口中百分之九十的基本群众，要把他们发动起来，搞土改闹翻身。还有一个是要提高我们部队六十万干部战士的质量，以担当起新的繁重的工作任务。这四项任务都完成得不错。这时二野还增加了一个十八兵团，十八兵团原先也是晋冀鲁豫的部队。①

----

① 1989年11月20日邓小平会见编写第二野战军战史的老同志时的谈话。《邓小平文选》第3卷，第342—343页。

附：邓小平家人对邓小平在西南工作时的回忆

卓琳：以前都是他们在前方打仗，我们家属都在后头。他们打完仗休整的时候，再把我们接去。后来，进军西南的时候，不准带家属，我不干。我说，你们老是把我们"丢"下不管，不行，这次我一定要跟着你去。我是共产党员，你砍我的头我都得跟着你去。他没办法，只好允许带着家属。

但是去的方式是，他们在前面，有侦察兵看好路了，我们带着孩子随后再跟上。那些日子是很苦的。男孩子尿尿，汽车走着，就那么把

◎ 1949 年，担任中共中央华东局第一书记的邓小平在上海。

着。女孩子要尿尿怎么办呢？教堂里有一种水罐，就拿那个水罐给女孩子接尿，接了以后倒在汽车外头。

解放重庆后，干部都要下乡工作，那孩子们怎么办呢？后来想了个办法，在城里成立人民小学，由我当校长。当时学校分高、中、低年级，吃、喝、住、衣服全由我们来负责。

当时邓小平顾不上管孩子。我想我一定要把孩子们培养成为有知识、

◎ 1949年上海解放后，邓小平和陈毅两家人合影。左二为陈毅夫人张茜，后立者为卓琳。

有文化、有专业的人才。

邓先群（邓小平的妹妹）：他是一九四九年底就到了重庆。到重庆以后，有一个二野的人到我们家里去，说小平同志已经到重庆了。又说，我们可以出来，让我姐姐出来上学，我也出来。后来我姐姐出来就到西南军大，我出来以后就上学，一直跟着我大哥。

邓先芙（邓小平的妹妹）：大哥说，你们呐（开玩笑一样的），你们要先把脑筋洗了再说，你们先要改造思想。①

① 中共中央文献研究室邓小平研究组编：《永远的小平——卓琳等人访谈录》，四川人民出版社2004年版，第28、78、79页。

第七章

最忙的十年

1

揭露高饶的问题没有错。至于是不是叫路线斗争，还可以研究。这个事情，我知道得很清楚。

揭露高饶的问题没有错。至于是不是叫路线斗争，还可以研究。这个事情，我知道得很清楚。毛泽东同志在一九五三年底提出中央分一线、二线之后，高岗活动得非常积极。他首先得到林彪的支持，才敢于放手这么搞。那时东北是他自己，中南是林彪，华东是饶漱石。对西南，他用拉拢的办法，正式和我谈判，说刘少奇同志不成熟，要争取我和他一起拱倒刘少奇同志。我明确表示态度，说刘少奇同志在党内的地位是历史形成的，从总的方面讲，刘少奇同志是好的，改变这样一种历史形成的地位不适当。高岗也找陈云同志谈判，他说：搞几个副主席，你一个，我一个。这样一来，陈云同志和我才觉得问题严重，立即向毛泽东同志反映，引起他的注意。高岗想把少奇同志推倒，采取搞交易、搞阴谋诡计的办法，是很不正常的。所以反对高岗的斗争还要肯定。高饶问题的处理比较宽。当时没有伤害什么人，还有意识地保护了一批干部。总之，高饶问题不揭露、不处理是不行的。现在看，处理得也是正确的。但是，高岗究竟拿出了一条什么路线？我看，确实没有什么路线。所以，究竟叫不叫路线斗争，也难说。你们再斟酌一下。①

---

① 1980 年 3 月 19 日邓小平同中央负责同志的谈话。《邓小平文选》第 3 卷，第 293—294 页。

◎ 1952 年，邓小平调中央工作，假日里他在颐和园散步。

◎ 1952 年出任政务院副总理的
邓小平。

◎ 1955 年 3 月，邓小平在中国共产党全国代表会议上作《关于高岗、饶漱石反党
联盟的报告》。

◎ 1956 年当选为中共中央总书记的邓小平。

2

从一九五七年第一次莫斯科会谈，到六十年代前半期，中苏两党展开了激烈的争论。我算是那场争论的当事人之一，扮演了不是无足轻重的角色。

从一九五七年第一次莫斯科会谈，到六十年代前半期，中苏两党展开了激烈的争论。我算是那场争论的当事人之一，扮演了不是无足轻重的角色。经过二十多年的实践，回过头来看，双方都讲了许多空话。马

◎ 1957 年，邓小平随毛泽东前往莫斯科参加十月革命胜利 40 周年庆祝活动，并出席社会主义国家共产党和工人党代表会议。

◎ 1958 年 5 月，邓小平和毛泽东、刘少奇、周恩来、朱德在党的八大二次会议上。

◎ 1960 年全国人大二届二次会议期间，毛泽东（右）与邓小平在休息室
交谈。

113

◎ 1960 年，以刘少奇为团长、邓小平为副团长的中国党政代表团访问苏联，与苏共中央第一书记、苏联部长会议主席赫鲁晓夫在克里姆林宫合影。右起为彭真、廖承志、邓小平、刘宁一、赫鲁晓夫、杨尚昆、刘少奇。

◎ 1963 年 7 月，邓小平率领中国共产党代表团前往莫斯科同苏联共产党代表团会谈。图为刘少奇、周恩来、朱德等到首都机场欢送。

克思去世以后一百多年，究竟发生了什么变化，在变化的条件下，如何认识和发展马克思主义，没有搞清楚。绝不能要求马克思为解决他去世之后上百年、几百年所产生的问题提供现成答案。列宁同样也不能承担为他去世以后五十年、一百年所产生的问题提供现成答案的任务。真正的马克思列宁主义者必须根据现在的情况，认识、继承和发展马克思列宁主义。①

一九六〇年莫斯科会议我是我们党的主要发言人，在二十六国会议上我讲了四个多小时。但如果现在讲，有好多提法就不同了。同苏联打交道，我打得多了，我七次去莫斯科。同苏联谈判，中国党代表团差不多都是我出面的，他们是苏斯洛夫。我们现在同苏联的接触，已提高到外长级的会见。但现在还是国家之间的接触，而不是党的关系。这不是说，党与党不可以接触，但首先要解决国家关系，为此要消除国家关系正常化的障碍。这些障碍不是小事。苏联在中苏边境驻扎一百多万军队，还在蒙古驻军。这样的障碍不消除，中国人民能够放心吗？不可能。中国的政策，就是从这种具体实际出发的。因此要首先消除两国关系正常化的障碍。当然在这段时间内，中苏之间的交往增加了，贸易增长了。②

大论战我们发表了九篇文章，这些工作我都参加了。从现在的观点看，好多观点是不对的。我们的错误不在个别观点，个别观点上谁对谁错很难讲，应该说，我们的许多观点现在看还是正确的。我们的真正错误是根据中国自己的经验和实践来论断和评价国际共运的是非，因此有些东西不符合唯物主义和辩证法的原则。主要是这个问题。至

---

① 1989年5月16日邓小平会见苏联最高苏维埃主席团主席、苏共中央总书记戈尔巴乔夫时的谈话。《邓小平文选》第3卷，第291页。

② 1983年4月29日邓小平会见南布迪里巴德率领的印度共产党（马克思主义）中央代表团时的谈话。《邓小平年谱》第5卷，第203—204页。

于这个观点、那个观点，都可以争论。关于国际共运如何处理兄弟党关系的准则，我们也改变了。对兄弟党，不要指手画脚，否则是很危险的。①

---

① 1983 年 11 月 6 日邓小平会见澳大利亚共产党（马列）主席希尔和夫人时的谈话。《邓小平年谱》第 5 卷，第 242 页。

3

中央犯错误，不是一个人负责，是集体负责。

一九五七年反右派，我们是积极分子，反右派扩大化我就有责任，我是总书记呀。一九五八年大跃进，我们头脑也热，在座的老同志恐怕头脑热的也不少。这些问题不是一个人的问题。我们应该承认，不犯错误的人是没有的。拿我来说，能够四六开，百分之六十做的是好事，百分之四十不那么好，就够满意了，大部分好嘛。①

总之，建国后十七年这一段，有曲折，有错误，基本方面还是对的。社会主义革命搞得好，转入社会主义建设以后，毛泽东同志也有好文章、好思想。讲错误，不应该只讲毛泽东同志，中央许多负责同志都有错误。"大跃进"，毛泽东同志头脑发热，我们不发热？刘少奇同志、周恩来同志和我都没有反对，陈云同志没有说话。在这些问题上要公正，不要造成一种印象，别的人都正确，只有一个人犯错误。这不符合事实。中央犯错误，不是一个人负责，是集体负责。在这些方面，要运用马列主义结合我们的实际进行分析，有所贡献，有所发展。②

---

① 1980 年 2 月 29 日邓小平在党的十一届五中全会第三次会议上的讲话。《邓小平文选》第 2 卷，人民出版社 1994 年版，第 277 页。

② 1980 年 4 月 1 日邓小平同中央负责同志的谈话。《邓小平文选》第 2 卷，第 296 页。

第八章

"文革"岁月

1

我一生最痛苦的当然是"文化大革命"的时候。

我是被指定为主持（指批判罗瑞卿的会议——编者注）者之一，但我在开始后即到西北三线去考察了，而交由彭真一人去主持，这也表明我对这个斗争是不积极、不热情的。①

彭真的问题本来不大。我没有附和，送了半筐橘子给彭真，表明态度。

◎ 1966 年 8 月，毛泽东主持召开党的八届十一中全会，通过《中国共产党中央委员会关于无产阶级文化大革命的决定》（简称"十六条"），指出"这次运动的重点是整党内那些走资本主义道路的当权派"。之后，"文化大革命"迅速在全国范围内全面展开。

---

① 邓榕：《我的父亲邓小平——"文革"岁月》，中央文献出版社 2010 年版，第 9 页。

在那个条件下，真实情况是难以反对。①

"文革"开始的时候，主席找我谈话，要我跟林彪搞好关系，我答应了。但与林彪谈了一次就谈崩了。②

我一生最痛苦的当然是"文化大革命"的时候。③

附一：邓小平在江西期间写给汪东兴的信

我们十月二十二日离开北京，当日到南昌，住军区招待所四天，二十六日移到新居，房子很好。移住后，安排了几天家务，买了些做饭的和日用的家具。十一月九日，我和卓琳就开始到工厂劳动。每天上午六时半起床，七时三十五分由家动身，二十几分钟就走到工厂，在厂劳动大约三小时半，十一时半由厂回家，吃午饭后睡睡午觉，起来后读毛选（每天力求读一小时以上）和看报纸、夜间听广播，还参加一些家务劳动，时间也过得很快。我们是自己做饭（主要由我的继母做，我和卓琳帮帮厨）。我们过得非常愉快。

我们是在新建县（南昌市属，距南昌二十余里）县办的一个拖拉机修造厂劳动。这个厂原是县的拖拉机修理站，现扩大为修理兼制造的厂，全厂八十余人，除劳动外，还参加了两次整党会议和一次大干年终四十天的动员大会。厂里职工同志对我们很热情，很照顾，我们参加的劳动也不重，只是卓琳心脏病较前增剧，血压增高到低一百高二百，吃力一点，但她尽力每天上班。

---

① 邓榕：《我的父亲邓小平——"文革"岁月》，第 11 页。
② 邓榕：《我的父亲邓小平——"文革"岁月》，第 33 页。
③ 《邓小平文选》第 3 卷，第 54—55 页。

……因为要熟悉一下，所以过了一个月零四天才给你写第一封信，以后当隔一段时间向你作一次报告。如有必要，请将上述情形报主席、副主席和党中央。

来江西时，因飞机超重，只带了一半东西来，还有一些衣物和书籍没有来，书籍差不多全未来，原说由火车托运，至今未到。如可能，请令有关同志查查，最好能运来，如决定留在北京，也请方便时告诉我们。①

附二：毛毛《在江西的日子里》

十年动乱的历史，不会再重复了。回想往事，使人辛酸，使人激奋，也从思考中得到力量。

人们不会忘记林彪反革命集团那罪恶的"一号通令"。我的父亲，自从被加罪为"全国第二号最大的走资派"后，关押隔离已历时两年。这时他突然接到通知，要被疏散转移到江西。当时我们这一家人已被"文革"的狂流冲得漂零四散。哥哥被迫害致残，其余的兄弟姐妹都已下乡接受"改造"，只有我的祖母（父亲的继母）一人留在北京。所以我的父母仅带上祖母，三人于十月二十二日乘一架专门押送他们的飞机从北京起飞，飞越被"史无前例"的政治风暴冲击得遍体鳞伤的半个中国，直到江西。由于长期关押，他们对外面的政治形势发展所知无几，对这"一号通令"究竟是怎么回事尚不清楚。但能脱离在北京那种完全与世隔绝的生活，能重

---

① 1969年11月26日邓小平给汪东兴的信。邓榕：《我的父亲邓小平——"文革"岁月》，第132、133页。

◎ 1966年"文化大革命"开始后，邓小平受到错误批判。1969年10月，他被送到江西南昌新建县监督劳动。这是逆境中的邓小平夫妇及继母夏伯根。

◎ 位于南昌市郊新建县的"将军楼"。从1969年10月起，邓小平在这里度过了三年多的谪居生活。

◎ 在江西艰难的日子里，刚出生的外孙女给邓小平带来了难得的快慰。

新与家人相见，无疑是令人高兴的。

到了江西省会南昌之后，三位老人先被带到一个招待所。一位省军区的"负责人"对他们训了一次话，叫他们"老老实实接受改造"之类。几天后，他们就被送到了以后一直居住了三年多的地方。那是在江西省新建县望城岗原步兵学校里面。从南昌坐二十分钟汽车到望城岗，从步校大门进去，是一条梧桐夹道的沙石马路，绕过原步校办公大楼，沿着一条红壤夹杂着石子的小路走上一个小丘，即可看到一围比人还高的绿色冬青环绕而成的院墙。冬青之内还有一圈竹篱。圆形院子的正中是一座两层红砖小楼，原为步校校长所住。楼前四株月桂，楼后有一小小的柴房。楼上是两间卧房和一间起居室，楼下有厨房、饭厅。另外几间则由派来监管的人员居住。这个步校在"文革"中早已解散，现在偌大一个校园空无人用，十分冷落。原来的校舍、课室都已残损不全，风雨来时，常可听到门窗撞击的响声。每当夜阑人寂之时，远远望去，空旷的校园内只有小丘顶上老人居住的小楼灯光闪烁。

三位老人很快适应了这种新的生活。他们互相体贴、照料，争着做家务活。三人中的壮劳力是时年六十五岁的父亲，所以那些清扫拖地、劈柴砸煤之类的工作，自然由他来做。母亲身体不好，血压的高压常在二百左右，但她不顾头晕病痛，抢着做最累最脏的活。母亲时常犯病，卧床不起。每当此时，父亲总是为她端饭送水，细心照看。三位老人年龄相加已有二百余岁，他们相互之间体贴、爱护、患难与共的情景，令人感动。我的祖母是四川嘉陵江上一个船工的女儿。解放前兵荒马乱的生活，磨炼了她那坚强的性格。解放后，她一个接一个地带大了我们兄弟姐妹，几十年如一日辛勤操劳。"文革"以后，她和我们几个孩子一起被扫地出门，从家里撵了出来。她毅然担起全家在逆境中求生存的重担。在那风风雨雨的日子里，她受尽了屈辱、歧视。但她坚强镇定，不畏艰难，成为我们几个孩子生活的中心。到江西之后，她更是做饭、洗衣，努力替我父母分担忧愁。她一字不识，但一辈子生活际遇的坎坷，使她养成了深明大义、明理豁达的性格。在那几年中，她能和父母一样地保持那种平和远视的乐观气质，使这个新家格外得到了镇定与生气。

生活刚刚安顿下来，冬天已然来临。南方的冬季，又无防寒设备，冷起来室内常常结冰。母亲的身体愈加不好了，甚至整日卧床不起。这是一个多么难过的寒冷阴暗的冬天！但三位老人齐心努力，克服了生活上的困难。为了对付寒冷，父亲居然每日用冷水擦身。我想，只有精神上不畏寒冷的人，才能战胜严寒。

时间过得真快，转眼严冬已过。一阵绵绵不断、下得人心烦意乱的春雨过后，南方的春天一下子就来了！青草从红土中刚刚钻出，瞬间便连成了一片。那满山的山桃花也都蕾绽花开。从窗中望去，在起伏的山丘上，一团团、一片片，如云如烟。梧桐新叶初发，很快便浓荫遮路。雪白的栀子花沿路皆是，馨香四溢。政治的风暴可以扫荡人们的生活，可以冲击人们的心灵，但挡不住自然界这一片盎然春意。春光不可负，春时不能误。在我们的小院子里，三位老人乘着春雨浸润的土地，拓出了一片不小的菜地，种上了白菜、胡豆、辣椒、丝瓜、苦瓜等各色菜蔬。自有了这一片菜地，父亲每日总要抓紧时间在园中劳作，挖土、施肥、浇水、锄草，常常干得大汗淋漓。随之而来的是江西素有火炉之称的盛夏，真是烈日炎炎，酷热难当。但在三位老人的精心耕耘下，在砂石地上开出的菜园竟然郁郁葱葱、果实累累，使人采之不尽。在楼房后面，祖母还养了几只鸡。这几只小小的生灵似乎特别招人喜爱、善体人意。父亲在院中散步时，它们常常结队而行，跟在人后咕咕作声，使小院里增加了不少的生机。那时因"走资派"的罪名，父母的工资早被扣发，每月仅给他们发一点生活费。他们自己省吃俭用，还要节省一些钱以供当时插队的我和弟弟作为探家路费之用。在经济拮据的时候，养鸡种菜，也的确补充了一些生活所需。

按监管规定，他们三人平时不得随便外出，不得与外人接触。在这个不大的活动天地里，他们的生活倒也很规律。父母二人每日上午到工厂劳动，下午三人在园中耕作。晚饭后，清扫完毕，三人便围坐在一起听新闻广播。然后父母亲读书看报，祖母就做一些针线补缀之事。父亲和母亲非常喜爱看书。离开北京时，经过批准，他们带来了几乎全部的藏书。在那谪居的日子里，父母抓住时机，勤于攻读。特别是父亲，每日都读至深夜。那几年之中，他们读了大量的马列著作，读了二十四史以及古今中外的其他书籍。对他们来说，能有时间如此坐下来读书，确也是难得的机会。我们到江西探亲时，父亲常给我们讲一些历史典故，有时还出题考我们。母亲也时常给我们讲述、议论一些书中精辟之处。在读书中，他们抚古思今，收益不浅。我父亲为人性格内向，沉稳寡言，五十多年的革命生涯，使他养成了临危不惧、遇喜不亢的作风，特别是在对待个人命运上，相当达观。在逆境之中，他善于用乐观主义精神对待一切，并用一些实际的工作来调节生活，从不感到空虚与彷徨。在江西那段时间，他就主要用劳动和读书来充实生活，陶冶精神。

一九七一年在父母的申请下，我的哥哥被批准到江西与他们同住。我哥哥是北京大学物理系的学生，"文革"中因父亲问题的株连，于一九六八年被聂元梓等开除党籍，迫害致残。几经辗转，被送到北京清河社会救济院。在那种拿人不当人的日子里，像他这样戴着反革命帽子的残废人会有什么样的生活是可想而知的。那时他身体十分衰弱，胸以下肢体瘫痪，时常高烧。他无权享受大学生的待遇，自然没有工资。在救济院里，他每日只能躺在床上，用铁丝编织纸篓一类的东西挣点零用钱，处境异常悲惨。父母在得知哥哥的情形后，十分悲痛，不得不写信给中央，申请大哥到江西同住。在历尽劫难之后，哥哥总算回到了父母身边。三位老人对哥哥的照料十分精心。母亲把全部的爱倾注到儿子身上。她不顾自己身体不好，每日为哥哥端饭送水，日常料理都由她来做。父亲则给儿子擦澡翻身，做最重的活。祖母也总是努力做可口的饭菜给他补养身体。哥哥自己也克服身体障碍，尽量锻炼自理能力。虽然多了一个人就多了一份辛苦，但大家同甘共苦，互敬互爱，竟使生活热闹丰富了起来。

在我哥哥坎坷的境遇中，我要特别提起一个人，一个与我哥哥素昧平生，但因路见不平而奋力相助的人。这就是北京外文印刷厂的王凤梧师傅。一九六九年，王师傅随他们工厂的工宣队进驻北大，被分配负责我哥哥那个班的工作。当时我哥哥已经致残。王师傅曾到校医室看望过他。凭着一股朴质的正义感，王师傅对我哥哥十分同情，认为应给予起码的革命人道主义的治疗。在当时那种政治气氛下，王师傅当然是无可奈何的。但以后几年之中，无论我哥哥辗转何处，王师傅都坚持去看望，问寒问暖。哥哥去江西后，王师傅便不断地向上写信、申诉。到北大，到市委，四处奔走，呼吁给我哥哥治病。在那黑白颠倒的非常时期，能这样不顾政治压力，甚至不顾危险地为像我哥哥这样处境的人说话，凡经过那个年代的人一定知道，这需要怎样一种正义感，需要怎样一种置身家性命于不顾的胆量呀！从那时期，王师傅和我哥哥就结成了患难之交。更值得一提的是，在我父亲恢复工作以后，王师傅一家人没有向我们提出任何一个要求，我们全家人都十分感激王师傅在困难之时给我哥哥的帮助。我们全家人更敬佩王师傅及他一家人那种中国工人阶级正直、勇敢、纯朴的可贵品质。"文化大革命"的狂涛中，沉浮着各种各样的卑劣小人，他们就像浪花边上肮脏的泡沫，但无论是巨浪，无论是泡沫，都永远吞蚀不了、淹没不掉大海岸边黄金一样的沙砾。千千万万像王师傅这样正直的普通的中国人，正是我们国家、民族于危难中赖以生存的精神支柱。

我的父母到江西后不久，在他们自己的申请下，被安排到新建县拖拉机制造厂参加劳动。这个工厂离我们的住处仅二十分钟的路。父母二人每日上午到厂劳动半天。父亲做的是钳工。他年轻时在法国勤工俭学就做过钳工，虽然时隔多年，他干起活来还是那样的认真、熟练。母亲则是做拆洗线圈的工作。父亲当时是"全国第二号最大的走资派"，所以每日上工都由人持枪押送，在工厂也是被实行"不许乱说乱动"的监督劳动。尽管如此，对他们来说，这总是长期与世隔绝以后得到与外界、与社会、与群众接触的机会。开始的时候，厂里的工人是怀着好奇的心理来观察他们二人的。时间一久，两位老人的言行举止、劳动态度以及他们的为人，深深感动了工人们。工人们对这个"大走资派"的隔阂逐渐消除了。共同的劳动生活使他们对他产生了同情。随着时日的增加，工人们与我父母之间的情谊愈加亲密起来。工人们在劳动中、在生活上时常关心和帮助两位老人。我记得，工人师傅常常送给我们一些做米酒的酒药等生活用品，还帮我们磨米粉。父母上工的路上有一段十分泥泞。父亲已是年近七十的人，难免步履不稳，有一次滑倒摔了一跤。工人们知道了，立即悄悄地连夜把那段路修好了。还有一次，那是我弟弟第一次从插队的山西回来探亲。一家人团聚真是高兴了一场。不久假期已满，那天早上下小雨，送走了弟弟之后，父母亲照常上工。弟弟的走，无疑使父亲十分难受。上工后不久，父亲突然面色苍白、冷汗淋漓，不能支持了。工人们看到后，立即扶他躺下，拿自己的糖冲水给他喝，又照料着用拖拉机把父亲送回家中。三年之中，我父母虽是在这个工厂是劳动改造，但工人同志们却给予他们力所能及的关心和爱护。在工厂劳动期间，劳动的本身锻炼了父母的体魄，和广大工人群众的接触，更使他们了解人民群众和当时的社会状况，并从工人同志中得到了最好的精神安慰和支持。在这几年之中，无论刮风下雨，无论酷暑严冬，他们去工厂上工从不间断。

值得记忆的是，就是在这个工厂里，父亲自被打倒以来，首次享受了一次"政治待遇"——和工人一起听中央文件的传达。在江西那种被软禁的环境里，政治消息极其闭塞。一九七一年十月一日，身为"副统帅"的林彪竟然没有出席国庆活动，当时我们就感到十分诧异。十一月五日，突然通知我父母去工厂听传达中央文件。我们在家中等待父母时，因不知是福是祸，真是急得坐立不安。好不容易等到中午时分，父母二人回来了。因监视的人在场，他们什么也没说。母亲把我拉到厨房，用手指在我手心写了"林彪死了"四个字。我当时简直不敢相信，但又无法发问。直等监视的人吃饭去了，我们全家才聚到一起，听母亲讲述文件内容。父亲显得兴奋和激动，他只说了一句话："林彪不亡，天理不容！"随后，父亲向中央写了一封信，表示坚决拥护中央关于林彪反党集团的决议。林彪的自我灭亡，在历尽劫难的"文革"史上是一个重要的转折事件，对我父亲的政治命运，无疑也具有深刻的影响。

自此以后，我们家的政治环境开始有了一些转机，生活待遇也较以前逐步好转。林彪在江西的爪牙程世清倒台后，新省委白栋材、黄知真同志探望了父亲，撤换了态度恶劣的原监管人员。于是我们的生活气氛变得轻松了一些。不久，中央根据我父亲的请示，同意我哥哥回京治病。我送哥哥回京之时，适逢一九七二年"五一"节前。一天，有个朋友告诉我，王震同志叫我去。在此以前，我虽从未有幸见过王老，但久仰"胡子叔叔"的大名。当我到北太平庄他的住地时，只见一位削瘦的老人疾步迎了出来，一把握住我的手，十分热情地问："爸爸好吗？"当时我忍不住热泪盈眶。胡子叔叔详细地问了我父亲及全家人的情况，他让我回江西转告我父亲，毛主席对我父亲是有区别的，并说他自己要向主席及中央上书，让我父亲出来工作。胡子叔叔还留我在他家吃饭住宿。自"文革"以来，从我成人开始，便历尽那非常时期的世态炎凉，但此时此刻，在胡子叔叔这里竟然受到如此的关怀、如此的厚待，实是令我感动万分。胡子叔叔在那种时刻敢冒天下之大不韪，挺身出来为我父亲说话，怎能不令人敬佩之至、没齿难忘呢！胡子叔叔的这种以正义勇敢、豪情侠胆著称的品格，给我留下了极为深刻的印象。我回到江西把这些告诉父亲后，父亲也是十分感动的。

一九七二年底，我的父母被安排到江西井冈山等地参观。父亲的老秘书，从二十岁起便追随我父亲、"文革"中受尽了磨难、当时正在江西干校劳动的王瑞林同志获准随行同往。父亲一行游历了井冈山，凭吊了革命遗迹，重访了瑞金等地。在赣南的行程中，还参观了闻名中外的瓷艺之都——景德镇。可惜，景德镇瓷厂竟为林彪、程世清一伙改成了制造什么"水陆两用车"的工厂！车未造出，精美的瓷艺却几乎破坏殆尽。他们参观的时候，瓷厂的工人们正在努力恢复瓷器生产。工人们热情地欢迎父亲一行，并送给他四个特制的花瓶。我的父母十分珍爱这凝结了工人同志们心意的礼品。这四个美丽的瓷瓶，随着我父亲经历了第三次政治起落之后，现在还摆在父亲的办公室内。

在江西的这一段时间里，父亲有一个习惯，每天黄昏落日之前，总是十分规律地围着我们那个小小的院子散步。他沉思不语，步伐很快，就这样一圈一圈地走着。日复一日、月复一月、年复一年，那红色的砂石地上，已然被他踏出了一条白色的小路。我时常看着父亲，看着他永远那样认真、永远那样沉静的神情，看着他向前迈出的快速而稳健的步伐。我想，就在这一步一步之中，他的思想、他的信念、他的意志，随着前进的每一步而更加明确，更加坚定起来。这些思想的孕育成熟，是否已为日后更加激烈的斗争做好了最充分的准备呢？

一九七三年二月，中央通知我父亲回北京。在江西度过了三年多的时光后，父母亲带领我们全家人于二月二十日乘火车启程，踏上了返回北京的路程。去江西之时，只有孤零零三位老人。离开江西时，竟有祖孙四代近十口人了。我们全家人对这曾经羁旅三年之地，对那红砖楼房的小院，对江西的一草一木、一人一物，都充满怀恋之情。

车速飞快，汽笛长鸣，北来的寒风已然拂面。中国历史即将翻开新的一页，那更加激烈的、震撼每一个中国人心灵的政治动荡，就要揭幕了。①

---

① 《人民日报》1984 年 8 月 22 日。

2

毛主席决定让我出席联大特别会议，主要是让我去宣布三个世界的思想。

三个世界理论的形成过程是从一九七四年开始的，毛主席考虑、观察了几年。过去是讲两个阵营，两个阵营之间有个中间地带——亚非拉。后来，看到一个中间地带不够，还有一个中间地带，即发达国家。这是因

◎ 1974 年 4 月，邓小平率中国政府代表团赴纽约出席联合国大会第六届特别会议，在大会发言中阐述毛泽东关于三个世界划分的理论。

◎ 1974 年底，毛泽东称赞邓小平政治思想强，人才难得。图为 1974 年 11 月，邓小平陪同外宾到长沙会见毛泽东。

为赫鲁晓夫上台后不久，它的对外政策变了，不存在以苏联为首的社会主义阵营了。苏联变成了社会帝国主义。发达的资本主义国家，如西欧、日本有摆脱美国控制的倾向，帝国主义阵营也发生了变化。这年四月间，毛主席决定让我出席联大特别会议，主要是让我去宣布三个世界的思想。三个世界的划分是一个新的战略规定，是一件非常重要的事。①

　　我记得毛泽东主席是第一个跟你（指赞比亚总统肯尼斯·戴维·卡翁达——编者注）谈到了关于三个世界的划分问题。你们那次谈话不久，我就代表中国政府到联合国阐述了关于三个世界的划分和根据这个理论所制

①　1977 年 12 月 26 日邓小平会见澳大利亚共产党（马列）主席希尔和夫人乔伊斯时的谈话。《邓小平年谱》第 4 卷，第 250 页。

定的中国的对外政策。我讲了中国永远属于第三世界，讲了中国对外政策的基石是反对霸权主义，维护世界和平，也讲了建立世界经济的新秩序等问题。这是毛主席、周总理在世时制定的对外政策，我们现在执行的还是这个政策。①

---

① 1988 年 3 月 1 日邓小平会见赞比亚总统肯尼斯·戴维·卡翁达时的谈话。《邓小平年谱》第 5 卷，第 523 页。

3

一九七五年，我主管了一年的工作，做了一点试验，在各方面进行整顿。当时整顿很快见效，各方面都有点起色，人民高兴，但"四人帮"不高兴。

实际上我一九七四年主持国务院的工作，一九七五年主持党和政府的工作。一年时间我就垮下来了。①

一九七五年，我主管了一年的工作，做了一点试验，在各方面进行整顿。当时整顿很快见效，各方面都有点起色，人民高兴，但"四人帮"不高兴。②

一九七五年，我过

◎ 1975 年，邓小平主持党政军日常工作，同"四人帮"进行针锋相对的斗争，以铁路交通为突破口，在军队、工业、农业、科技、文艺等领域，进行大刀阔斧的全面整顿，取得显著成效。

---

① 1982 年 9 月 30 日邓小平会见美国前国务卿亨利·基辛格时的谈话。《邓小平年谱》第 5 卷，第 155 页。

② 1985 年 7 月 15 日邓小平会见特立尼达和多巴哥总理乔治·迈克尔·钱伯斯时的谈话。《邓小平年谱》第 5 卷，第 358 页。

◎ 1975年9月，邓小平出席全国农业学大寨会议时，在大寨虎头山上留影。

问了一下科学院的工作，搞了一个《汇报提纲》，但"四人帮"说是一株大毒草，现在变成香花了。《汇报提纲》对一些科技方面存在的问题，其实写得很委婉。①

毛主席早就觉察了"四人帮"的问题。他在世时，"四人帮"的阴谋活动比较隐蔽，不敢过于放肆。毛主席多次批评他们，不让他们占据重要地位。周总理病重后，毛主席让我主持中央工作。我批了他们几个月，那

---

① 1977年8月17日邓小平会见美籍华人丁肇中教授和夫人时的谈话。《邓小平年谱》第4卷，第184页。

时还是作为人民内部矛盾处理的。毛主席那时已下决心解决这个问题。他讲：上半年解决不了，下半年解决，下半年解决不了，明年解决，明年解决不了，后年解决。总之，要解决。毛主席病危时，他们急于夺权，矛盾激化。解决问题的条件成熟了。[1]

一九七五年农业学大寨会议期间，江青以批《水浒》为名，实际上就是批"民主派"、"走资派"和"投降派"。她想借此名义转移会议方向。我报告了毛主席，毛主席听了我的汇报说：简直放屁，文不对题，不要听她的话。我马上打电话制止了。[2]

二十年代我出国就是坐的五万吨邮轮。风庆轮一万吨还没过关就吹起来了。江青责问我，我就和她辩论。[3]

"文化大革命"时有个"风庆轮事件"，我跟"四人帮"吵过架，才一万吨的船，吹什么牛！一九二〇年我到法国去留学时，坐的就是五万吨的外国邮船。[4]

一九七五年我提出整顿领导班子的软、懒、散。经过两年的实践，特别是从同"四人帮"的斗争中看，软，就是怕字当头，丧失原则，顶不住，跟着别人跑；懒，就是意志衰退，不读书，不看报，不动脑筋，不下部队，好吃懒做；散，就是争权夺利，搞不团结，捏不到一起。有的人老以为自己一贯正确，闹新的山头主义，任人唯亲，用自己的好恶作标准来看干部，对自己好的就拉过来，不好的就排挤，总想自己搞一帮人，总以

---

① 1977 年 10 月 15 日邓小平会见加拿大麦吉尔大学东亚研究中心主任林达光教授和夫人陈恕时的谈话。《邓小平年谱》第 4 卷，第 222 页。

② 1977 年 9 月 29 日邓小平和邓颖超会见英籍华人作家韩素音时的谈话。《邓小平年谱》第 4 卷，第 209 页。

③ 1977 年 12 月 6 日邓小平和王震、罗瑞卿、张爱萍、洪学智听取第三、第五、第六机械工业部主要负责人吕东、李成芳、张珍、柴树藩汇报时的谈话。《邓小平年谱》第 4 卷，第 245 页。

④ 1991 年 1 月 31 日邓小平视察上海航空工业公司时的谈话。《邓小平年谱》第 5 卷，第 623 页。

◎ 1975 年，邓小平在毛泽东的客厅里。

为不搞一帮人就办不成事情。这些年，有的人就学了林彪、"四人帮"这一套。领导班子要抓紧整顿，迅速改变软、懒、散的状况。①

由我主持写这个决议（指关于"文化大革命"的决议——编者注）不适宜，我是桃花源中人，"不知有汉，无论魏晋"。②

其实在一九七四年到一九七五年我们已经试验过一段。那时的改革，用的名称是整顿。强调把经济搞上去，首先是恢复生产秩序。不久，我又被"四人帮"打倒了。我是"三落三起"。一九七六年四五运动，人民怀念周总理，支持我的也不少。这证明，一九七四年到一九七五年的改革是很得人心的，反映了人民的愿望。③

---

① 1977 年 12 月 28 日邓小平在中央军委全体会议上的讲话。《邓小平文选》第 2 卷，第 75 页。

② 1975 年 11 月 20 日邓小平在中央政治局会议上的发言。《邓小平年谱》第 4 卷，第 132 页。

③ 1987 年 10 月 13 日邓小平会见匈牙利社会主义工人党总书记卡达尔·亚诺什时的谈话。《邓小平年谱》第 5 卷，第 508—509 页。

4

一九七四年到一九七五年，我实际掌管了全部工作，因此我又成了"四人帮"的主要障碍。他们集中力量打击我，一年左右我就被他们搞下去了。

一九七四年到一九七五年，我实际掌管了全部工作，因此我又成了"四人帮"的主要障碍。他们集中力量打击我，一年左右我就被他们搞下去了。①

"四人帮"非要打倒我不可，打倒还不算，还要把我整死。我的职务是撤掉了，但毛主席还保留了我的党籍。毛主席指定专人、专门的部队保护我的安全，并明确交代别人不准插手干预，也就是不准"四人帮"干预。②

我比较安全。有毛主席保护，专门指定人和部队保护我。我被罢了官后，毛主席为了不让"四人帮"掌握主要的权力，把华国锋主席提到主要的领导岗位。这以后，"四人帮"搞得更厉害了，这就创造了解决问题的条件。现在人们总是问，这个问题为什么不早一点解决？早一点解决不可能，因为"四人帮"的问题要有一个暴露过程，等他们暴露更充分后，才能解决。毛主席一去世，"四人帮"就跳出来，这样解决的条件就成熟了。③

---

① 1979年9月25日邓小平会见加拿大前总理皮埃尔·埃利奥特·特鲁多时的谈话。《邓小平年谱》第4卷，第559页。

② 1977年9月14日邓小平会见河野洋平为团长的日本新自由俱乐部访华团时的谈话。《邓小平年谱》第4卷，第201页。

③ 1977年9月6日邓小平会见基恩·富勒为团长的美联社董事会代表团时的谈话。《邓小平年谱》第4卷，第197页。

◎ 1976 年 1 月，周恩来与世长辞。邓小平在追悼大会上代表中共中央致悼词。4 月，邓小平再次被撤销党内外一切职务。

一九七六年天安门事件中关于我的问题的决议，毛泽东同志也是画了圈的。天安门事件涉及那么多人，说是反革命事件，不行嘛！说我是天安门事件的后台，其实，当时我已经不能同外界接触了。①

———————————

① 1979 年 9 月 17 日邓小平和方毅同刘西尧、雍文涛、李琦等的谈话。《邓小平文选》第 2 卷，第 66 页。

第九章

总设计师

1

实践是检验真理标准的问题不是我提出来的。关于检验真理标准的文章，是在《光明日报》登的，开始我没有注意。后来越争论越大，引起了我的兴趣。解决了这个问题，实现四个现代化，才有真正的思想基础。这个问题意义太大了。

◎ 1977 年 7 月 21 日，党的十届三中全会通过了恢复邓小平党政军领导职务的决议。图为邓小平在大会上讲话。

我是"三落三起"。现在根据中央的决定，我又出来工作了。我今年七十三岁，自然规律不饶人，但是心情舒畅，想做点工作。①

前些日子，中央办公厅两位负责同志来看我，我对他们讲，"两个凡是"不行。按照"两个凡是"，就说不通为我平反的问题，也说不通肯定一九七六年广大群众在天安门广场的活动"合乎情理"的问题。把

---

① 1977 年 8 月 7 日邓小平会见朝鲜民主主义人民共和国驻中国大使全明洙时的谈话。《邓小平年谱》第 4 卷，第 178 页。

毛泽东同志在这个问题上讲的移到另外的问题上，在这个地点讲的移到另外的地点，在这个时间讲的移到另外的时间，在这个条件下讲的移到另外的条件下，这样做，不行嘛！毛泽东同志自己多次说过，他有些话讲错了。他说，一个人只要做工作，没有不犯错误的。又说，马恩列斯都犯过错误，如果不犯错误，为什么他们的手稿常常改了又改呢？改了又改就是因为原来有些观点不完全正确，不那么完备、准确嘛。毛泽东同志说，他自己也犯过错误。一个人讲的每句话都对，一个人绝对正确，没有这回事情。他说：一个人能够"三七开"就很好了，很不错了，我死了，如果后人能够给我以"三七开"的估计，我就很高兴、很满意了。这是个重要的理论问题，是个是否坚持历史唯物主义的问题。彻底的唯物主义者，应该像毛泽东同志说的那样对待这个问题。马克思、恩格斯没有说过"凡是"，

◎　1977 年 8 月 7 日，邓小平会见朝鲜驻华大使全明洙，这是邓小平复出后第一次会见外宾。他同客人谈到这次复出时说，我是"三落三起"。现在根据中央的决定，我又出来工作了。我今年 73 岁，自然规律不饶人，但是心情舒畅，想做点工作。

实践是检验真理的唯一标准

◎ 1988 年 5 月，邓小平为《光明日报》编辑的一本真理标准讨论纪念文集题词：
"实践是检验真理的唯一标准。"

◎ 1977 年 7 月 31 日，复出不久的邓小平在中国人民解放军建军 50 周年庆祝大会上。

列宁、斯大林没有说过"凡是"，毛泽东同志自己也没有说过"凡是"。我对那两位同志说：今年四月十日我给中央写信，提出"我们必须世世代代地用准确的完整的毛泽东思想来指导我们全党、全军和全国人民，把党和社会主义的事业，把国际共产主义运动的事业，胜利地推向前进"，这是经过反复考虑的。毛泽东思想是个思想体系。我和罗荣桓同志曾经同林彪作过斗争，批评他把毛泽东思想庸俗化，而不是把毛泽东思想当作体系来看待。我们要高举旗帜，就是要学习和运用这个思想体系。①

---

① 1977 年 5 月 24 日邓小平同王震、邓力群的谈话。《邓小平文选》第 2 卷，第 38—39 页。

　　我放了一炮，提出要完整地准确地理解毛泽东思想，后来又加了一句毛泽东思想的体系。有人说我这个提法是同华主席唱对台戏，结果华主席用了我这个话，这些人不吭气了。还有知识分子的问题，也有人说我的讲话背离了毛泽东思想。这些事都不是孤立的。①

　　实践是检验真理标准的问题不是我提出来的。关于检验真理标准的文章，是在《光明日报》登的，开始我没有注意。后来越争论越大，引起了我的兴趣。解决了这个问题，实现四个现代化，才有真正的思想基础。这个问题意义太大了。②

　　粉碎"四人帮"后，当时主持中央工作的同志坚持"左"的政治路线，又提出了错误的思想路线，叫做"两个凡是"。我说过，如果毛主席在世，他也不会承认"两个凡是"，因为那不是马列主义、毛泽东思想。如果按照"两个凡是"，我就不能出来工作，更不用谈别的问题了。我是在粉碎"四人帮"之后九个月，即一九七七年七月才出来工作的，到那时我才能

◎ 1977 年 8 月 18 日，邓小平在党的十一大的闭幕词中郑重地向全党提出："一定要恢复和发扬毛主席为我们党树立的实事求是的优良传统和作风。"

---

　　① 1978 年 5 月 30 日邓小平同胡乔木等的谈话。《邓小平军事文集》第 3 卷，军事科学出版社、中央文献出版社 2004 年版，第 110 页。

　　② 1979 年 8 月 9 日邓小平听取中共天津市委第一书记陈伟达的汇报时的谈话。《邓小平年谱》第 4 卷，第 544 页。

◎ 1978 年 9 月，邓小平视察东北三省，多次发表重要讲话，支持真理标准问题大讨论，号召要完整准确地掌握毛泽东思想，冲破"两个凡是"的思想禁锢，集中精力发展生产力，一心一意搞现代化建设。图为邓小平在吉林视察。

参加中央的会议。我出来以后，提出毛泽东思想的精髓是实事求是，从此开始了实践是检验真理的唯一标准问题的讨论。当时有一些人抵制这个讨论。一九七八年六月我在全军政治工作会议上讲了一篇话。以后我从你们那里访问回来，在东北三省沿途又讲这个思想路线问题。经过差不多一年的讨论，到一九七八年底我们召开了十一届三中全会，批评了"两个凡是"，提出了"解放思想，开动脑筋"的口号，提倡理论联系实际，一切从实际出发，肯定了实践是检验真理的唯一标准，重新确立了实事求是的思想路线。只有解决好思想路线问题，才能提出新的正确政策，首先是工作重点的转移，还有农村政策、对外关系政策，以及相应的一整套建设社会主义的政策。①

————————

① 1982 年 9 月 18 日邓小平陪同朝鲜劳动党中央委员会总书记金日成去四川访问途中的谈话。《邓小平文选》第 3 卷，第 9—10 页。

◎ 邓小平在党的十一届三中全会主席台上。右起为邓小平、陈云。

一九七七年二月我住在西山，看到有关"两个凡是"的提法，就感到不对，认为这不是马克思主义，不是毛泽东思想。我的文选中那篇文章很短，题目是《"两个凡是"不符合马克思主义》。我讲的意思很简单，按照"两个凡是"办事，

◎ 1978 年 12 月，党的十一届三中全会召开。全会决定把党和国家工作重点转移到现代化建设上来，实现了伟大的历史转折。图为邓小平在大会上讲话。

我就不可能出来工作。现在思想界有人抓我提出的解放思想，认为这就是自由化。我讲的是真正解放思想，也就是实事求是。当时我提出解放思想时，是指任何单位、地区都应该从实际出发，小到生产队，也应该根据自己的实际情况来发展自己的经济，搞多种经营。不解放思想，什么事情只

搬马克思、列宁和毛主席的词句和语言，我们进行的事业就不可能得到提高和发展。①

① 1983 年 11 月 6 日邓小平会见澳大利亚共产党（马列）主席希尔和夫人时的谈话。《邓小平年谱》第 5 卷，第 241 页。

148

2

对于科学我是外行，但我是热心科学的。中国要发展，离开科学不行。

我现在主要的兴趣是如何使我国的经济发展得快一点，关心最多的还是科学和教育，这是能否实现四个现代化的最关键的问题。我是作为外行来关注科学和教育问题的，我起的作用就是当后勤部长，就是做发现人才，支持科学家、教育家，拨款，搞设备等事情。①

◎ 邓小平第三次复出后，主动向中央请求分管科学教育工作。图为邓小平在党的十一大闭幕式上致闭幕词。

我在八月八日科学和教育工作座谈会上的那篇讲话，是个大胆的讲话，当然也照顾了一点现实。对我的讲话，有人反对，这不要紧。一个方针政策，总会有人反对和不同意的。他们敢讲出来就好，可以开展辩论嘛！

---

① 1978 年 7 月 25 日邓小平会见美国专栏作家马奎斯·威廉·蔡尔兹时的谈话。《邓小平年谱》第 4 卷，第 347 页。

◎ 1977 年 8 月，邓小平主持召开科学和教育工作座谈会并发表讲话，以科教战线为突破口，领导全面拨乱反正。

◎ 1978 年 4 月 22 日，邓小平在全国教育工作会议开幕式上讲话。

一九七一年全教会（即全国教育大会——编者注）时，周恩来同志处境很困难。一九七二年，他和一位美籍中国物理学家谈话时，讲要从应届高中毕业生中直接招收大学生。在当时的情况下，提出这个问题是很勇敢的。这是要教育部门转弯子，但是教育部门没有转过来。为什么要直接招生呢？道理很简单，就是不能中断学习的连续性。十八岁到二十岁正是学习的最好时期。过去我和外宾也讲过，中学毕业后劳动两年如何如何好。实践证明，劳动两年以后，原来学的东西丢掉了一半，浪费了时间。采取直接招生的办法，并不是不要劳动，劳动可以在中小学就注意。从青少年起教育他们热爱劳动有好处。到

◎ 1978 年 3 月，全国科学大会后，邓小平同数学家陈景润握手。

大学以后，重点是结合学习搞对口劳动。到农村劳动也可以搞一点，但不能太多。①

我愿意当大家的后勤部长，愿意同各级党委的领导同志一起，做好这方面的工作。②

对于科学我是外行，但我是热心科学的。中国要发展，离开科学不行。……发展高科技，我们还是要花点钱，该花的就要花。前几年有的外国科学家问我，你们在不富裕的情况下为什么要搞加速器？我说，我们是从长远考虑。在高科技方面，我们要开步走，不然就

---

① 1977 年 9 月 19 日邓小平和方毅同刘西尧、雍文涛、李琦等的谈话。《邓小平文选》第 2 卷，第 67—68 页。

② 1978 年 3 月 18 日邓小平在全国科学大会开幕式上的讲话。《邓小平文选》第 2 卷，第 98 页。

赶不上，越到后来越赶不上，而且要花更多的钱，所以从现在起就要开始搞。[1]

---

[1]　1986年10月18日邓小平会见意大利物理学家齐吉基夫妇和美籍华人李政道夫妇时的谈话。《邓小平文选》第3卷，第183—184页。

3

我在同外国人谈话时，讲了一句大胆的话：现在看翻两番肯定能够实现。这个话，我们过去是不敢讲的，只是讲翻两番有可能实现，但是要花很大的力气。

我在同外国人谈话时，讲了一句大胆的话：现在看翻两番肯定能够实现。这个话，我们过去是不敢讲的，只是讲翻两番有可能实现，但是要花很大的力气。经过四年的时间，"六五"计划的主要生产指标三年完成，今年的计划也将超额完成。过去说，如果前十年平均增长速度能够达到百分之六点五，二十年平均增长速度能够达到百分之七点二，翻两番的目标就能够实现。看来我们前十年的势头可能超过百分之七点二，因为前三年已经接近百分之八了。

……

去年我到苏州，苏州地区的工农业年总产值已经接近人均八百美元。我了解了一下苏州的生活水平。在苏州，第一是人不往上海、北京跑，恐怕苏南大部分地方的人都不往外地跑，乐于当地的生活；第二，每个人平均二十多平方米的住房；第三，中小学教育普及了，自己拿钱办教育；第四，人民不但吃穿问题解决了，用的问题，什么电视机，新的几大件，很多人也都解决了；第五，人们的精神面貌有了很大的变化，什么违法乱纪、犯罪行为大大减少。还有别的，我也记不清了。这几条就了不起呀！现在我们还要不断地打击刑事犯罪分子，真正到了小康的时候，人的精神面貌就不同了。物质是基础，人民的物质生活好起来，文化水平提高了，精神面貌会有大变化。我们对刑事犯罪活动的打击是必要的，今后还要继续打击下去，但是只靠打击并不能解决根本的问题，翻两番、把经济搞上去才是真正治本的途径。当然我们总还要做教育工作，人的工作，那是永远不能少的。但经济发展是个基础，在这个基础上工作就好做了。如果实现了翻两番，那时会是个什么样的政治局面？我看真正的安定团结是肯定的。国家的力量真正是强大起来了，中国在国际上的影响也会大大不同了。所以要埋头苦干，艰苦奋斗。从现在到二〇〇〇年，还有十六年，好好地干，一心一意地干。

……

外国人担心我们的开放政策会变，我说不会变。我说我们的奋斗目标，本世纪末这是一个阶段，还有第二个目标，要再花三十年到五十年达到，打慢一点，算五十年吧，五十年离不开开放政策。因为现在任何国家要发达

◎ 1979 年 12 月 6 日，邓小平会见日本首相大平正芳，向客人解释"中国式的四个现代化"的含义，第一次提出"小康"概念。

起来，闭关自守都不可能。我们吃过这个苦头，我们的老祖宗吃过这个苦头。恐怕明朝明成祖时候，郑和下西洋还算是开放的。明成祖死后，明朝逐渐衰落。以后清朝康乾时代，不能说是开放。如果从明朝中叶算起，到鸦片战争，有三百多年的闭关自守，如果从康熙算起，也有近二百年。长期闭关自守，把中国搞得贫穷落后，愚昧无知。中华人民共和国建立以后，第一个五年计划时期是对外开放的，不过那时只能是对苏联东欧开放。以后关起门来，成就也有一些，总的说来没有多大发展。当然这有内外许多因素，包括我们的错误。历史经验教训说明，不开放不行。开放伤害不了我们。我们的同志就是怕引来坏的东西，最担心的是会不会变成资本主义。恐怕我们有些老同志有这个担心。搞了一辈子社会主义、共产主义，忽然钻出个资本主义来，这个受不了，怕。影响不了的，影响不了的。肯定会带来一些消极因素，要意识到这一点，但不难克服，有办法克服。你不开放，再来个闭关自守，五十年要接近经济发达国家水平，肯定不可能。按照现在开放的办法，到国民生产总值人均几千美元的时候，我们也不会产生新资产阶级。基本的生产资料归国家所有，归集体所有，就是说归公有。国家富强了，人民的物质、文化生活水平提高了，而且不断提高，这有什么坏处！在本世纪内最后的十六年，无论怎么样开放，公有制经济始终还是主体。同外国人合资经营，也有一半是社会主义的。合资经营的实际收益，大半是我们拿过来。不要怕，得益处的大头是国家，是人民，不会是资本主义。还有的事情用不着急于解决。前些时候那个雇工问题，相当震动呀，大家担心得不得了。我的意见是放两年再看。那个能影响到我们的大局吗？如果你一动，群众就说政策变了，人心就不安了。你解决了一个"傻子瓜子"，会牵动人心不安，没有益处。让"傻子瓜子"经营一段，怕什么？伤害了社会主义吗？①

---

①　1984年10月22日邓小平在中央顾问委员会第三次全体会议上的讲话。《邓小平文选》第3卷，第88—91页。

我们冷静地考虑了这个问题。根据现在的情况，到本世纪末，可以实现一个"小康之家"的现代化。我们不能主观地求快。一九七八年我们设想可以搞快一点，但我们想错了。因为中国底子薄，人口太多。所以，我们紧接着总结了经验，提出搞中国式的现代化。中国式的现代化，不能同西方比。日本大平首相一九七九年访问中国时向我提出，你们搞的四个现代化是个什么样的现代化。我想了一下，说到本世纪末人均国民生产总值达到一千美元。这对中国来讲是一个雄心勃勃的计划。我们要实现这个目标，国民生产总值就要超过一万二千亿美元，因为到那时我们人口至少有十二亿。现在我们经过摸索、计算和研究各种条件，包括国际合作的条件，争取人均达到一千美元，最低达到八百美元。在这个基础上，在下个世纪再花三十年到五十年时间，接近西方的水平。我们就是这么一个设想。如果不提倡艰苦奋斗，勤俭节约，这个目标不能达到。搞中国的社会主义，我们的新提法就是建立一个高度民主、高度文明的社会主义国家。所谓高度文明，就是人民要有理想，个人利益要服从整个国家和民族的利益，要守纪律，要有道德，要坚持我们历来的艰苦奋斗的传统。否则我们的事业是不会有希望的。过去我们在这方面做得不错，"文化大革命"前是很好的。那时，我们

◎ 1983 年 2 月，邓小平同中共江苏省委负责人谈"翻两番"。

◎ 1984 年 10 月 1 日，邓小平在中华人民共和国成立 35 周年庆祝典礼上讲话，庄严宣告，党的十二大提出的到 2000 年我国工农业年总产值比 1980 年翻两番的目标能够达到。

是延安传统、延安精神。我们在延安时，什么都困难，什么东西都没有，没有棉花，穿衣服都发生困难，连盐、火柴都没有。就是按照毛主席提出的"自己动手，丰衣足食"的方针，自己拿锄头开荒，种粮食，结果所有的困难都克服了，过得很好。那种精神现在中国仍然需要。①

---

① 1981年11月17日邓小平会见美国财政部部长唐纳德·里甘时的谈话。《邓小平年谱》第5卷，第83—84页。

4

我在东北三省到处说，要一心一意搞建设。国家这么大，这么穷，不努力发展生产，日子怎么过？我们人民的生活如此困难，怎么体现出社会主义的优越性？

一九七四年，周恩来总理在病中，四届人大的政府工作报告是我主持起草的。这是一个转折，即要把我们党和国家的工作重点转到一心一意搞四个现代化建设方面来。过去由于各种干扰，特别是政治运动的干扰，

◎ 1978 年 9 月 16 日，邓小平视察吉林时同王恩茂亲切交谈。

始终没有贯彻下去，形成了历史上的曲折。现在我们说，除了国际风云发生激烈变化，例如发生战争之外，我们始终要一心一意搞建设。这不只是我们这一代人的事情，至少要三四代人来干这件事。这个转折到一九七八年底的三中全会才实现。这不是哪一个人的转折，而是整个党、国家和人民的转折。①

我在东北三省到处说，要一心一意搞建设。国家这么大，这么穷，不努力发展生产，日子怎么过？我们人民的生活如此困难，怎么体现出社会主义的优越性？"四人帮"叫嚷要搞"穷社会主义""穷共产主义"，胡说共产主义主要是精神方面的，简直是荒谬至极！我们说，社会主义是共产主义的第一阶段。落后国家建设社会主义，在开始的一段很长时间内生产力水平不如发达的资本主义国家，不可能完全消灭贫穷。所以，社会主义必须大力发展生产力，逐步消灭贫穷，不断提高人民的生活水平。否则，社会主义怎么能战胜资本主义？到了第二阶段，即共产主

◎ 1978 年 9 月，邓小平参观天津新建的居民住宅区。

① 1981 年 11 月 13 日邓小平会见南斯拉夫《信使报》记者达拉·雅奈科维奇时的谈话。《邓小平年谱》第 5 卷，第 82 页。

义高级阶段，经济高度发展了，物质极大丰富了，才能做到各尽所能，按需分配。不努力搞生产，经济如何发展？社会主义、共产主义的优越性如何体现？我们干革命几十年，搞社会主义三十多年，截至一九七八年，工人的月平均工资只有四五十元，农村的大多数地区仍处于贫困状态。这叫什么社会主义优越性？因此，我强调提出，要迅速地坚决地把工作重点转移到经济建设上来。十一届三中全会解决了这个问题，这是一个重要的转折。从以后的实践看，这条路线是对的，全国面貌大不相同了。①

我们经历了"文化大革命"。关于共产主义，"文化大革命"中有一种观点，宁要穷的共产主义，不要富的资本主义。我在一九七四年、一九七五年重新回到中央工作时就批驳了这种观点。正因为这样，当然还有其他原因，我又被打下去了。当时我告诉他们没有穷的共产主义，按照马克思主义观点，共产主义社会是物质极大丰富的社会。因为物质极大丰富，才能实现各尽所能、按需分配的共产主义原则。社会主义是共产主义第一阶段，当然这是一个很长很长的历史阶段。社会主义时期的主要任务是发展生产力，使社会物质财富不断增长，人民生活一天天好起来，为进入共产主义创造物质条件。不能有穷的共产主义，同样也不能有穷的社会主义。致富不是罪过。但我们讲的致富不是你们讲的致富。社会主义财富属于人民，社会主义的致富是全民共同致富。社会主义原则，第一是发展生产，第二是共同致富。我们允许一部分人先好起来，一部分地区先好起来，目的是更快地实现共同富裕。正因为如此，所以我们的政策是不使社会导致两极分化，就是说，不会导致富的越富，贫的越贫。坦率地说，我们不会容许产生新的资产阶级。②

① 1982年9月18日邓小平陪同朝鲜劳动党中央委员会总书记金日成去四川访问途中的谈话。《邓小平文选》第3卷，第10—11页。

② 1986年9月2日邓小平接受美国哥伦比亚广播公司"60分钟"节目记者迈克·华莱士的电视采访时的谈话。《邓小平文选》第2卷，第171—172页。

5

我是主张改革的。

　　在经济政策上，我认为要允许一部分地区、一部分企业、一部分工人农民，由于辛勤努力成绩大而收入先多一些，生活先好起来。一部分人生活先好起来，就必然产生极大的示范力量，影响左邻右舍，带动其他地区、其他单位的人们向他们学习。这样，就会使整个国民经济不断地波浪式地向前发展，使全国各族人民都能比较快地富裕起来。①

　　农村政策放宽以后，一些适宜搞包产到户的地方搞了包产到户，效果很好，变化很快。安徽肥西县绝大多数生产队搞了包产到户，增产幅度很大。"凤阳花鼓"中唱的那个凤阳县，绝大多数生产队搞了大包干，也是一年翻身，改变面貌。有的同志担心，这样搞会不会影响集体经济。我看这种担心是不必要的。我们总的方向是发展集体经济。②

　　农村、城市都要允许一部分人先富裕起来，勤劳致富是正当的。一部分人先富裕起来，一部分地区先富裕起来，是大家都拥护的新办法，新办法比老办法好。农业搞承包大户我赞成，现在放得还不够。总之，各项工作都要有助于建设有中国特色的社会主义，都要以是否有助于人民的富裕幸福，是否有助于国家的兴旺发达，作为衡量做得对或不对的

---

　　① 1978 年 12 月 13 日邓小平在中共中央工作会议闭幕会上的讲话。《邓小平文选》第 2 卷，第 152 页。

　　② 1980 年 5 月 31 日邓小平同胡乔木、邓力群的谈话。《邓小平文选》第 2 卷，第 315 页。

标准。①

　　搞经济协作区，这个路子是很对的。我主张不只是搞上海和山西两个经济协作区，也不要老是试点。老是在一些具体问题上试点，几年解决不了几个问题，这就太慢了。解放战争时期，毛泽东同志主张第二野战军和第三野战军联合起来作战。他说，两个野战军联合在一起，就不是增加一倍力量，而是增加好几倍的力量。经济协作也是这个道理。经济协作有许多思想问题要统一，但现在要开步走。②

　　我对外国人说，改革的势头不错，这话正是在北京出现一阵抢购、有半个月人心惶惶的时候说的。那时候，我心里是踏实的。现在看势头还是好的，我总是讲这么个观点。经济体制改革成不成功，成功大小，要看三年到五年。见效了才能说服人，证明第二个三中全会决议是正确的。

　　改革的意义，是为下一个十年和下世纪的前五十年奠定良好的持续发展的基础。没有改革就没有今后的持续发展。所以，改革不只是看三年五年，而是要看二十年，要看下世纪的前五十年。这件事必须坚决干下去。③

　　我看，改革总的进展比较顺利。通过改革，要取得长期持续稳定发展的条件。现在，我们是背着大包袱前进，每年几百亿元价格补贴，越背越重。这个问题，总得有计划有步骤地妥善解决。权力不下放，企业没有自主权，也就没有责任，搞得好坏都是上面负责。全部由上面包起来，怎么能搞好工作，调动积极性？总之，改革要继续进行下去。④

　　纠正不正之风、打击犯罪活动中属于法律范围的问题，要用法制来

---

　　①　1983年1月12日邓小平和胡耀邦同万里、姚依林、胡启立、张劲夫、宋平等的谈话。《邓小平文选》第3卷，第23页。

　　②　1983年3月2日邓小平同几位中央负责同志的谈话。《邓小平文选》第3卷，第25页。

　　③　1985年7月11日邓小平在听取中央负责同志汇报当前经济情况时的谈话。《邓小平文选》第3卷，第131页。

　　④　1986年6月10日邓小平在听取中央负责同志汇报当前经济情况时的谈话。《邓小平文选》第3卷，第160页。

◎ 邓小平在党的十二届三中全会主席台上。这次会议讨论并通过了《中共中央关于经济体制改革的决定》。

解决，由党直接管不合适。党要管党内纪律的问题，法律范围的问题应该由国家和政府管。党干预太多，不利于在全体人民中树立在去制观念。这是一个党和政府的关系问题，是一个政治体制的问题。我看明年党的十三大可以提出这个问题，把关系理顺。①

政治体制改革包括什么内容，应该议一下，理出个头绪。我想政治体制改革的目的是调动群众的积极性，提高效率，克服官僚主义。改革的内容，首先是党政要分开，解决党如何善于领导的问题。这是关键，要放在第一位。第二个内容是权力要下放，解决中央和地方的关系，同时地方各

---

① 1986年6月28日邓小平在中央政治局常委会上的讲话。《邓小平文选》第3卷，第163页。

级也都有一个权力下放问题。第三个内容是精简机构，这和权力下放有关。

改革总要有一个期限，不能太迟，明年党的代表大会要有一个蓝图。在改革中，不能照搬西方的，不能搞自由化。过去我们那种领导体制也有一些好处，决定问题快。如果过分强调搞互相制约的体制，可能也有问题。①

我是主张改革的，不改革就没有出路，旧的那一套经过几十年的实践证明是不成功的。过去我们搬用别国的模式，结果阻碍了生产力的发

◎　1985 年，邓小平在全国教育工作会议上说，我很高兴，从去年 10 月以来，中央相继作出了三项改革决定。这些改革的总目标是一致的，都是为了使我国消灭贫穷，走向富强，消灭落后，走向现代化，建设有中国特色的社会主义。

———————————

①　1986 年 9 月 13 日邓小平在听取中央财经领导小组汇报时的谈话。《邓小平文选》第 3 卷，第 177—178 页。

展，在思想上导致僵化，妨碍人民和基层积极性的发挥。我们还有其他错误，例如"大跃进"和"文化大革命"，这不是搬用别国模式的问题。……我们的改革要达到一个什么目的呢？总的目的是要有利于巩固社会主义制度，有利于巩固党的领导，有利于在党的领导和社会主义制度下发展生产力。对中国来说，就是要有利于贯彻执行党的十一届三中全会以来所制定的一系列路线、方针、政策。要做到这些，我个人考虑有三条：第一，党和行政机构以及整个国家体制要增强活力，就是说不要僵化，要用新脑筋来对待新事物；第二，要真正提高效率；第三，要充分调动人民和各行各业基层的积极性。①

我们讲实践是检验真理的唯一标准，放开物价、加速改革正确不正确，也要看实践。我们现在既有顺利的情况，又有风险的情况。好在这十年来中国有了可喜的发展，人民生活有所改善，对风险的承受能力有一定的增强。我总是告诉我的同志们不要怕冒风险，胆子还要再大些。如果前怕狼后怕虎，就走不了路。②

我赞成边改革、边治理环境整顿秩序。要创造良好的环境，使改革能够顺利进行。中央定了措施，各地各部门就要坚决执行，不但要迅速，而且要很有力，否则就治理不下来。现在的局面看起来好像很乱，出现了这样那样的问题，如通货膨胀、物价上涨，需要进行调整，这是不可少的。但是，治理通货膨胀、价格上涨，无论如何不能损害我们的改革开放政策，不能使经济萎缩，要保持适当的发展速度。现在出现的这些问题是能解决的，我们有信心。小错误难免，只要不犯大错误就行了。③

---

① 1987年6月12日邓小平会见南斯拉夫共产主义者联盟中央主席团委员科罗舍茨时的谈话。《邓小平文选》第3卷，第237、241页。

② 1988年5月19日邓小平会见由朝鲜人民武装力量部部长吴振宇率领的朝鲜政府军事代表团时的谈话。《邓小平文选》第3卷，第263页。

③ 1988年9月12日邓小平在听取关于价格和工资改革初步方案汇报时的谈话。《邓小平文选》第3卷，第277页。

　　我可以肯定地告诉你（指美国前总统尼克松——编者注），谁也不能阻挡中国的改革开放继续下去。为什么？道理很简单，不搞改革开放就不能继续发展，经济要滑坡。走回头路，人民生活要下降。改革的趋势是改变不了的。不管我在不在，不管我是否还担任职务，十年来由我主持制定的一系列方针政策绝对不会改变。我相信我的同事们会这样做。①

　　要坚持党的十一届三中全会以来的路线、方针、政策，关键是坚持"一个中心、两个基本点"。不坚持社会主义，不改革开放，不发展经济，不改善人民生活，只能是死路一条。基本路线要管一百年，动摇不

　　◎　1986 年 11 月 14 日，邓小平会见前来北京参加中美金融市场研讨会的纽约证券交易所董事长范尔霖一行。范尔霖赠送给邓小平一枚纽约证券交易所的证章，并说，永久地欢迎您到纽约证券市场来，到美国人民中间来。佩戴这枚证章可以在纽约证券交易所通行无阻。邓小平将中国工商银行上海分行信托投资公司于 1984 年发行的飞乐股票作为礼物送给范尔霖。

---

　　①　1989 年 10 月 31 日邓小平会见美国前总统尼克松时的谈话。《邓小平文选》第 3 卷，第 332 页。

得。只有坚持这条路线，人民才会相信你，拥护你。谁要改变三中全会以来的路线、方针、政策，老百姓不答应，谁就会被打倒。这一点，我讲过几次。如果没有改革开放的成果，"六·四"这个关我们闯不过，闯不过就乱，乱就打内战，"文化大革命"就是内战。为什么"六·四"以后我们的国家能够很稳定？就是因为我们搞了改革开放，促进了经济发展，人民生活得到了改善。所以，军队、国家政权，都要维护这条道路、这个制度、这些政策。……对改革开放，一开始就有不同意见，这是正常的。不只是经济特区问题，更大的问题是农村改革，搞农村家庭联产承包，废除人民公社制度。开始的时候只有三分之一的省干起来，第二年超过三分之二，第三年才差不多全部跟上，这是就全国范围讲的。开始搞并不踊跃呀，好多人在看。我们的政策就是允许看。允许看，比强制好得多。我们推行三中全会以来的路线、方针、政策，不搞强迫，不搞运动，愿意干就干，干多少是多少，这样慢慢就跟上来了。不搞争论，是我的一个发明。不争论，是为了争取时间干。一争论就复杂了，把时间都争掉了，什么也干不成。不争论，大胆地试，大胆地闯。农村改革是如此，城市改革也应如此。①

---

① 1992 年 1 月 18 日至 2 月 21 日邓小平在武昌、深圳、珠海、上海等地的谈话要点。《邓小平文选》第 3 卷，第 370—371、374 页。

6

中国的经济开放政策，是我提出来的。

　　我提议充分研究一下怎样利用外资的问题。我赞成陈云同志那个分析，外资是两种，一种叫自由外汇，一种叫设备贷款。不管哪一种，我们都要利用，因为这个机会太难得了，这个条件不用太可惜了。第二次世界大战以后，一些破坏得很厉害的国家，包括欧洲、日本，都是采用贷款的

　　◎ 1984 年春，邓小平为深圳经济特区题词："深圳的发展和经验证明，我们建立经济特区的政策是正确的"。

◎ 就在人们对经济特区议论纷纷的时候，1984 年 1 月，邓小平开始了他第一次视察经济特区之行。图为邓小平在广州到深圳的列车上听取中共广东省委负责同志的汇报。

方式搞起来的，不过它们主要是引进技术、专利。我们现在如果条件利用得好，外资数目可能更大一些。问题是怎样善于使用，怎样使每个项目都能够比较快地见效，包括解决好偿付能力问题。利用外资是一个很大的政策，我认为应该坚持。①

在经济问题上，我是个外行，也讲了一些话，都是从政治角度讲的。比如说，中国的经济开放政策，这是我提出来的，但是如何搞开放，一些细节，一些需要考虑的具体问题，我就懂得不多了。②

---

① 1979 年 10 月 4 日邓小平在中共省、市、自治区委员会第一书记座谈会上的讲话。《邓小平文选》第 2 卷，第 198 页。

② 1984 年 10 月 6 日邓小平会见参加中外经济合作问题讨论会全体中外代表时的谈话。《邓小平文选》第 3 卷，第 77 页。

◎ 1984 年 1 月，邓小平在深圳蛇口工业区视察。前排右一为王震，右二为杨尚昆。

前不久我对一位外国客人说，深圳是个试验，外面就有人议论，说什么中国的政策是不是又要改变，是不是我否定了原来关于经济特区的判断。所以，现在我要肯定两句话：第一句话是，建立经济特区的政策是正确的；第二句话是，经济特区还是一个试验。这两句话不矛盾。我们的整个开放政策也是一个试验，从世界的角度来讲，也是一个大试验。总之，中国的对外开放政策是坚定不移的，但在开放过程中要小心谨慎。我们取得了一些成绩，但一定要保持谦逊态度。①

现在有人议论，中国的改革、开放政策在收。我要说，我们的物价有点问题，对基本建设的投资也收紧了一点。但问题要从全局看。每走一

①　1985 年 8 月 1 日邓小平会见竹入义胜率领的日本公明党第十三次访华代表团时的谈话。《邓小平文选》第 3 卷，第 133 页。

◎ 1984 年 4 月 6 日，邓小平在中南海接见沿海部分城市座谈会代表。

步都必定会有的收，有的放，这是很自然的事情。总的是要开放。我们的开放政策肯定要继续下去，现在是开放得不够。我们的开放、改革是很不容易的事情，胆子要大，要坚决。不开放不改革没有出路，国家现代化建设没有希望。但在具体事情上要小心，要及时总结经验。我们每走一步都要总结经验，哪些事进度要快一点，哪些要慢一点，哪些还要收一收，没有这条是不行的，不能蛮干。有些人看到我们在某些方面有些紧缩，就认为政策变了，这种看法是不妥当的。①

我们的对外开放采取了多种方式，包括搞经济特区，开放十四个沿海城市。开始的时候广东提出搞特区，我同意了他们的意见，我说名字叫经济特区，搞政治特区就不好了。当时我们决定先搞深圳经济特区，除了

①　1987 年 4 月 16 日邓小平会见香港特别行政区基本法起草委员会委员时的讲话。《邓小平文选》第 3 卷，第 218—219 页。

深圳以外，还有珠海、汕头、厦门。一共四个经济特区，广东省占了三个，福建省占了一个。我去过一次深圳，那里确实是一派兴旺气象。他们让我题词，我写道："深圳的发展和经验证明，我们建立经济特区的政策是正确的。"当时我们党内还有人采取怀疑的态度，香港舆论界不管是反对我们的还是赞成我们的，也都有人持怀疑态度，不相信我们是正确的。深圳搞了七八年了，取得了很大的成绩。当然一个完全新的事物不允许犯错误是不行的，有一点错误也是很小的。他们自己总结经验，由内向型转为外向型，就是说能够变成工业基地，并能够打进国际市场。这一点明确以后，也不过两三年的时间，就改变了面貌。深圳的同志告诉我，那里的工业产品百分之五十以上出口，外汇收支可以平衡。现在我可以放胆地说，我们建立经济特区的决定不仅是正确的，而且是成功的。所有的怀疑都可以消除了。最近有的同志告诉我，厦门经济特区的发展速度比深圳还理想。一九八四年我去的时候那里还是一片荒地，只有一个机场，现在的面貌发生了很大的变化。我们正在搞一个更大的特区，这就是海南岛经济特区。海南岛和台湾

◎ 1992 年 1 月 19 日，邓小平来到深圳皇岗口岸，深情地眺望对岸的香港。

的面积差不多，那里有许多资源，有富铁矿，有石油天然气，还有橡胶和别的热带亚热带作物。海南岛好好发展起来，是很了不起的。①

　　凡是遇到机会就不要丢，就是要坚持，要干起来，要体现改革开放，大开放。我过去说过要再造几个"香港"，就是说我们要开放，不能收，要比过去更开放。不开放就发展不起来。我们本钱少，但可以通过开放，增加就业，搞税收，利用地皮得点钱，带动发展各行各业，增加财政收入，获得益处。以香港为例，对我们就是有益处的。如果没有香港，起码我们信息就不灵通。总之，改革开放要更大胆一些。②

----

　　①　1987 年 6 月 12 日邓小平会见南斯拉夫共产主义者联盟中央主席团委员科罗舍茨时的谈话。《邓小平文选》第 3 卷，第 239 页。
　　②　1989 年 5 月 31 日邓小平同李鹏、姚依林的谈话。《邓小平文选》第 3 卷，第 297 页。

7

在改革开放的同时，搞好四个坚持，我是打下个基础，这个话不是空的。

　　我们在改革开放初期就提出"四个坚持"。没有这"四个坚持"，特别是党的领导，什么事情也搞不好，会出问题。出问题就不是小问题。社会主义市场经济优越性在哪里？就在四个坚持。四个坚持集中表现在党的领导。这个问题可以敞开来说，我那个讲话（指邓小平1979年3月在党的理论工作务虚会上的讲话《坚持四项基本原则》——编者注）没有什么输

　　◎ 1979年3月30日，邓小平在党的理论工作务虚会上作题为《坚持四项基本原则》的讲话。

175

◎ 1989 年 6 月 9 日，邓小平在接见首都戒严部队军以上干部时说：四个坚持本身没有错，如果说有错误的话，就是坚持四项基本原则还不够一贯，没有把它作为基本思想来教育人民，教育学生，教育全体干部和共产党员。

理的地方，没有什么见不得人的地方。当时我讲的无产阶级专政，就是人民民主专政，讲人民民主专政，比较容易为人所接受。现在经济发展这么快，没有四个坚持，究竟会是个什么局面？提出四个坚持，以后怎么做，还有文章，还有一大堆的事情，还有没有理清楚的东西。党的领导是个优越性。没有人民民主专政，党的领导怎么实现啊？四个坚持是"成套设备"。在改革开放的同时，搞好四个坚持，我是打下个基础，这个话不是空的。①

---

① 1993 年 9 月 16 日邓小平同胞弟邓垦的谈话。《邓小平年谱》第 5 卷，第 661—662 页。

8

我跟外宾谈话还提出：解决国际争端，要根据新情况、新问题，提出新办法。

我跟外宾谈话时还提出：解决国际争端，要根据新情况、新问题，提出新办法。"一国两制"，是从我们自己的实际提出来的，但是这个思路可以延伸到某些国际问题的处理上。好多国际争端，解决不好会成为爆发点。我说是不是有些可以采取"一国两制"的办法，有些还可以用"共同开发"的办法。"共同开发"的设想，最早也是从我们自己的实际提出来的。我们有个钓鱼岛问题，还有个南沙群岛问题。我访问日本的时候，在记者招待会上他们提出钓鱼岛问题，我当时答复说，这个问题我们同日本有争议，钓鱼岛日本叫尖阁列岛，名字就不同。这个问题可以把它放一下，也许下一代人比我们更聪明些，会找到实际解决的办法。当时我脑子里在考虑，这样的问题是不是可以不涉及两国的主权争议，共同开发。共同开发的无非是那个岛屿附近的海底石油之类，可以合资经营嘛，共同得利嘛。不用打仗，也不要好多轮谈判。南沙群岛，历来世界地图是划到中国的，属中国，现在除台湾占了一个岛以外，菲律宾占了几个岛，越南占了几个岛，马来西亚占了几个岛。将来怎么办？一个办法是我们用武力统统把这些岛收回来；一个办法是把主权问题搁置起来，共同开发，这就可以消除多年积累下来的问题。这个问题迟早要解决。世界上这类的国际争端还不少。我们中国人是主张和平的，希望用和平方式解决争端。什么样的

◎ 1978 年邓小平访日期间，在记者招待会上，诙谐答辩，语惊四座。

和平方式？"一国两制"，"共同开发"。同我谈话的外宾，都说这是一个新的思想，很有意思。①

　　对南沙群岛问题，中国最有发言权。南沙群岛历史上就是中国领土，国际上很长时间对此并无异议。抗日战争结束不久，南京国民党政府派海军舰队去南沙群岛海域巡逻，随即对南沙群岛最大的岛屿太平岛派了驻军，并修了一个小飞机场。当时联合国没有提出任何异议，世界上其他国家也都没有提出异议。世界上有权威的地图标明南沙群岛一直为中国所控制，菲律宾舆论界也提到过这一点。……我经过多年考虑，认为要真正解决这个问题，可在承认中国主权条件下，各方都不派部队，共同开发。那些地方岛屿很小，住不了人，不长粮食，无非有一些石油资源。有关近邻国家可以组成公司，共同勘察、开发。中国有权

---

　　① 1984 年 10 月 22 日邓小平在中央顾问委员会第三次全体会议上的讲话。《邓小平文选》第 3 卷，第 87—88 页。

提出这种建议，只有中国建议才有效。这样就没有争端，用不着使用武力。在南沙群岛问题上，并不是找不到一个切实可行的解决办法，但这个问题毕竟是个麻烦的问题，应通过协商找到对和平有利、对友好合作有利的办法。[①]

[①]　1988 年 4 月 16 日邓小平会见菲律宾总统科拉松·阿基诺夫人时的谈话。《邓小平军事文集》第 3 卷，第 292 页。

9

我的最大愿望是活到一九九七年，因为那时将收回香港，我还想去那里看看。我也想去台湾看看，不过看来一九九七年以前解决这个问题不容易。

两年前撒切尔夫人来谈，当时她坚持历史上的条约按国际法仍然有效，一九九七年后英国要继续管理香港。我跟她说，主权问题是不能谈判的，中国一九九七年要收回整个香港。至于用什么方式收回，我们决定谈判。我说谈判要两年，太短了不行，但是不迟于两年必须解决这个问题，到时候中国要正式宣布一九九七年收回香港。结果真的是谈了两年。开始她提出谈判的题目就是一个归属问题。我说是三个问题：第一个是主权问题，总要双方就香港归还中国达成协议；第二个是一九九七年我们恢复行使主权之后怎么样管理香港，也就是在香港实行什么样的制度的问题；第三个是十五年过渡期间的安排问题，也就是怎样为中国恢复行使主权创造条件。她同意谈这些问题。两年谈判，差不多一年多的时间是拖在归属和主权问题上，她没有让。当时我还跟她说，如果在十五年的过渡期间香港发生意外的事情，发生动乱，中英双方根本谈不拢，中国将重新考虑收回香港的时间和方式。所以，解决香港问题，我们的调子就是那时定下来的，以后实际上就是按这个调子走的。①

---

① 1984 年 10 月 22 日邓小平在中央顾问委员会第三次全体会议上的讲话。《邓小平文选》第 3 卷，第 85 页。

◎ 1982 年 9 月 24 日，邓小平会见英国首相撒切尔夫人，全面阐述了中国政府对香港问题的基本立场。

香港问题和直布罗陀问题有共同点，也有不同点。我们相互都能理解彼此的立场。中英两国政府正在进行谈判，但谈判的前提是一九九七年中国必须收回香港。不管英国人怎么打算，到一九九七年必须收回。三个条约都得作废。最近，英国人又提出，不讲治权，讲某种程度的参与管理，我们说，还是不行。英国人在谈判中搞了一些手脚，前不久港币贬值，就是英国人搞的，这是一种威胁，这个吓不倒我们。我坦率地告诉了撒切尔夫人，如果在解决香港问题的十几年过程中，香港出现不能收拾的局面，中国政府将重新考虑收回的时间和方式。[1]

你们这么多人回来观礼，我非常高兴，我看香港一定有希望。这次回来观礼的，各行各业各界人士都有，各种不同政治观点的人也都来了。

----

[1]　1983 年 10 月 30 日邓小平会见西班牙外交大臣费尔南多·莫兰时的谈话。《邓小平年谱》第 5 卷，第 240 页。

这说明大家都赞成中国恢复对香港行使主权，赞成中英两国所达成的协议的内容。这就是说，我们有了一个共同的大前提，一个共同的目标，就是爱祖国，爱香港，在今后十三年和十三年以后保持香港的繁荣和稳定。大家共同努力，这个目标肯定可以实现。就我个人来说，我愿意活到一九九七年，亲眼看到中国对香港恢复行使主权。

现在有些人就是担心我们这些人不在了，政策会变。感谢大家对我们这些老头子的信任。今天我要告诉大家，我们的政策不会变，谁也变不了。因为这些政策见效、对头，人民都拥护。既然是人民拥护，谁要变人民就会反对。[①]

◎ 1987 年 4 月 13 日，中葡关于澳门问题的《联合声明》正式签署，邓小平同葡萄牙总理席尔瓦举杯祝贺。

———————————

① 1984 年 10 月 3 日邓小平会见由两百人组成的港澳同胞国庆观礼团时的讲话。《邓小平文选》第 3 卷，第 72 页。

　　我的最大愿望是活到一九九七年，因为那时将收回香港，我还想去那里看看。我也想去台湾看看，不过看来一九九七年以前解决这个问题不容易。①

　　这篇文章要加一个长一点的、详细一点的注释。注释要把中英关于香港问题谈判的过程、谈判的主要点都反映出来，要写明中国的意见是撒切尔夫人及英方参加会谈的人表示接受了的。当时谈判谈得很细，谈到驻军的问题。我说，中国对香港行使主权，表现的形式主要是驻军。后来又为一个很小的问题争了起来，就是双方今后在什么地方进行磋商。我说，可以在伦敦、北京、香港三个地方轮流进行。这些问题英方后来都表示接受了。所以，外国人说我敏锐。基本法也是在双方达成谅解和几个协议的基础上才搞成的，英国也同意了。可以把整个中英谈判的过程搞个备忘录，写啰嗦一点不要紧，找个合适的时机发表，配合当前的斗争。要让大家知道，是英方不守信义，我们是守信用的。在这个问题上，可以做一篇好文章。②

---

　　①　1988 年 9 月 5 日邓小平会见捷克斯洛伐克总统古斯塔夫·胡萨克时的谈话。《邓小平文选》第 3 卷，第 273 页。

　　②　1993 年 6 月 11 日邓小平审阅《邓小平文选》第三卷编辑组报送的《我们对香港问题的基本立场》整理稿时的谈话。《邓小平年谱》第 5 卷，第 1361 页。

10

　　我这一生只剩下一件事，就是台湾问题，恐怕看不到解决的时候了。已经做成的事情是，调整了与日本、与美国的关系，也调整了与苏联的关系，确定了收回香港，已经同英国达成协议。这是对外关系方面的参与。

　　我现在还有一个愿望，就是想到华盛顿去，不晓得能否实现。美国人总是说，你为什么不到华盛顿去？那里有台湾的大使馆，我怎么能去呢。中美关系实现正常化了，中国领导人就可以去了。这要看美国政府、卡特总统的决心。只要两国领导人站在更高的立场上，把这个问题当作政治问题来解决，就比较容易达成一致。①

　　中美两国发展关系符合两国自身的利益。我是主张中美交朋友的，这是从战略观点出发的。尽管美方搞了许多小动作，但我们的这个方针和立场没有改变。两国关系正如尼克松总统首次访华时所说的，合乎两国自身利益。这是一个基本的观点。但问题是关系正常化以后，我们看不出有多少令人鼓舞的事情。美国现在的领导人中是否有人并不这样认为？维护和发展这种用十年时间建立起来的关系，关键是要互相信任。如果出现一些造成彼此不信任的事情，那就很难了。回顾一下历史，我去华盛顿访问，当时我的职务并不高，但实际上是中国方面最高级别的访问。我受到

---

　　①　1978年11月29日邓小平会见竹入义胜率领的日本公明党第七次访华团时的谈话。《邓小平年谱》第4卷，第443页。

◎ 1979 年 1 月，邓小平访问美国。图为邓小平和卡特总统在白宫阳台上向群众致意。

◎ 邓小平和卡特在白官签署中美科技合作协定和文化协定。邓小平表示，我们刚刚完成了一项有意义的工作，但是这不是一个结束，而是一个开始。我们还有许多合作领域有待开辟，我们还要继续努力。

卡特总统和美国人民的热情款待，对此我表示感谢。①

那次访问美国，我过得很愉快。那时是中美两国关系的高峰，以后走了一点下坡路。中美关系经过一段曲折，最近向好的方面发展，究竟怎样还要观察。我同意你们的意见，中美两国应该加强人员往来，开展各方面的合作。这对增进相互了解是有利的，对解决两国关系中的问题是必要的。②

台湾问题是中美关系中最根本的问题。多年来，特别是近几年来，我们解决台湾问题始终着眼于用和平方式。最近我出面谈了一次，提出一个和平统一的方案，实际还是过去的九条，内容是一致的，只是更具体、更明确一点。我们的底全部亮出来了。在这样的情况下，美国不要做损害中国实现和平统一的事。现在美国继续售台武器，卖得那么多，这就是损害中国实现和平统一的一种动作。美国作出的决定，实际上是不希望中国统一。现在大陆和台湾统一的条件是有的。中国统一了，对世界和平只有好处，没有坏处，至少太平洋会比较太平。从全球战略角度来看，美国究竟把中国摆在什么位置还没有搞清楚。美国决策人曾一度说，中国只能起地区性的作用，对全球无足轻重。我们对这样的判断并不在意，因为我们从来没有把中国看成是了不起的力量，但是我们也不认为中国对国际安全和稳定是无足轻重的。美国要真正同中国改善关系，必须从全球战略来认识这个问题。如果始终抱着杜勒斯主义不放，把台湾当作美国的一艘"不沉的航空母舰"，中美关系迟早要破裂。希望美国在决策的时候要考虑到这个战略利益，不仅是台湾问题，而且在处理其他问题上都要从战略角度来考虑。③

---

① 1982年12月9日邓小平会见美国莱曼兄弟公司高级顾问、美国前国防部长詹姆斯·施莱辛格和前助理国务卿理查德·霍尔布鲁克时的谈话。《邓小平年谱》第5卷，第172页。

② 1983年8月31日邓小平会见美国参议员奥林·哈奇、爱德华·佐林斯基和美国总统出口委员会副主席陈香梅一行时的谈话。《邓小平年谱》第5卷，第225页。

③ 1983年8月27日邓小平会见美国民主党参议员亨利·杰克逊一行时的谈话。《邓小平年谱》第5卷，第224—225页。

◎ 1983 年 6 月 26 日，邓小平会见美国新泽西州西东大学教授杨力宇时，谈到实现中国大陆和台湾和平统一的一些设想。

　　如果苏联能够帮助越南从柬埔寨撤军，这就消除了中苏关系的主要障碍。我再说一次，越南入侵柬埔寨问题是中苏关系的主要障碍。越南在柬埔寨驻军也是中苏关系实际上处于热点的问题。只要这个问题消除了，我愿意跟戈尔巴乔夫见面。我可以告诉你，我现在年龄不小了，过了八十二了，我早已经完成了出国访问的历史任务。我是决心不出国的了。但如果消除了这个障碍，我愿意破例地到苏联任何地方同戈尔巴乔夫见面。我相信这样的见面对改善中苏关系、实现中苏国家关系正常化很有意义。①

　　我出国访问的任务早已完成了，不准备再出国了。但我答应了一件

---

　　① 1986 年 9 月 2 日邓小平接受美国哥伦比亚广播公司"60 分钟"节目记者迈克·华莱士的电视采访时的谈话。《邓小平文选》第 3 卷，第 168—169 页。

事情，就是在两年前我曾捎信给戈尔巴乔夫，如果他使越南从柬埔寨撤军，柬埔寨成为一个真正独立、自主、和平的国家，我可以到苏联任何一个地方同他会面，这件事还能办得到。如果在两年内我身体还可以，就还能实现这个诺言。①

我上次会见日本社会党委员长土井多贺子时只是重申了我过去说过的话，如果苏联让越南从柬埔寨撤军，我愿意到莫斯科或者苏联其他地方同戈尔巴乔夫会晤。但实际上戈尔巴乔夫拒绝了，虽然他说愿意同我会晤，甚至说愿意到中国来，但是反对有任何先决条件。我的说法是有先决

◎ 1978 年 10 月，邓小平在日本首相福田纠夫为他举行的欢迎仪式上。

①　1987 年 11 月 16 日邓小平会见土井多贺子率领的日本社会党第三次访华代表团时的谈话。《邓小平年谱》第 5 卷，第 516—517 页。

条件，就是苏联让越南从柬埔寨撤军。①

中国人民真诚地希望中苏关系能够得到改善。我建议利用这个机会宣布中苏关系从此实现正常化。

……

我们这次会见的目的是八个字：结束过去，开辟未来。结束一下过去，就可以不谈过去了，重点放在开辟未来的事情上。但是，过去的事完全不讲恐怕也不好，总得有个交代。我讲讲中国人、中国党的一些看法。对这些看法，不要求回答，也不要辩论，可以各讲各的。这样有利于我们在更加扎实的基础上前进。我只想简单讲两点。一是讲讲历史上中国在列强的压迫下遭受损害的情况，二是讲讲近几十年，确切地说是近三十年，中国人感到对中国的威胁从何而来。

先谈第一个问题。从鸦片战争起，中国由于清王朝的腐败，受列强侵略奴役，变成了一个半殖民地半封建国家。欺负中国的列强，总共大概是十几个，第一名是英国，比英国更早，强租中国领土澳门的，是葡萄牙。从中国得利最大的，则是两个国家，一个是日本，一个是沙俄，在一定时期一定问题上也包括苏联。

◎ 1989 年 5 月，邓小平与苏共中央总书记戈尔巴乔夫举行会谈。

_____

① 1987 年 12 月 4 日邓小平会见日本国际贸易促进协会会长樱内义雄时的谈话。《邓小平年谱》第 5 卷，第 518 页。

日本占了中国不少地方，台湾就被它占了五十年。中国有很多地方被日本划为它的势力范围，特别是在北方，很多大城市有日本租界。一九三一年日本发动了对中国的侵略战争，一九三二年在中国的东北搞了个"满洲国"。一九三七年发动了全面侵略中国的战争，打了八年。最后，由于中国抗战，由于世界反法西斯联盟国家的共同战斗，包括苏联出兵，日本在这场战争中彻底失败了。日本对中国的损害无法估量，单是死人，中国就死了几千万。所以，算历史账，日本欠中国的账是最多的。但是由于日本战败，中国收复了所有被它侵占的地方，它在中国没有占去一寸土地。悬案是一个钓鱼岛，那是一个很小的地方，上面没有人烟。我访问日本时，记者提出了这个问题。我说，这个问题可以挂起来，如果我们这一代不能解决，下一代会比我们聪明一些，总能找到解决的办法。对于这个问题以及同类的纠纷，后来我们提出了一种设想，就是可否采用共同开发的办法加以解决。

另一个得利最大的是沙俄，以后延续到苏联。沙俄通过不平等条约侵占的中国土地，超过一百五十万平方公里。

十月革命后也还有侵害中国的事情，例如黑瞎子岛就是一九二九年苏联从中国占去的。主要的是第二次世界大战接近胜利时，美、英、苏三国在雅尔塔签订秘密协定，划分势力范围，极大地损害了中国的利益。那是斯大林时期。当时中国的国民党政府同苏联签订条约，承认了雅尔塔的安排。

中华人民共和国成立以后，中国同苏联签订了新约。中国同蒙古人民共和国建立了外交关系，达成了协议，划定了边界。后来中苏进行边界谈判，我们总是要求苏联承认沙俄同清王朝签订的是不平等条约，承认沙俄通过不平等条约侵害中国的历史事实。尽管如此，鉴于清代被沙俄侵占的一百五十多万平方公里是通过条约规定的，同时考虑到历史的和现实的情况，我们仍然愿意以这些条约为基础，合理解决边界问题。

这是讲的第一个问题。讲清这个问题可能对解决遗留下来的问题，对弄清"开辟未来"的某些概念有好处，所以值得讲一讲。

第二个问题，对中国的威胁从何而来。第二次世界大战结束后不久，中国的革命战争取得胜利，中华人民共和国成立了。中国不侵略别人，对任何国家都不构成威胁，却受到外国的威胁。中国是个贫弱国家，但是个独立自主的国家。对中国的威胁主要来自何方？从建国一开始，我们就面临着这个问题。那时威胁来自美国，最突出的就是朝鲜战争，后来还有越南战争。朝鲜战争，中国出了志愿军，同美国直接较量，苏联供给的军火还要中国付半价。后来中苏两国关系不好了，中国面临经济困难，但无论怎样困难，也得还这笔军火债，我们提前两年还清了。

六十年代，在整个中苏、中蒙边界上苏联加强军事设施，导弹不断增加，相当于苏联全部导弹的三分之一，军队不断增加，包括派军队到蒙古，总数达到了一百万人。对中国的威胁从何而来？很自然的，中国得出了结论。一九六三年我率代表团去莫斯科，会谈破裂。应该说，从六十年代中期起，我们的关系恶化了，基本上隔断了。这不是指意识形态争论的那些问题，这方面现在我们也不认为自己当时说的都是对的。真正的实质问题是不平等，中国人感到受屈辱。虽然如此，我们从来没有忘记在中国第一个五年计划时期苏联帮我们搞了一个工业基础。

我讲这么长，叫"结束过去"。目的是使苏联同志们理解我们是怎样认识这个"过去"的，脑子里装的是什么东西。历史账讲了，这些问题一风吹，这也是这次会晤取得的一个成果。双方讲了，就完了，过去就结束了。

现在两国交往多起来了，关系正常化以后的交往，无论深度和广度都会有大的发展。在发展交往方面，我有一个重要建议：多做实事，少说空话。①

---

① 1989年5月16日邓小平会见苏联最高苏维埃主席团主席、苏共中央总书记戈尔巴乔夫时的谈话。《邓小平年谱》第5卷，第291—295页。

本来因为我年纪大了，同志们要减少我会见外宾的工作。但法国朋友来访，我总得见见面，因为我曾经在法国生活过五年，一九七五年我又到了法国，受到盛情接待。我深感中法两国人民间有着十分友好的情谊。①

你们国家是个古老的国家，我们也是古老的国家。你们的文化给我最深的印象之一是银元，是在清朝传入中国的，那时叫"鹰洋"，我年轻时见过，现在没有了。中国的银元也是模仿你们的。……我们以前吵过架，已经过去了。我们过去同意共、法共和西共的同志吵过架，不能说我们都对，也不能说他们都对，都有些事情没有想通，最好的办法是过去的就过去了，一风吹。五六十年代中苏两党会谈我是一直参加的，多数是我当团长，对手主要是苏斯洛夫，他们有他们的一套，我们有我们的一套。现在回过头来看，他们的那套东西是不行的，中心就是发号施令、以他们为主。我们有些东西今天看来也站不住脚。现在有两个问题他们还没有搞通，一个是平等相处，一个是独立自主。平等就是没有老子党。老子、儿子的关系实际上是否认了独立自主。国际共运历史的根本经验教训就是，各国党要根据自己的实际，决定自己的政策，才能取得成功。列宁干成了十月革命，这是不是马克思主义？当然是马克思主义。但他是根据俄国的特点来实行马克思主义，也就是根据当时俄国的实际情况来决定自己的政策，所以干成了十月革命，所以有列宁主义。如果列宁不按照俄国的实际情况，而是照搬马克思主义的经典语言，能有十月革命的胜利吗？中国革命的胜利是十月革命后国际共运中最重大的事件，如果照搬马克思列宁主义的经典语言，而不是按照毛泽东同志提出的把马列主义同中国革命的实践相结合，根据中国的实际决定自己

---

① 1982 年 8 月 31 日邓小平到宾馆看望法国国民议会议长路易·梅尔马兹一行时的谈话。《邓小平年谱》第 5 卷，第 141 页。

的革命道路，采取自己的斗争方式，结果会怎么样呢？那就没有中国革命的胜利。所以，我们的历史经验教训就是，一个党对别的党指手画脚是不行的。任何国家的共产党只有根据自己的特点来决定自己的道路和走这条道路的方式，这就是独立自主。犯错误是难免的，但犯了错误自己总结经验，这个经验才可靠。①

---

① 1983 年 1 月 11 日邓小平会见巴勃罗·戈麦斯率领的墨西哥统一社会党代表团时的谈话。《邓小平年谱》第 5 卷，第 178—179 页。

11

我提倡废除终身制，而且提倡建立退休制度。

顾问制度是我提议的，我自己愿意以身作则。①

对于中央政治局常委中岁数大的同志，我总的倾向是，包括我在内，慢慢脱钩，以后逐步增加比较年轻的、身体好的、年轻力壮的人。这是一个总的决策。六月全国人大以后，陈云同志、先念同志和我都不兼副总理了，逐步地、慢慢地推一些年轻的、身体好的同志在第一线。建立书记处的目的也是这个意思，书记处作为第一线。中央政治局成员，我倾向在相当一个时期内岁数大一点、人数稍微多一点也可以，因为有书记处了。老

◎ 1984 年 10 月 22 日，邓小平在中央顾问委员会第三次全体会议上讲话。

---

① 1979 年 1 月 2 日邓小平在中共中央军委座谈会上的讲话。《邓小平年谱》第 4 卷，第 463 页。

同志可以在政治局里发挥作用。以后的人事安排要慢慢年轻化。我们这些人是安排后事的问题，不再放在第一线了。当然，这也要根据实际情况和实际可能。我自己定了个奋斗目标，时间定在一九八五年，就是要办一件事，精心地选拔身体比较好的、比较年轻的同志上来搞事情。①

我确实准备在今年适当时候，辞掉副总理职务，目的是让比较年轻的人来工作。我们中国确实存在领导层年龄过大的状况，这种状况需要改变。与其将来再处理这个问题，不如现在处理更有利些。当然，这件事不是由我个人决定的，要由集体决定，由全国人民代表大会来批准我这个要求。辞掉副总理职务的好处是可以减少许多日常事务性工作。至于国家大事，国家其他方面、党的其他方面的工作，我还会过问。假如我的身体还好，我还可以工作，不会减少我在这方面的作用。②

尽量减少工作，让一些年轻、身体好的人来工作，这就是养身之道，

◎ 1982 年 9 月 13 日，邓小平在中共中央顾问委员会第一次全体会议上讲话。自左至右许世友、邓小平、薄一波、李维汉。

---

① 1980 年 2 月 26 日邓小平出席中共中央政治局常委召集的中共十一届五中全会各组召集人汇报会时的讲话。《邓小平年谱》第 4 卷，第 603 页。

② 1980 年 4 月 29 日邓小平接受卢森堡电视台制片主任鲍利等的电视采访时的谈话。《邓小平年谱》第 4 卷，第 626 页。

也符合奥林匹克精神。①

我现在是把自己放到顾问委员会里边去，就是说，让一些比较年轻的人到第一线来。我退到第二线这样的事要早安排好。②

我现在的年岁大了一点，已退到第二线，主要是减轻一些工作，大事管一管，小事就不管了。到了这个年龄，自然规律是违背不了的。所以，在我们党的十一届六中全会上，大家都要我当党的总书记，我坚决推辞掉了，国家和国际上事很多，让精力充沛的同志来担当比较好。我们中国存在干部老化问题。打了二十二年仗，我们的将军可编成一个团。所以，我们现行的干部政策是要年轻化。我们党召开了第十二次全国代表大会，走的第一步是干部年轻化，中央委员会百分之六十的干部是六十岁以下的，我们五十岁的干部算是年轻的了。干部年轻化的过程还要继续下去。③

我们现在准备花十年的时间，逐步使干部年轻化。我们党的权力机关是中央委员会。为了新老交替，我们设立了顾问委员会，我是这个顾问委员会的主任。世界上别的国家都没有顾问委员会，就我们有。我们这个党是个老党，老人多，不妥善安排也不好。④

我看要大胆提拔，让年轻人干，对这个问题要解放思想。我二十三岁就当中央秘书长。要讲马列主义水平，说实在的，马列主义的书看得不多，经验也不多。刚从国外回来，担任中央秘书长，这是个不低的

———————

① 1982 年 3 月 31 日邓小平会见国际奥委会主席胡安·安东尼奥·萨马兰奇时的谈话。《邓小平年谱》第 5 卷，第 106 页。

② 1982 年 9 月 30 日邓小平会见美国前国务卿亨利·基辛格时的谈话。《邓小平年谱》第 5 卷，第 155 页。

③ 1982 年 10 月 28 日邓小平会见利比亚领导人穆阿迈尔·卡扎菲上校时的谈话。《邓小平年谱》第 5 卷，第 164—165 页。

④ 1983 年 4 月 28 日邓小平会见日本前外务大臣樱内义雄一行时的谈话。《邓小平年谱》第 5 卷，第 201 页。

岗位，但还是承担起来了。我们这一辈老同志都在二十多岁时独当一面了。现在二十多岁的人，比我们那时知识更多。对现在的年轻人，可以看一看，哪些好一些，哪些差一些。把好的提上来，或者给他们创造条件，先提到一个适当的岗位，然后过一二年再提上来。现在我们开始解决这个问题，但真正解决，预定目标是十年。对年轻干部，要鼓劲，要帮，要打破迷信。现在我们有个原则，要真正废除干部领导职务终身制。一个党要兴旺发达，还是要逐步让年轻人干。年轻人至少精力充沛，可以多工作些。现在我的最高目标是每天工作四小时，以后改变为两小时，直到不干工作。事情让别人干，自己多活几年有什么不好呀？这也叫解放思想。①

我现在少管日常工作，主要由比较年轻的同志来管。这几年的实践证明，他们管得不错。中国共产党是个老党，中国革命经历的时间长，老干部多。因此，干部年轻化的问题不是一下子可以解决好的，我们准备再用几年时间解决这个问题。②

这次阅兵也反映出一个弱点，一个八十岁的人检阅队伍，这本身就是一个缺陷。毕竟自然规律是违背不了的，好在现在管事情的人比我年轻。我们的方针是要逐步实现干部年轻化，党政军领导骨干的逐步年轻化始终是我们一个重要的任务。③

这几年来我有意识地少做工作，让别人多做。中国的现行政策并不仅仅体现在我一个人身上。我好久没有露面就是这个原因。现在我正在考虑什么时候退休。退休对人的健康有好处。我不做工作，不参与工作，中

---

① 　1983 年 4 月 29 日邓小平会见南布迪里马德率领的印度共产党（马克思主义）中央代表团时的谈话。《邓小平年谱》第 5 卷，第 204 页。

② 　1983 年 10 月 8 日邓小平会见加蓬共和国总统哈吉·奥马尔·邦戈时的谈话。《邓小平年谱》第 5 卷，第 237 页。

③ 　1984 年 10 月 11 日邓小平会见竹入义胜为团长的日本公明党代表团时的谈话。《邓小平年谱》第 5 卷，第 302 页。

国的现行政策照样顺利地进行。这就直接回答了国际上的担心：邓某人不在了，中国是否会变？其实，中国的政策并不是我一个人提出的，中国的现行政策得到全国绝大多数人的广泛支持，得到广大干部的支持。干部和群众都要求改革。国际上对我讲得太多，不符合实际。当然，我也算一个。①

人的经验当然有用，但人到了一定年龄就衰退了，所以这几年我在逐步退出政治舞台，力求不要变成事业的障碍，在这方面我们这些岁数大的人要自觉。②

我提倡废除终身制，而且提倡建立退休制度。你也知道，我同意大利记者法拉奇谈话时说，我干到一九八五年就行了，现在超过一年了。我正在考虑什么时候退休。就我个人来说，我是希望退休。但这个问题比较困难，在党内和人民当中很难说服。我相信，在我有生之年退休，对现行政策能继续下去比较有利，也符合我个人向来的信念。但这件事还要做更多的说服工作。最终我是一个共产党员，要服从党的决定。我是一个中华人民共和国的公民，要服从人民的意愿。我还是希望能够说服人民。③

我们实行的是集体领导，有事情大家一块商量决定，我自己只起一份作用。这几年我做的工作很少了。与我同龄的人有一批，我们在酝酿让位的问题。干部需要年轻化，从十一届三中全会以来七年多的时间，我们走了几步，但是还不理想。现在基本上还是老年化或者叫年龄偏大，非改革不行。拿我来说，已过了八十二岁，还能干吗，该让路了。明年我们党

---

① 1986年3月25日邓小平会见丹麦首相保罗·施吕特时的谈话。《邓小平年谱》第5卷，第406页。

② 1986年6月21日邓小平会见马里总统穆萨·特拉奥雷时的谈话。《邓小平年谱》第5卷，第422页。

③ 1986年9月2日邓小平接受美国哥伦比亚广播公司"60分钟"节目记者迈克·华莱士的电视采访时的谈话。《邓小平年谱》第5卷，第432页。

召开十三大，要使领导机构更年轻化一点。我们提出进一步改革，政治改革，全面改革，这能为人民所接受，人民会懂得不走这一步中国没有希望。但问题不简单，这实际上是一场革命。①

这些年来，我尽量少做事情。没有其他理由，只想多活几年。我只追求两个目标，一个是在本世纪末中国实现小康社会，另一个就是我要活到一九九七年七月，到香港做一次旅行。那时我以退休后的身份去，只能说是旅行。……我的本意是完全退休，提了好几年，但大家不赞成。从现在的情况看，从中国人民的愿望来说，还需要我。我搞半退休，这能实现政治局常委的比较年轻化，又能保证自己还能起应该起的作用。这种处理方法是中国式的，别的国家没有，只要在中国行得通，也是可以的。②

我们老人要交班。人们担心年轻人不行，我们过去管大事时都很年轻。我二十三岁时担任中央秘书长。一九五六年八大的准备工作是我主持搞的，那时我才五十二岁。为什么过去我们二十多岁、三十多岁、四十多岁、五十多岁时可以，现在这个年龄的人就不行呢？锻炼一下，不行就下去嘛。要年轻化很不容易，大体上要用十年时间，才能做到比较理想。现在找四十来岁的人比较困难，原因是"文化大革命"耽误了，所以要花十年功夫。在"文化大革命"以后成长起来的人中选拔就比较容易了。③

十三大后会加快改革。十三大本身就是一个改革，不仅经济体制要改革，政治体制也要改革。各级领导机构要年轻化，也是政治体制的重要

---

① 1986 年 11 月 1 日邓小平会见意大利总理贝蒂诺·克拉克西时的谈话。《邓小平年谱》第 5 卷，第 448 页。

② 1987 年 9 月 11 日邓小平会见冢本三郎率领的日本民社党第八次访华团时的谈话。《邓小平年谱》第 5 卷，第 504 页。

③ 1987 年 10 月 13 日邓小平会见匈牙利社会主义工人党总书记卡达尔·亚诺什时的谈话。《邓小平年谱》第 5 卷，第 508 页。

改革。这一时期，我提出全退，但都不赞成，所以半退，保留军委主席。根据国家的需要，根据党的需要，我还是可以起现在起的作用。这样的安排有一个最大的好处，就是一旦马克思召见，不会引起什么波动。在有生之年做好后事安排，非常有利。这次人事变动更加体现了政治的稳定和政策的连续性。比较年轻的人进入政治局常委会，不是五年的安排，而是十年的安排。中国需要稳定，没有稳定的政治局面就不可能搞建设。我们与你们历史不同。你们西方民主已有几百年的历史，我们不能照搬你们的东西，一切根据我们自己的实际去办。①

解决人事问题，也是改革问题。我们党的领导成员有大幅度的更新，这件事很重要。中国这样的大国，不把这个问题解决好，出了乱子就是大乱子。中国出了大乱子，收拾起来很不容易。现在我还保留军委主席职务。我原来同一些老同志商量全退，大家都不赞成。现在叫半退，但总有一天要全退，这也是一种过渡。我会力求减少自己的工作，力求减少对党和国家事务的过问。我的任务是逐渐使自己从党和国家的事务中消失掉。②

我有一个观点，如果一个党、一个国家把希望寄托在一两个人的威望上，并不很健康。那样，只要这个人一有变动，就会出现不稳定。十一届三中全会以后，大家希望我当总书记、国家主席，我都拒绝了。在党的十三大上，我和一些老同志退出了领导核心。这表明，中国的未来要靠新的领导集体。近十年来的成功也是集体搞成的。我个人做了一点事，但不能说都是我发明的。其实很多事是别人发明的，群众发明的，我只不过把它们概括起来，提出了方针政策。我们这个领导集体是坚持三中全会制定

---

① 1987 年 10 月 16 日邓小平会见德意志联邦共和国巴伐利亚州州长、基督教社会联盟主席弗朗茨-约瑟夫·施特劳斯时的谈话。《邓小平年谱》第 5 卷，第 509—510 页。

② 1987 年 11 月 11 日邓小平会见朝鲜民主主义人民共和国总理李根模时的谈话。《邓小平年谱》第 5 卷，第 515 页。

的路线、方针、政策的，我们相信，现行方针政策一定会继续下去。就我个人来说，对这一点有信心，也感到愉快。①

我觉得现在我们的中央是个成熟的中央，各种问题都处理得比较妥善，有条不紊。现在外国报刊都是讲我在里边起了什么作用。有作用，主意出了一点，但主要的工作，繁重的事情，是别的同志做的。比如《关于经济体制改革的决定》，前天中央委员会通过这个决定的时候我讲了几句话，我说我的印象是写出了一个政治经济学的初稿，是马克思主义基本原理和中国社会主义实践相结合的政治经济学，我是这么个评价。这两天国内外对这个决定反应很强烈，都说是有历史意义的。这个文件，我没有写一个字，没有改一个字，但确实很好。实际情况就是这样。所以，不要宣扬我起的作用有什么特别了不起，因为宣扬过分会带来一个问题，就是说，邓某人不在了政策要变。现在国际上就担心这个问题嘛。

……

最近时期，我总跟外宾谈变不了，我们现行政策的连续性是可靠的。不过，他们还不大相信。这是个很大的问题，我是意识到这个问题的。所以，我的工作方法是尽量少做工作。它的好处就是：第一，可以多活几岁。第二，让年轻一些的同志多做工作，他们精力充沛，比我做得更好。我希望逐步过渡到完全不做工作但身体还是好的，那样我就完成任务了。现在看来还得做点事。去年我只做了一件事：打击刑事犯罪分子。今年做了两件事：一件是进一步开放沿海十四个城市，还有一件是用"一国两制"的方式解决香港问题。其他事都是别人做的。②

新的领导一经建立有秩序的工作以后，我就不再过问、不再干预大

---

① 1988年9月5日邓小平会见捷克斯洛伐克总统古斯塔夫·胡萨克时的谈话。《邓小平文选》第3卷，第272—273页。

② 1984年10月22日邓小平在中央顾问委员会第三次全体会议上的讲话。《邓小平文选》第3卷，第83、84页。

家的事情。我说过，这是我的政治交代。当然，你们有事要找我，我不会拒绝，但是不能像过去一样。我不希望在新的政治局、新的常委会产生以后再宣布我起一个什么样的作用。为什么这样？这不是因为我谦虚或别的什么。现在看起来，我的分量太重，对国家和党不利，有一天就会很危险。国际上好多国家把对华政策放在我是不是病倒了或者死去了上面。我多年来就意识到这个问题。一个国家的命运建立在一两个人的声望上面，是很不健康的，是很危险的。不出事没问题，一出事就不可收拾。新的领导一建立，要一切负起责任，错了也好，对了也好，功劳也好，都是你们的事。这样你们可以放手工作，对于新的集体自我锻炼也有好处。何况过去那种办越并不算很成功。现在我八十五岁了，到了这个年龄，该有自觉性。主要是大局的问题，如果个人的因素影响到局势的稳定，影响到事情的健康发展，解决起来就会发生困难。如果有什么事情，我完全可以在旁边帮帮忙，但是绝不要正式再搞个什么头衔了。①

今天主要是商量我退休的时间和方式。

退休是定了，退了很有益处。如果不退休，在工作岗位上去世，世界上会引起什么反响很难讲。如果我退休了，确实不做事，人又还在，就还能起一点作用。因为在国际上了解我这个人的不少，从某种程度上讲，这是影响他们同中国的关系的因素之一。这是没有办法的事情。考虑到中国的安全，现在退比发生了事情退或者在职位上去世有利。退的决心我已经下了好几年了。我曾多次提出是真心的。现在看来，想要等一个多么适当的时候再退，是等不到的，每次都总有一点因素说退不得。十三大搞了个半退，但我一直认为那时全退最好。领导班子还是要注意年轻化，要选马克思主义者。我们自己培养起来的、政治上好的、有马列主义修养的人

---

① 1989 年 6 月 16 日邓小平同江泽民、李鹏、乔石、姚依林、宋平、李瑞环、杨尚昆、万里的谈话。《邓小平文选》第 3 卷，第 311 页。

还是有的。选人不完全是从党的系统里面选，视野要开阔一点。总之，要有些年轻的人，否则难以为继。这次常委中有老的，有比较年轻的。当时我说，无论如何要给国际上、给人民一个改革开放的形象，这十分重要。现在看来，对我们四中全会选出的人，对新的领导班子这一段的活动，国际国内的反映至少是很平静，感到是稳妥的，证明我们这个新的领导班子是能够取得人民的信任和国际上的信任的。如果再加上我们这些人退出去，人家再看上两三个月或半年，我们的局面真正是稳定的，是一个安定团结的政治局面，中国还在继续发展，继续执行原有的路线、方针、政策，到那时，我们这些人的影响就慢慢消失了。消失了好！这次事件一出来，我考虑马上退不行。现在过了三个月，如果到五中全会正式作出决定，差不多还要一个半月，有了四五个月，政治局面就比较平静了，这是个时机，我过去多次讲，可能我最后的作用是带头建立退休制度。我已经慢慢练习如何过退休生活，工作了几十年，完全脱离总有个过程。下次党代表大会不搞顾问委员会了，还是搞退休制度。我退休的时间是不是就确定在五中全会。犹豫了这么几年了，已经耽误了。人老有老的长处，也有老的弱点。人一老，不知哪一天脑筋就不行了，体力到一定程度也要衰退。自然规律是不可改变的，领导层更新也是不断的。退休成为一种制度，领导层变更调动也就比较容易。这个事情就这样定下来吧。这是第一个问题。

第二个问题，退的方式。我同杨尚昆同志谈过，越简单越好。不要形成个惯例，对退的人都歌功颂德一番，那实在没有必要。你一生是什么样子，你在党内搞了几十年，人们都是看到的，有个客观评价。我反复考虑，简化可能比较有利，而且从我开始简化更有利。来个干净、利落、朴素的方式，就是中央批准我的请求，说几句话。我多次讲，一个国家的命运寄托在一两个人的威望上是很不正常的。而利用退休又来歌功颂德一番，也没有什么好处。还有些形式，比如追悼会，开得那么多，花的人力物力不少，也可以简化一下。都是革命几十年的人，确实都有功劳，也总有一些失误，但一讲都是功劳。我多次拒绝外国人要我写自传。如果自传只讲功不讲过，本身就变成了歌功颂德，吹嘘自己，那有什么必要？至于一些同志回忆自己的历史，写一些东西，那很有益处。聂荣臻同志写的那一段亲自经历的事，很真实。有人也写了自己的错误，比如李维汉同志。但有些自传还是宣扬自己的多，这种事情值不得赞扬。对我的评价，不要过分夸张，不要分量太重。有的把我的规格放在毛主席之上，这就不好了。我很怕有这样的东西，名誉太高了是个负担。我退休方式要简化，死后丧事也要简化，拜托你们了。

第三个问题，我退休时的职务交代。军委要有个主席，首先要确定党的军委主席，同时也是确定国家军委主席。党要管军队，因为军队始终是党领导的，这次动乱中看得更清楚。军队是党领导的军队，当然也是国家的军队。五中全会上我辞职后，要有新的军委主席，军委也应该有些变化。我们的传统是军队听党的话，不能搞小集团，不能搞小圈子，不能把权力集中在几个人身上。军队任何时候都要听中央的话，听党的话，选人也要选听党的话的人。军队不能打自己的旗帜。我提议江泽民同志当军委主席。

总之，以后中央的工作我不过问，除非特别大的问题。让新的中央，特别是政治局和政治局常委会独立思考，独立工作。①

我历来不主张夸大一个人的作用，这样是危险的，难以为继的。把一个国家、一个党的稳定建立在一两个人的威望上，是靠不住的，很容易出问题。所以要搞退休制。我已经八十五岁了，多年来我提出退休，每次都遭到大家的反对。十三大的时候先搞半退，只当军委主席。有些老同

---

① 1989年9月4日邓小平同江泽民、李鹏、乔石、姚依林、宋平、李瑞环、杨尚昆、万里的谈话。《邓小平文选》第3卷，第315—317页。

志，彭真、邓大姐、徐帅、聂帅，已经全退了。我全退需要中央同意，我在做这方面的工作。最近香港传说我被刺了，病危了，引起股票市场波动。这说明早退好些，希望在较短的时间里实现。我主要就是希望完全退下来，但是动乱我要管。①

我本人多年来一直提出要求退休，现在年龄越来越大，难免有一天出差错，而且身居高位，一旦突然发生不测事件，影响倒不好。所以现在我要集中一切力量争取退休，要求同志们理解。我们要坚持党和国家的退休制度，任何人都不能例外。②

在我离开领导职务之际，应该见见老朋友。你们这个团可能也是我见的最后一个正式代表团。我已经八十五岁了，再不退，不知到哪一天就变成终身制了。我自己提出应该废除终身制，自己不退就是在终身制问题上犯错误。我今后不再代表党和国家见客人，要体现真正退休。今后有些老朋友来中国，可能不见不礼貌，我可以去客人住地拜访，谈友谊。今后，我有意见，还要对领导班子讲。对新班子，我相信他们有能力把事情做好。有差错，他们自己总结，取得经验，就又前进了一步。重要的是领导班子要团结。③

我已经八十五岁了，要想到总有一天要糊涂的。要避免在糊涂时做糊涂事，说糊涂话，避免给别的领导人制造麻烦。不要糊涂时犯错误，这是我的真实想法。④

---

① 1989 年 9 月 16 日邓小平会见美籍华人李政道教授时的谈话。《邓小平文选》第 3 卷，第 325 页。

② 1989 年 10 月 7 日邓小平会见老挝部长会议主席、老挝人民革命党总书记凯山·丰威汉时的谈话。《邓小平年谱》第 5 卷，第 590 页。

③ 1989 年 11 月 13 日邓小平会见斋藤英四郎为高级顾问、河合良一为团长的日中经济协会访华团时的谈话。《邓小平年谱》第 5 卷，第 596 页。

④ 1989 年 11 月 17 日邓小平会见美国前驻华大使伦纳德·伍德科克夫妇时的谈话。《邓小平年谱》第 5 卷，第 597—598 页。

　　我退休是党中央全会认可和批准的。我的意思是建立退休制度。没有退休制度，我们的事业难以为继。长久下去，会背起一个大包袱，一堆老人。不仅是数量问题，更重要的是活力没有了，战斗力没有了。国家发展了，我当一个富裕国家的公民就行了。十二亿人口怎样实现富裕，富裕起来以后财富怎样分配，这都是大问题。题目已经出来了，解决这个问题比解决发展起来的问题还困难。分配的问题大得很。我们讲要防止两极分化，实际上两极分化自然出现。要利用各种手段、各种方法、各种方案来解决这些问题。解决这些问题需要一些年富力强的同志。现在证明，我退休以后，江泽民他们搞得不错。我算是比较活泼的人，不走死路的人，但毕竟年龄到这个时候了，没有精力搞了。我在旁边看到成功，在旁边鼓掌，不也是很好的一件事情嘛！要创造一种风气，一代一代传下去，让国家逐步兴旺起来。走这一步，我是跟中央的同志讲清楚了的，日常的事情少管、不管，现在一点也不管，让他们放手去

◎ 退休之日邓小平与家人在一起。

◎　与小孙子在一起的邓小平。

◎　邓小平抱着小孙子讲故事。

◎ 1989 年 8 月 22 日，邓小平 85 岁生日，与家人在一起。

搞。现在我比较放心，我看我们的事业有希望，我们国家大有希望，我们民族大有希望。中国人能干，但是问题也会越来越多，越来越复杂，随时都会出现新问题。比如刚才讲的分配问题。少部分人获得那么多财富，大多数人没有，这样发展下去总有一天会出问题。分配不公，会导致两极分化，到一定时候问题就会出来。这个问题要解决。过去我们讲先发展起来。现在看，发展起来以后的问题不比不发展时少。所以，我们退休以后也不是无事可做。观察社会问题，出点主意，原则上要掌握几条。①

---

① 1993 年 9 月 16 日邓小平同胞弟邓垦的谈话。《邓小平年谱》第 5 卷，第 661—662 页。

附：邓小平致中央政治局的辞职信

中央政治局：

　　我向中央请求辞去现在担任的中共中央军事委员会主席职务。

　　一九八〇年我就提出要改革党和国家的领导制度，废除干部领导职务终身制。近年来，不少老同志已相继退出了中央领导岗位。一九八七年，在党的第十三次全国代表大会召开以前，为了身体力行地废除干部领导职务终身制，我提出了退休的愿望。当时，中央反复考虑我本人和党内外的意见，决定同意我辞去中央政治局常委、中央政治局委员、中央顾问委员会主任的职务，退出中央委员会和中央顾问委员会；决定我留任党和国家的军委主席的职务。此后，当中央的领导集体就重大问题

◎　1989 年 11 月 10 日《人民日报》发表的邓小平的辞职信。

征询我的意见时，我也始终尊重和支持中央领导集体多数同志的意见。但是，我坚持不再过问日常工作，并一直期待着尽早完成新老交替，实现从领导岗位完全退下来的愿望。

党的十三届四中全会选出的以江泽民同志为首的领导核心，现已卓有成效地开展工作。经过慎重考虑，我想趁自己身体还健康的时候辞去现任职务，实现夙愿。这对党、国家和军队的事业是有益的，恳切希望中央批准我的请求。我也将向全国人民代表大会提出辞去国家军委主席的请求。

作为一个为共产主义事业和国家的独立、统一、建设、改革事业奋斗了几十年的老党员和老公民，我的生命是属于党、属于国家的。退下来以后，我将继续忠于党和国家的事业。我们党、我们国家和我们军队所取得的成就是几代人努力的结果。我们的改革开放事业刚刚起步，任重而道远，前进中还会遇到一些曲折。但我坚信，我们一定能够战胜各种困难，把先辈开创的事业一代代发扬光大。中国人民既然有能力站起来，就一定有能力永远肖然屹立于世界民族之林。①

---

① 1989 年 9 月 4 日邓小平《致中共中央政治局的信》。

第十章

情趣爱好

1

我测验自己的身体靠两条。一条是能不能下海，一条是能不能打桥牌。能打桥牌证明头脑还好，能下海证明体力还好。

◎ 1979 年 7 月 13 日，75 岁的邓小平登临黄山，在途中小憩。

黄山这一课，证明我完全合格。①

我的方针是少做工作，毕竟八十岁了，力争多活几年，能亲眼看到我们自己国家的发展。但希望不能太高，希望太高就会变成奢望。按照五年来计划，争取延长。测量我的健康有两条标准，一是游泳，二是打桥牌。能打桥牌就说明我的大脑还能起作用，能游泳说明体力还可以。哪一天我

---

① 1979 年 7 月 15 日邓小平游览黄山后，同万里等人的谈话。《邓小平年谱》第 4 卷，第 535 页。

◎ 登上黄山之巅。

◎ 邓小平在黄山与大学生合影。

◎ 在桥牌桌上，邓小平笑容可掬。

不能到北戴河来，就是我差不多的时候了。①

我已经十年没患感冒了，夏天还能到海里游泳。我身体这么好，是因为在战争年代洗冷水澡。冬天北方很冷，我洗澡也是一桶冷水。②

我测验自己的身体靠两条。一条是能不能下海，一条是能不能打桥牌。能打桥牌证明头脑还好，能下海证明体力还好。前不久香港传说我病了，股票就下跌。其实他们很容易知道我身体好不好。只要知道我在打桥牌，夏天还在游泳就行。不过毕竟八十二岁了，天有不测风云，人有旦夕祸福，一旦身体不好也是不可避免的。几年来我一直尽量不做工作，一旦我不在，可以向世界证明，中国的事情仍然可以办得好，现行政策仍然能执行得好。这不是个人的问题，是国家和党的安全问题。我真诚希望身体好的时候退休，退休以后我还是个党员，有意见还可以以党员的身份讲。我人还在，但是别人做工作，这就可以向国际国内证明，现行政策不是决定于我一个

---

① 1985 年 7 月 30 日邓小平会见乌吉·蒙空那温率领的泰国国会代表团时的谈话。《邓小平年谱》第 5 卷，第 361 页。

② 1986 年 3 月 28 日邓小平会见新西兰总理兼外交部部长戴维·朗伊时的谈话。《邓小平年谱》第 5 卷，第 407 页。

◎ 1993 年世界桥牌协会为邓小平颁发荣誉金奖和证书。

◎ 1983 年 9 月，邓小平在大连棒棰岛海水浴场游泳。

人，而是决定于政策本身是否正确。排除个人因素，也许对中国对国际有好处。①

我的身体还好，头脑还清楚，记忆力还不错。在北戴河每天游泳一个小时，我不喜欢室内游泳池，喜欢在大自然里游泳，自由度大一些，有股气势。我在练习怎样适应完全退下来以后的生活。几十年了，一直在繁忙的工作中，就是后来事情管得不多了，脑子里也放不下问题，总在活动。②

---

① 1986 年 8 月 5 日邓小平会见日本自民党最高顾问二阶堂进时的谈话。《邓小平年谱》第 5 卷，第 426 页。

② 1989 年 9 月 16 日邓小平会见美籍华人李政道教授时的谈话。《邓小平文选》第 3 卷，第 324 页。

第十一章

自我评价

1

我是实事求是派。

中国的改革遇到的困难并不算多，总的比较顺利。有些人对改革的某些方面、某些方法不赞成，但不是完全不赞成。中国不存在完全反对改革的一派。国外有些人过去把我看作是改革派，把别人看作是保守派。我是改革派，不错；如果要说坚持四项基本原则是保守派，我又是保守派。所以，比较正确地说，我是实事求是派。[①]

建国后，从一九五七年到一九七八年，我们吃亏都在"左"。我们国家大，党的历史很长，建国也已经有三十八年，因此好多习惯势力不能低估，而右的干扰也帮了习惯势力的忙，所以我们也不能忽视右的干扰。国际上一些人在猜测我是哪一派。最近我对一位外国朋友说，说我是改革派

◎ 1987 年 3 月 3 日，邓小平在会见美国国务卿舒尔茨时说：我是实事求是派。

---

① 1987 年 3 月 3 日邓小平会见美国国务卿乔治·舒尔茨时的谈话。《邓小平文选》第 3 卷，第 209 页。

是真的，可是我也反对资产阶级自由化。如果说反对资产阶级自由化就是保守派，那末也可以说我是保守派。比较实际地说，我是实事求是派，坚持改革、开放政策，坚持党的领导和社会主义道路。①

学马列要精，要管用的。长篇的东西是少数搞专业的人读的，群众怎么读？要求都读大本子，那是形式主义的，办不到。我的入门老师是《共产党宣言》和《共产主义ABC》。最近，有的外国人议论，马克思主义是打不倒的。打不倒，并不是因为大本子多，而是因为马克思主义的真理颠扑不破。实事求是是马克思主义的精髓。要提倡这个，不要提倡本本。我们改革开放的成功，不是靠本本，而是靠实践，靠实事求是。农村搞家庭联产承包，这个发明权是农民的。农村改革中的好多东西，都是基层创造出来，我们把它拿来加工提高作为全国的指导。实践是检验真理的唯一标准。我读的书并不多，就是一条，相信毛主席讲的实事求是。过去我们打仗靠这个，现在搞建设、搞改革也靠这个。我们讲了一辈子马克思主义，其实马克思主义并不玄奥。马克思主义是很朴实的东西，很朴实的道理。②

① 1987年7月4日邓小平会见孟加拉国总统艾尔沙德时的谈话。《邓小平文选》第3卷，第249页。

② 1992年1月18日至2月21日邓小平在武昌、深圳、珠海、上海等地的谈话要点。《邓小平文选》第3卷，第382页。

2

共产主义理想是伟大的，但要经过相当长的历史阶段才能达到。社会主义是可爱的，为社会主义奋斗是值得的。这同时也是为共产主义奋斗。

作为一名老的共产党员，还能在不多的余年里为党为国家为人民做一点力所能及的事情，在我个人来说是高兴的。出来工作，可以有两种态度，一个是做官，一个是做点工作。我想，谁叫你当共产党人呢，既然当了，就不能够做官，不能够有私心杂念，不能够有别的选择，应该老老实实地履行党员的责任，听从党的安排。①

许多外国人问我，你上上下下几次，经过很多曲折，为什么身体还那么好？我回答是乐观主义。②

好多朋友都问我（身体健康的"秘诀"），我的回答是"乐观主义"四个字，天塌下来也不要紧，总有人顶住。我是三下三上的人，没有乐观主义态度，没有相信自己的信念总会实现的思想，不可能活到今天。③

我是个马克思主义者。我一直遵循马克思主义的基本原则。马克思主义，另一个词叫共产主义。我们过去干革命，打天下，建立中华人民共

---

① 1977 年 7 月 21 日邓小平在党的十届三中全会上讲话。《邓小平年谱》第 4 卷，第 162 页。

② 1983 年 9 月 13 日邓小平会见美国宾夕法尼亚大学荣誉教授顾毓琇和夫人王婉靖时的谈话。《邓小平年谱》第 5 卷，第 231 页。

③ 1985 年 7 月 15 日邓小平会见特立尼达和多巴哥总理乔治·迈克尔·钱伯斯时的谈话。《邓小平年谱》第 5 卷，第 358 页。

和国，就因为有这个信念，有这个理想。我们有理想，把马克思主义基本原则同中国实际相结合，所以我们才能取得胜利。革命胜利以后搞建设，我们也是把马克思主义的基本原则同中国实际相结合。我们搞四个现代化建设，人们常常忘记是什么样的四个现代化，是社会主义的四个现代化。这就是我们今天做的事。①

我参加共产党几十年了，如果从一九二二年算起，我在共产主义旗帜下已经工作了六十多年。这期间做了不少好事，也做了一些错事。人们都知道我曾经"三下三上"，坦率地说，"下"并不是由于做了错事，而是由于办了好事却被误认为错事。②

◎ 1986 年 9 月 2 日，邓小平在中南海紫光阁接受美国哥伦比亚广播公司"60 分钟"节目记者迈克·华莱士的独家电视采访。

---

① 1986 年 9 月 2 日邓小平接受美国哥伦比亚广播公司"60 分钟"节目记者迈克·华莱士采访时的谈话。《邓小平文选》第 3 卷，第 173 页。

② 1988 年 9 月 5 日邓小平会见捷克斯洛伐克总统古斯塔夫·胡萨克时的谈话。《邓小平文选》第 3 卷，第 271 页。

◎ 1988 年 9 月 5 日，邓小平会见来访的捷克斯洛伐克总统胡萨克。

　　"文化大革命"中我被打倒两次。这种经历并不都是坏事，使我有机会冷静地总结经验。因为有了那段经历，我们才有可能提出现行的一系列政策，特别是提出怎样建设社会主义的问题。①

　　达到共产主义的目标，要经过社会主义阶段，而这个阶段是很长的。共产主义理想是伟大的，但要经过相当长的历史阶段才能达到。社

---

　　① 　1986 年 12 月 14 日邓小平会见贝宁总统、贝宁人民革命党主席马蒂厄·克雷库时的谈话。《邓小平年谱》第 5 卷，第 456 页。

会主义是可爱的，为社会主义奋斗是值得的。这同时也是为共产主义奋斗。我哪天去，哪天走，不关紧要。自然规律违背不得，你们要想透这个问题。①

---

① 1992 年 7 月 12 日邓小平同胞弟邓垦的谈话。《邓小平年谱》第 5 卷，第 647 页。

3

就我个人来说，我从来不赞成给我写传。我这个人，多年来做了不少好事，但也做了一些错事。

◎ 1980 年 8 月 21 日和 23 日，邓小平两个上午接受意大利记者奥琳埃娜·法拉奇的采访。

问：你谈到还有其他人对毛泽东思想作出了贡献，这些人是谁？

邓小平答：老一辈的革命家。比如说，周恩来总理、刘少奇同志、朱德同志等等，还有其他许多人都作了贡献。很多老干部都有创造，有见解。

问：你为什么不提自己的名字？

邓小平答：我算不了什么。当然我总是做了点事情的，革命者还能不做事？①

问：你是否要写回忆录？

---

① 1980 年 8 月 21 日、23 日邓小平会见意大利记者奥琳埃娜·法拉奇时的谈话。《邓小平文选》第 2 卷，第 352 页。

　　邓小平答：没有时间，而且我这个人不太喜欢讲自己的事情。当然我革命几十年也干了些事，但还谈不上自己有什么了不起。我们现在要做的事情是要逐步把工作交给年富力强的人。①

　　中国自从粉碎"四人帮"以后，强调的是集体领导。特别是一九七八年十二月召开党的十一届三中全会以后，我们根据毛泽东思想的原则，实事求是地分析中国的新情况，提出新问题，是有些新东西。这些东西是我们集体讨论、集体决定的。当然，也不否认个人的作用，比如说我个人在里面起了我自己应该起的作用。许多具体政策、具体问题，有的是这个同志提出的，有的是那个同志提出的，并不都是我一个人提出的。可以这样说，问题都经过集体讨论，最后是集体决定的。我们也有一条经验，个人干预问题过多并不好。从某种意义上说，毛泽东同志晚年错误也与此有关。②

　　个人的作用是有的，但个人作用的发挥要有个基础，这个基础就是反映广大党员、干部和群众的要求。如发生在"四人帮"横行时期的一九七六年的四五运动就表达了当时广大党员、干部和群众的要求。③

　　我想问一个关于你个人的问题。在你漫长的革命经历中，你多次改变了中国人民的命运和方向。如果今后你不在了，你希望人民如何来怀念你？

　　邓小平答：永远不要过分突出我个人。我所做的事，无非反映了中国人民和中国共产党人的愿望，党的这些政策也是由集体制定的。在"文化大革命"前，我也是党的主要领导人之一，那时候的一些错误我也要负责

----

　　①　1980 年 11 月 15 日邓小平会见美国《基督教科学箴言报》总编辑厄尔·费尔时的谈话。《邓小平年谱》第 5 卷，第 692 页。

　　②　1981 年 11 月 13 日邓小平会见南斯拉夫《信使报》记者达拉·雅奈科维奇时的谈话。《邓小平年谱》第 5 卷，第 82 页。

　　③　1983 年 4 月 29 日邓小平会见南布迪里巴德率领的印度共产党（马克思主义）中央代表团时的谈话。《邓小平年谱》第 5 卷，第 203 页。

的，世界上没有完人嘛。①

不能决定在我一个人身上，不能寄托在我活多久。像我这样的年龄，不知哪天见马克思。实际上好多主意都不是我出的，是其他同志出的，事情要靠他们办。②

个人是集体的一分子。任何事情都不是一个人做得出来的。所以就我个人来说，我从来不赞成给我写传。我这个人，多年来做了不少好事，但也做了一些错事。"文化大革命"前，我们也有一些过失，比如"大跃进"这个事情，当然我不是主要的提倡者，但我没有反对过，说明我在这个错误中有份。如果要写传，应该写自己办的好事，也应该写自己办的不好的事，甚至是错事。③

我们党的十三大报告是集体创作，集中了几千人的智慧，有许多内容并不是我提出来的。当然，其中也有我的看法和意见，但大部分是集体的意见。一九七八年党的十一届三中全会以来的路线、方针和政策的制定，我是出了力的，但不只是我一个人。所以，不能把九年来的成绩都写到我个人的账上，可以写我是集体的一分子。过分夸大一个人的作用并不有利。④

我参加共产党几十年了，如果从一九二二年算起，我在共产主义旗帜下已经工作了六十多年。这期间做了不少好事，也做了一些错事。人们都知道我曾经"三下三上"，坦率地说，"下"并不是由于做了错事，而是

---

① 1985年10月23日邓小平会见美国时代公司组织的美国高级企业家代表团时的谈话。《邓小平文选》第3卷，第151页。

② 1986年4月23日邓小平会见日本前首相福田赳夫时的谈话。《邓小平年谱》第5卷，第413页。

③ 1986年9月2日邓小平接受美国哥伦比亚广播公司"60分钟"节目记者迈克·华莱士电视采访时的谈话。《邓小平年谱》第5卷，第431页。

④ 1987年11月16日邓小平会见日本社会党委员长土井多贺子时的谈话。《邓小平年谱》第5卷，第516页。

由于办了好事却被误认为错事。从一九五四年起，我就担任党中央秘书长、国防委员会副主席和国务院副总理，一九五六年起担任党的总书记，是在领导核心之中。那以后直到"文化大革命"以前我们党犯的"左"的错误，我也有份。不能把错误的责任完全推到毛泽东同志身上。

……

很多外国记者要来采访我，搞我的什么传，我都婉拒了。我认为，过分夸大个人作用是不对的。人总是要死的。哪一天我不在了，好像中国就丢了灵魂，这种看法不好。我在有生之年还可以做一些事，但希望自己从政治舞台上慢慢地消失。①

对国内工作的参与，确定了党的基本路线，确定了以四个现代化建设为中心，确定了改革开放政策，确定了坚持四项基本原则。还没有能够实现的，就是废除领导职务终身制，这是制度上的重要问题。②

党内无论如何不能形成小派、小圈子。我们这个党，严格地说来没有形成过这一派或那一派。三十年代在江西的时候，人家说我是毛派，本来没有那回事，没有什么毛派。能容忍各方面、团结各方面是一个关键性的问题。自我评论，我不是完人，也犯过很多错误，不是不犯错误的人，但是我问心无愧，其中一点就是从来不搞小圈子。过去我调任这样那样的工作，就是一个人，连勤务员都不带。小圈子那个东西害死人呐！很多失误就从这里出来，错误就从这里犯起。③

这十年我们党把我放到了特殊的岗位，我不当党中央总书记，也不当国家主席，但实际上我是党和国家领导集体的核心，这在国际上也是公

① 1988年9月5日邓小平会见捷克斯洛伐克总统胡萨克时的谈话。《邓小平文选》第3卷，第273页。

② 1989年5月16日邓小平会见苏联最高苏维埃主席团主席、苏共中央总书记戈尔巴乔夫时的谈话。《邓小平文选》第3卷，第295页。

③ 1989年5月31日邓小平同两位中央负责同志的谈话。《邓小平文选》第3卷，第300—301页。

认的。我们第一代领导集体是毛泽东、刘少奇、周恩来、朱德，以后又包括陈云同志，包括我，那个时候还有林彪。这个领导集体的核心是毛主席。"文化大革命"中，党所以没有垮，就是因为有这个核心，就是毛主席、周总理，把这个局面撑起来了，而且改善了我国的国际关系，特别是同美国的关系，中国恢复了在联合国的合法地位。从我们党的十一届三中全会以后，开始产生了第二代领导集体，包括我在内，还有陈云同志、李先念同志，还有叶帅。这也是一个有力量的领导集体。在第二代领导集体的领导下，我们党和国家做了很多事情。很多事情基本上是做得好的，但也有失误，甚至是重要的失误。这些失误纠正起来比较顺利，但也需要总结经验。①

我同列宁不能比，列宁的形象是高不可攀的。②

报告中讲我的功绩，一定要放在集体领导范围内。可以体现以我为主体，但绝不是一个人脑筋就可以钻出什么新东西来。乡镇企业是谁发明的，谁都没有提出过，我也没有提出过，突然一下子冒出来了，发展得很快，见效也快。家庭联产承包责任制也是由农民首先提出来的。这是群众的智慧，集体的智慧。我的功劳是把这些新事物概括起来，加以提倡。报告对我的作用不要讲得太过分，一个人、几个人，干不出这么大的事情。③

----

① 1989 年 11 月 6 日邓小平同内部访问的朝鲜劳动党中央委员会总书记、国家主席金日成的谈话。《邓小平年谱》第 5 卷，第 592—593 页。

② 1990 年 3 月 3 日邓小平会见美国西方石油公司董事长阿曼德·哈默博士时的谈话。《邓小平年谱》第 5 卷，第 609 页。

③ 1992 年 7 月 23 日、24 日邓小平审阅党的十四大报告稿时的谈话。《邓小平年谱》第 5 卷，第 648 页。

4

这是个政治交代的东西。

这本书有针对性，教育人民，现在正用得着。不管对现在还是对未来，我讲的东西都不是从小角度讲的，而是从大局讲的。编到南方谈话为止，这样好，段落比较清楚。看来有些地方重复还是需要的。

◎ 三卷本《邓小平文选》。

希望编辑人员要加加班，速度快点，争取早点出。①

这是一本比较好的书，没有空话，要快出。②

文选印成清样后，发一二十位同志看看，请他们提意见。实际上，这是个政治交代的东西。③

算完成了一件事。我的文选第三卷为什么要严肃地多找点人看

---

①　1993 年 7 月 7 日邓小平审阅编辑组报送的拟收入《邓小平文选》第三卷的几篇文稿整理稿时的谈话。《邓小平年谱》第 5 卷，第 660 页。

②　1993 年 8 月 17 日邓小平审阅完拟收入《邓小平文选》第三卷的一批文稿整理稿后的谈话。《邓小平年谱》第 5 卷，第 660 页。

③　1993 年 8 月 24 日邓小平审阅编辑组报送的拟收入《邓小平文选》第三卷的部分文稿整理稿后对有关负责人的指示。《邓小平年谱》第 5 卷，第 660—661 页。

◎ 相濡以沫的邓小平夫妇。

看，就是因为其中讲到的事都是我们一直在做的事，不能动摇。就是要坚持，不能改变这条路线，特别是不能使之不知不觉地动摇，变为事实。①

---

① 1993 年 9 月 27 日邓小平审阅编辑组报送的《邓小平文选》第三卷编辑工作总结报告时同有关负责人的谈话。《邓小平年谱》第 5 卷，第 663 页。

附：1981 年 2 月 14 日，邓小平为英国培格曼出版公司编辑出版的《邓小平副主席文集》英文版所作的序

从五十年代中期到七十年代末，世界历史在错综复杂的矛盾和激烈的动荡中发展，社会主义中国和中国共产党也走过了自己的很不寻常的道路。这本文集里的第一篇讲话，即一九五六年在中国共产党第八次全国代表大会上的《关于修改党的章程的报告》发表的时候，我国的社会主义事业，正以其蓬勃的生机和造成中国社会深刻变化的巨大成就，为世界人士所瞩目。六十年代中期以后的"文化大革命"，使我国人民遭到了一场巨大的浩劫。我们的国家经历了一场严峻的考验。从一九七六年十月，特别是中国共产党一九七八年召开的十一届三中全会以后，我们重新走上了健康发展的道路。这本文集里的大部分讲话都属于这一时期。我想，这本小小的文集可能为各国对中国的情况、中国共产党的工作以及我们几十年来的历史感兴趣的人，从某些侧面提供一些材料。这就是我同意出版这本文集的原因。

毛泽东主席说过这样的话："国际主义者的共产党员，是否可以同时又是一个爱国主义者呢？我们认为不但是可以的，而且是应该的。"我荣幸地以中华民族一员的资格，而成为世界的公民。我是中国人民的儿子，我深情地爱着我的祖国和人民。我们的民族曾经创造过灿烂的古代文明，也经历过各种深重的苦难和进行过付出巨大代价的、坚忍不拔的斗争。现在，我们正在认真地总结经验教训，在安定团结的基础上，集中力量建设高度发展的物质文明和社会主义的精神文明。中国人民将通过自己的创造性劳动根本改变自己国家的落后面貌，以崭新的面貌，自立于世界的先进行列，并且同各国人民一道，共同推进人类进步的正义事业。我深深地相

◎ 1984 年 12 月，英国培格曼出版公司出版《邓小平文集》，作为世界领袖丛书发行。1981 年 2 月 14 日，邓小平为该文集写了序言。他在序言中写道：我是中国人民的儿子，我深情地爱着我的祖国和人民。图为 1985 年 8 月该公司总经理罗伯特·马克斯韦尔向邓小平赠书。

信，中国的未来是属于中国人民的，世界的未来是属于世界人民的。

近年以来中国经济、政治、文化各方面的发展，使得我产生了这样的想法：如果今天再就本文集中的同样的题目讲话，我也许会讲得更加完备一些。但是，已经客观地存在着的历史，除了不断地加深对于它的认识、理解之外，是谁也改变不了的。因此，我同意照讲话当时的样子全文编入文集，不做任何改动。如果有一天这些讲话失去重新阅读的价值，那就证明社会已经飞快地前进了。那有什么不好呢？①

---

① 《邓小平年谱》第 5 卷，第 11—12 页。

大事年表

1904 年　诞生

8 月 22 日生于四川省广安州望溪乡姚坪里（今广安市广安区协兴镇牌坊村），取名邓先圣。父亲邓绍昌（字文明），清末就学于成都法政学校，以后长期在外谋事。母亲谈氏，早年病逝。继母夏伯根，是嘉陵江船工的女儿。

1909 年　五岁

进私塾读书，学名邓希贤。接受中国旧式教育，主要诵读《三字经》《百家姓》《千字文》等。

1910 年　六岁

入望溪乡初级小学堂读书，接受新式教育。课程主要有国文、体操、图画。

1915 年　十一岁

考入广安县① 高等小学堂。学校开设的课程有国文、算术、理科（理化知识）、史地、修身等。

1918 年　十四岁

考入广安县立中学。学校开设的课程主要有修身、国文、历史、地理、数学、博物、化学、物理、体操等。

1919 年　十五岁

5 月 4 日，五四爱国运动在北京爆发，影响全国。

9 月中旬，考入重庆留法预备学校。学校开设的课程有法语、中文、代数、几何、物理、工业常识等，以法文为主。学习目的是要粗通法语并掌握一定工业技术知识，为去法国勤工俭学作准备。在校期间，受五四运动的影响，参加重庆留法预备学校等校学生举行的抵制日货的爱国活动。

1920 年　十六岁

7 月，毕业于重庆留法预备学校。随后，经法国驻重庆领事馆的口试及体格检查，取得赴法勤工俭学自费生资格。

8 月 27 日，和留法预备学校的 82 名同学，乘法商"吉庆"号客轮沿江东下，途经宜昌、汉口、九江，经过 8 天的航行，抵达上海。

9 月 10 日，从上海乘法国邮船"鸯特莱蓬"号赴法国。

10 月 19 日，抵达法国马赛港。

10 月 21 日，在华法教育会的安排下，和 20 多名中国学生一起入法

---

① 　1913 年，广安州改为广安县。

国北部诺曼底大区巴耶中学学习。

1921年 十七岁

3月13日，因无力支付学校的各项费用，被迫离开巴耶中学。

4月2日，经华法教育会介绍，和几名四川籍同学到克鲁梭市施奈德钢铁厂做工，被分配到轧钢车间当杂工。

4月23日，辞去施奈德工厂的工作，离开克鲁梭赴巴黎。

5月至10月，住巴黎西郊华侨协社，向中国驻法使馆领取维持费，每天6法郎。

7月下旬，中国共产党成立。

10月22日，进入位于巴黎第十区的香布朗工厂做扎纸花工人。11月4日，被香布朗工厂解雇。此后三个多月，四处寻找工作。一个常住地点是拉加雷纳科隆市德拉普安特街市39号。

1922年 十八岁

2月13日，在夏莱特市政府的外国人登记处登记。第二天，进入哈金森橡胶工厂做制鞋工人。每天工作10小时，每天工资十五六法郎。其间，结识了王若飞、郑超麟、汪泽楷、李慰农等一批先进青年，开始阅读《新青年》等进步书刊，并逐渐接受马克思主义和共产主义思想。

1923年 十九岁

2月，旅欧中国少年共产党临时代表大会决定将"旅欧中国少年共产党"改名为"旅欧中国共产主义青年团"，也称"中国社会主义青年团旅欧支部"，其领导机构改称旅欧共青团执行委员会，周恩来任书记。

6月，离开夏莱特市，到达巴黎，加入旅欧中国共产主义青年团。一边做杂工，一边在周恩来领导下，参加旅欧共青团机关刊物《少年》杂志编辑工作。主要承担刻版和油印工作，被称为"油印博士"。同时也用本名和化名撰写了一系列富有战斗性的文章。

1924 年　二十岁

2 月 1 日，《少年》杂志改名为《赤光》，正式出版。

7 月 13 日至 15 日，在旅欧中国共产主义青年团第五次代表大会上当选为执行委员会委员。16 日，出席旅欧中国共产主义青年团第五届执委会第一次会议，当选为执委会书记局成员。正式转为中国共产党党员。

12 月，在旅欧中国共产主义青年团第六次代表大会上当选为监察处成员之一。

1925 年　二十一岁

春，作为中共旅欧支部的特派员，被派到里昂地区工作，任宣传部副主任、青年团里昂支部训练干事，并兼任党的里昂小组书记，领导里昂地区的党团工作和华工运动。同时在里昂做工。

5 月 30 日，上海发生五卅惨案。

6 月至 9 月，参与组织旅法华人多次举行的声援国内五卅反帝运动的大规模示威和集会。在巴黎区域的中共旅欧支部和青年团旅欧支部遭到重大破坏时，与傅钟、李卓然等回到巴黎，接替了党、团组织的领导工作，继续开展革命活动。

11 月，进雷诺汽车厂做工。

1926 年　二十二岁

1 月 7 日，为躲避法国警方缉捕，和傅钟、李卓然、邓绍圣等乘火车离开法国，途经德国、波兰，于 1 月中旬到达莫斯科。

1 月中旬，进入莫斯科东方劳动者共产主义大学学习，不久转入莫斯科中山大学。俄文名字叫多佐罗夫。

12月底，从莫斯科启程回国。

本年，母亲谈氏去世。

1927年　二十三岁

3月底，到达西安。受中共派遣，到冯玉祥的国民军联军所属西安中山军事学校工作，任政治处处长兼政治教官、学校中共党组织书记。

4月12日，蒋介石在上海发动反革命政变，收缴工人纠察队武器，大肆逮捕和杀害共产党员和进步人士。

6月底7月初，离开西安，经郑州去武汉找中央。

7月15日，汪精卫在武汉发动反革命政变，第一次国共合作全面破裂，大革命失败。

7月，到达中共中央所在地汉口，被分配在中共中央工作，担任秘书。主要负责中央文件、交通、机要等事务，在中央的重要会议上作记录和起草一些次要性的文件。为适应白色恐怖下秘密工作的需要，更名邓小平。

8月1日，周恩来和贺龙、叶挺、朱德、刘伯承等发动南昌起义，打响了武装反抗国民党反动派的第一枪。

8月7日，作为中央秘书，列席中共中央在汉口召开的紧急会议，即"八七会议"。会议总结大革命失败的经验教训，批判陈独秀右倾机会主义错误，确定实行土地革命和武装反抗国民党反动派的总方针。

9月底或10月初，随中共中央机关从武汉秘密迁往上海。年底任中共中央秘书长。

1928年　二十四岁

春，同莫斯科中山大学同学、当时在中共中央秘书处工作的张锡瑗结婚。1930 年 1 月，张锡瑗因难产在上海病逝。

4 月至 7 月，中国共产党在莫斯科筹备和召开六大期间，作为中共中央秘书长协助留在国内的临时中央政治局常委李维汉、政治局委员任弼时处理中央的日常工作。

1929 年　二十五岁

8 月底至 9 月初，受中共中央派遣，以中央代表的身份从上海启程，经香港、取道越南到达广西南宁。此行的目的是，开展统战工作，争取俞作柏、李明瑞等上层人士，同时领导广西党的全面工作，准备武装起义。化名邓斌，公开身份为广西省政府秘书。

10 月 22 日，和张云逸率部进驻百色，开始起义的准备工作。

10 月，任中共广西前敌委员会书记。

12 月，和张云逸、韦拔群等领导广西警备第四大队、广西教导总队和右江农民自卫军发动百色起义，创建中国工农红军第七军。

1930 年　二十六岁

2 月，和李明瑞、俞作豫等领导广西警备第五大队和左江工农武装发动龙州起义，建立中国工农红军第八军，兼任红八军政治委员，俞作豫任军长。李明瑞任红七军、红八军总指挥。至此，广西红军发展到 7000 人，红色区域扩展到 20 多个县，拥有 100 多万人口，成为当时较大的革命根据地之一。

3 月，任红七军前委书记、政治委员，张云逸任军长。

1931 年　二十七岁

2 月，和李明瑞率红七军转战到江西崇义。

3 月初，根据前委决定，赴上海向中共中央汇报工作。

4月，在上海写出《七军工作报告》，详述了红七军、红八军的战斗历程，总结起义前后的经验教训。

7月，从上海乘船，经广东、福建赴江西。

8月，到达江西中央革命根据地，任中共瑞金县委书记。

1932 年　二十八岁

5月，调任中共会昌临时县委书记。

6月，任中共会昌中心县委书记。贯彻毛泽东打破国民党军事"围剿"的战略战术和正确的土地政策，反对"左"倾路线。

7月，兼任江西军区第三作战分区政委，领导会昌、寻乌、安远三个县的党政军工作。

1933 年　二十九岁

1月，中共临时中央从上海迁入中央革命根据地。临时中央与苏区中央局合并工作。

从2月开始，中共临时中央全面推行"进攻路线"，清除毛泽东积极防御路线在中央根据地的影响，首先开展了反"罗明路线"的斗争。

春，被临时中央指责执行了所谓"纯粹防御路线"，并被撤销会昌中心县委书记的职务，调任中共江西省委宣传部部长。

5月，被撤销省委宣传部部长的职务，受到党内"最后严重警告"的处分，被派往中央苏区边远的乐安县所属南村区委当巡视员。不久，调任红军总政治部秘书长。

7月，开始主编红军总政治部主办的《红星》报。

1934 年　三十岁

10 月 10 日，中国工农红军红一方面军第一、三、五、八、九军团及中央党政机关军委总部、直属部队编成的两个野战纵队，从福建西部的长汀、宁化和江西南部的瑞金、雩都（今江西于都）等地出发，撤出中央革命根据地，开始战略性的大转移。随总政治部机关被编在第二野战纵队，又名"红章纵队"。

1935 年　三十一岁

1 月，参加在贵州遵义召开的中共中央政治局扩大会议（后通称为遵义会议）。会议确立了以毛泽东为代表的新的中央的正确领导。

6 月，调任红一军团政治部宣传部部长。

10 月 19 日，随陕甘支队到达陕西保安县吴起镇。至此，红一方面军长征胜利结束。

12 月 9 日，一二·九运动爆发。

12 月 17 日—25 日，中共中央政治局在陕西安定县瓦窑堡举行会议（后通称为瓦窑堡会议）。

1936 年　三十二岁

2 月 20 日，随红一军团以中国人民红军抗日先锋军的名义，在毛泽东、彭德怀等人的亲自率领下，东渡黄河，开通抗日前进道路，开始历时两个多月的东征。

5 月 14 日，随红一军团主力开始实施西征战役。

5 月，任红一军团政治部副主任。

6 月，随左权、聂荣臻、朱瑞率红一军团先后进占环县、洪德城等地。至 7 月底，西征战役胜利结束。

8 月 2 日，参加红一军团政治部庆祝红军成立 9 周年联欢晚会。

10 月 9 日，红一方面军一部与红四方面军在甘肃会宁会师。

10 月 22 日，红二方面军主力与红一方面军红一军团在西吉县将台堡会师。至此，红军长征胜利结束。

12月12日，西安事变爆发。

12月14日，任红一军团政治部主任。

本年，父亲邓绍昌去世。

1937年　三十三岁

7月7日，卢沟桥事变爆发，全国性抗日战争开始。

7月22日至27日，出席中国工农红军前敌总指挥部在陕西泾阳县云阳镇召开的红军高级干部会议。会议讨论红军改编和开赴抗日前线等问题。

8月22日至25日，中共中央在陕西洛川县冯家村召开政治局扩大会议（后通称为洛川会议）。会议研究并确定了中国共产党在全国抗战到来的新形势下的战略任务和基本政策，通过《中央关于目前形势与党的任务的决定》《中国共产党抗日救国十大纲领》和毛泽东为中共中央宣传部起草的宣传鼓动提纲《为动员一切力量争取抗战胜利而斗争》。会议决定成立由毛泽东、朱德、周恩来、彭德怀、任弼时、林彪、贺龙、刘伯承、林育英、徐向前、叶剑英组成的中共中央革命军事委员会，毛泽东为书记（实际称主席），朱德、周恩来为副书记（实际称副主席）。

8月25日，红军改编为国民革命军第八路军，下辖一一五、一二〇、一二九三个师。红军前敌指挥部改为第八路军总指挥部，任政治部副主任，随八路军总部驻守在陕西泾阳县云阳镇。

8月下旬，八路军开始向华北挺进。

9月5日，主持八路军总部在云阳镇大操场举行的出师抗日誓师大会。随八路军总部东进。

9月16日，由韩城县芝川镇乘木船东渡黄河，当天抵山西荣河县境。

9月21日，和朱德、任弼时、左权等率八路军总部抵达太原，住八路军太原办事处所在地成成中学，与先期抵达太原的周恩来和彭德怀等会合。随后，受命担任第二战区民族革命战争战地总动员委员会八路军代表。

9月23日，和朱德、彭德怀、任弼时、左权等率八路军总部抵达五台县南茹村。

10月下旬，率八路军政治部大部及随营学校全部，向汾阳、离石、中阳、石楼地区开进，以开展吕梁山脉的工作，扩大红军。10月底进抵汾阳，驻三泉镇。

12月底，率部赴晋南洪洞县马牧村一带，同总部会合。

1938年　三十四岁

1月5日，中共中央军委决定，邓小平接替张浩任一二九师政治委员。16日，八路军总部致电各兵团：一二九师政委兼主任张浩同志另有任用，以邓小平同志调任该师政治委员兼主任，以傅钟调任总政治部副主任。

1月6日，参加在山西洪洞县高公村召开的中共中央北方局和八路军总部高干会议。会议传达中央政治局十二月会议的总结与精神，讨论坚持华北抗战的方针。在会上作关于抗战以来军队政治工作问题的发言。

1月18日，出任八路军一二九师政治委员，与师长刘伯承一起在太行山区开辟晋冀豫边区抗日根据地。

1月，在山西洪洞县马牧村（今马二村）八路军总部驻地撰写《动员新兵及新兵政治工作》一文。指出：战争的最后胜败，要在持久抗战中去解决。文中着重要求利用一切可能动员的广大民众加入军队，以支持长期艰苦的抗日战争。要从政治工作上保证新战士具有高度的热情和自动性开赴前线，使昨天还是一个有浓厚家庭观念的老百姓，很快成为军队中的熟练战士。这篇文章刊载于国民革命军第十八集团军总政治部1938年2月12日出版的《前线》周刊第3、4期（合刊）。

3月12日，和刘伯承、徐向前及一二九师全体指战员发出纪念孙中山逝世十三周年暨追悼抗敌阵亡大会的通电：八个月的坚持斗争表示了中华民族之伟大，我英勇将士又浴血奋斗，成为民族生存与发展之寄托，而前仆后继的光荣牺牲更是黄帝的优秀儿女，全师指战员以高度的战斗热情纪念他们的功勋，坚决继续他们的遗志，誓死抗战到底，为实现孙总理的民族独立、民权自由、民生幸福的三民主义的民主共和国而斗争。

3月16日，晨四时，刘伯承指挥一二九师打响神头岭伏击战。至下午四时，战斗结束，共毙伤日军1500余人。

3月31日，和徐向前指挥部队发起响堂铺伏击战。当日伏击战结束，共毙伤日军400余人。

4月16日，拂晓，和刘伯承、徐向前指挥一二九师主力及一一五师三四四旅六八九团，在武乡以东长乐村一带，打响长乐村战斗。激战一天，至下午五时战斗结束，共毙伤日军2200余人。

4月23日，根据毛泽东、张闻天、刘少奇4月21日关于平原地区大力发展游击战争电示方针，和刘伯承、徐向前主持召开一二九师团以上干部会议，部署部队向冀南、豫北和平汉铁路沿线实施战略展开。决定将本师及所指挥的主力编为左右两路纵队：左纵队为"路东纵队"，向冀南平原挺进；右纵队为"路西纵队"，向邢台、沙河一带展开，配合"路东纵队"行动。同时决定，将一二九师领导机构分为前、后两个梯队。刘伯承、邓小平率前梯队指挥机关和三八六旅前出到邢台以西地区组织指挥山地和平原的对敌斗争。后梯队由倪志亮率领，留驻辽县附近筹划晋冀豫军区的组建工作。会后，各部队自四月下旬开始陆续向预定地区展开。

7月5日，过平汉线到达南宫与徐向前会合。实地了解和指导冀南军区对地方武装的收编工作。

9月至11月，参加在延安召开的中共扩大的六届六中全会。全会确定，要不断巩固和扩大抗日民族统一战线，并重申党的独立自主地放手组织人民抗日武装斗争的方针。在会上作关于地方工作的报告。

11 月中旬，从延安动身回太行山前线。23 日，到达西安。后经山西垣曲、长治到达屯留县故县镇八路军总部。

1939 年　三十五岁

1 月 3 日，抵达位于威县张庄的一二九师师部。

1 月 16 日，同石友三会晤，商谈冀南问题，争取石友三部走团结抗日道路。

1 月 21 日，出席冀南行政座谈会，并在会上讲话。号召冀南各党派、各阶级、各军队和军政民之间加强团结，共同对敌，坚持冀南抗战。

1 月 26 日，同石友三会谈。向石友三表明共产党坚持抗战、坚持抗日民族统一战线的决心，希望他们不搞摩擦，不做有损国家和民族利益的事情。

1 月 27 日，在中共冀南区委召开的地委书记会议上作《冀南抗日根据地的工作》的报告。

3 月 10 日，在中共冀南区委、冀南军区和冀南行署召开的干部大会上作《我们在新的环境下工作》的报告。报告分析了全国及华北抗战的形势，强调了坚持冀南抗日根据地的重要性。

3 月 16 日，和刘伯承率师直及三八六旅返回太行山区。师部抵黎城县乔家庄。

3 月 25 日，撰写《艰苦奋斗中的冀南》一文。指出：八路军在冀南，始终坚持着扶植民众团体、开展民众运动的方针，始终坚持着以统一战线的立场去调节各阶层的关系以团结各阶层的方针。正因为努力坚持了这一方针，所以才能够真正地动员起民众，支持起冀南局面至一年零三个月之久，而且还在继续支持着。冀南抗日根据地之能否坚持与巩固，不决定于敌人的意愿，而决定于我们自己能否巩固团结，力求进步与依靠民众。本文刊载于 5 月 15 日出版的中共中央机关刊物《解放》周刊第 71 期。

4 月 14 日，动身前往延安，出席中央政治局扩大会议。29 日，抵延安。

5 月 15 日，在延安撰写《在敌后方的两个战线》一文。文章阐述了抗战近两年来华北一部分地区敌后方的环境及其特点、两条不同的路线、如何巩固团结统一的问题、政权问题、如何动员民众坚持敌后抗战问题、武装问题等问题，指出了在这些问题上存在的"两个不同路线、两种不同做法"的斗争。本文刊载于 5 月 30 日出版的中共中央机关刊物《解放》周刊第 72 期。

7 月 3 日，参加在延安召开的中共中央政治局扩大会议。会议讨论了中共中央为纪念抗战两周年对时局的宣言和致国民党意见书等文件。7 日，中共中央发表《中国共产党中央委员会为抗战两周年纪念对时局宣言》，提出"坚持抗战、反对投降，坚持团结、反对分裂，坚持进步、反对倒退"的三大政治口号，动员全党、全国人民为反对国民党的投降反共逆流，争取时局好转而斗争。

7 月 7 日，在延安各界举行的抗战两周年并公祭抗战阵亡将士纪念大会上代表八路军前方将士发表讲演，指出：八路军两年战斗不下数千次，千万民族战士为祖国流尽了最后一滴血，八路军在华北牵制住敌人九个师团，连伙夫都深明抗战大义，所以八路军是坚决抗战的。有些顽固分子造谣中伤，说八路军"游而不击"，或"不游不击"，已完全为事实所揭穿，八路军抗战两年以来，收复了广大失地，死伤达十万以上。投降派反共分子的毁伤，并不能丝毫有损于八路军，只显得他们的无稽而已。八路军一定要把日寇驱逐至鸭绿江边，建设独立自由幸福的新中国。

7 月 16 日，为纪念抗战两周年，在中国共产党在国统区出版的理论刊物《群众》周刊（重庆版）第 3 卷第 8、9 期合刊上发表《八路军坚持华北抗战》一文。

8月1日，为纪念在七月八日收复武乡、榆社两县县城战斗中牺牲的一二九师独立团团长丁思林，在中共中央机关报《新中华报》第51号发表《悼丁思林同志》一文。

8月下旬，同卓琳结婚。

8月，太北军政委员会成立，任书记。

9月1日，同卓琳一起从延安回到太行山区一二九师师部驻地山西辽县桐峪镇。一二九师师部7月间由西河头移驻桐峪镇。

10月13日，在一二九师召开的营以上干部会议的开幕会上传达中共中央政治局扩大会议决议及会议精神。

11月3日，在河北省赞皇县黄北坪主持召开太北军政委员会扩大会议并讲话，强调一切为着战争，发挥民力，巩固根据地。

12月5日，到三八五旅、冀南三分区视察，并主持召开直南地委、豫北地委、冀南地委，鲁西北、馆陶等地干部会议。

12月8日，和刘伯承共同指挥发起邯（郸）长（治）战役，至25日战役结束，共毙伤日伪军700余人。收复涉县、黎城两县城，拔掉响堂铺、井店等敌军据点23处。

12月10日，越过平汉铁路封锁线，回到辽县桐峪镇一二九师师部。

1940年　三十六岁

1月16日，出席北方局在武乡县王家峪召开的扩大会议。会议讨论晋西后在反逆流斗争中自卫反击的问题。

1月18日，和刘伯承等发出《一二九师关于磨擦情况及我部队加强戒备的指示》，建议各级军政委员会，根据中央对防止突然事变的指示，提高防止各地突然事变的警觉性。

1月31日，和刘伯承致电宋任穷、王宏坤，部署消灭顽军石友三部的冀南反顽作战。

2月2日，和刘伯承发布一二九师关于冀南反顽战役基本命令，令程子华、宋任穷统一指挥冀中、冀南军区部队，发动消灭顽军石友三，钳制高树勋部队的反顽战役。

2月25日，一二九师下达"磁武涉林地域作战计划"。

3月5日，和李达指挥部队发起消灭国民党顽固派朱怀冰部的磁武涉林战役。至9日，战役结束，共歼灭国民党九十七军朱怀冰部及其他反动游杂武装1万余人。八路军控制了邯（郸）长（治）公路以南，临淇、西平罗以北地区。

4月11日，太行军政委员会成立，任书记，统一太行、太岳、冀南三区的工作。太北军政委员会撤销。

4月11日至26日，出席中共中央北方局在黎城召开的太行、太岳、冀南地区的高级干部会议，史称"黎城会议"。会议总结抗战三年来华北敌后抗战的经验，讨论关于如何巩固和扩大抗日民族统一战线，争取时局好转的问题。22日，在会上就政权问题、财经问题和建军问题发言。

4月28日，一二九师师部移至黎城县北部南桑鲁。和彭德怀、左权、刘伯承、蔡树藩、宋任穷等参加晋察冀军区挺进支队在襄垣县下良村附近举行的阅兵式。当晚，和刘伯承、蔡树藩抵总部受领白晋战役任务。

5月5日，指挥太行、太岳部队发起白晋战役，至7日战役胜利结束，将敌人经营一年的白晋铁路彻底破坏50余公里，毁大小桥梁50余座，炸毁火车1列，毙伤敌350余人，夺取和烧毁敌人兵站储存的大批军用物资。此役打击了敌人分割太行、太岳根据地的企图，打击了日军的"囚笼政策"，取得了破击作战的宝贵经验。

6月20日、21日，为粉碎日伪割断太行与冀南交通联系的阴谋，和刘伯承部署三八五旅主力等部队发起消灭伪军高德林部的武（安）沙（河）

战役。

8 月至 12 月，参与指挥百团大战。这是八路军在华北地区发动的一次规模最大、持续时间最长的带有战略性的对日军的进攻战役。

12 月 11 日，出席晋冀豫边区举行的"百团大战祝捷追悼阵亡将士公葬死难同胞大会"。

12 月 25 日，撰写的《迎接一九四一年》一文，在当日中共中央北方局出版的《党的生活》第 26、27 期合刊上发表。

1941 年　三十七岁

1 月 1 日，撰写的《胜利的回顾与胜利的期待》一文在《新华日报》（华北版）发表。文章总结了 1940 年晋冀豫区对敌斗争和根据地的工作，提出了 1941 年晋冀豫区的任务。

1 月 26 日，出席中共晋冀豫区委和太行军区在辽县召开的武装干部扩大会议并讲话。会议总结 1940 年太行军区的工作，提出 1941 年军区建设任务。

1 月 31 日，在太行军区召开的第二次武装干部扩大会议上就军区建设中的问题发表讲话。指出：今天的局势，更加迫切地要求我们加强武装建设，特别是加强我们最薄弱的军区工作。要把军区工作做好，首先要求党政军民的同志明了军区建设的重要性，正确处理好军区与野战军的关系，加强地方武装与广泛发展游击战争，建立民兵制度与加强自卫队工作，把一切地方武装置于地方党的政治领导与监督之下。这篇讲话最早以《军区建设中诸问题》为题刊登在一二九师政治部 1941 年 2 月 1 日出版的《抗日战场》第 20 期，同年 3 月 30 日第十八集团军野战政治部出版的《前线》半月刊全文刊登了这篇讲话。

3 月 16 日，受中共中央北方局委托，致电冀南、太行、太岳行政联合办事处第二次行政会议，提议成立晋冀豫边区临时参议会。18 日，冀南、太行、太岳行政联合办事处决定接受中共中央北方局的提议，邀请党政军民各界组织边区临时参议会筹委会，在管辖范围内进行选举参议员的活动。21 日，中共中央北方局出版的《新华日报》（华北版）全文刊载了这个提议。

3 月 31 日，和刘伯承对加强平汉线两侧敌伪军的政治瓦解工作作出具体布置。

4 月 1 日，在中共中央北方局讨论冀南工作的会议上的发言在北方局出版的《党的生活》增刊发表。发言指出：茂林事变把国内局势推到非常紧张的程度。应付严重局面的关键，在于力量，尤在于正确的政策。有了正确政策，才能发展力量，才能争取大多数，以争取时局好转和应付大的突然事变。我们今天的抗日民族统一战线政策，既不是一切联合、否认斗争，也不是一切斗争、否认联合，而是综合联合与斗争两方面的政策。发言强调：冀南工作的转变，要依靠于自上而下的和自下而上的充分的自我批评，要依靠于大大发扬党内民主，要依靠于细心的组织工作，反对官僚主义，反对实际工作中的机会主义。

4 月 15 日，在《党的生活》第 35 期上发表《党与抗日民主政权》一文。当时晋冀鲁豫抗日根据地各级政府即将成立。文章着重论述了党与政权之间的关系。指出当时实行的三三制政权是几个革命阶级对汉奸、亲日派、反动派的联合专政，是敌后抗战最好的政权形式。它的实质是民主问题，党在领导政权工作时必须贯彻民主的精神。党的领导责任是放在政治原则上，而不是包办。文内尖锐地批评有些党员错误地以为党的优势就是党员包办，党的领导就是"党权高于一切"甚至"党员高于一切"。指出这些错误思想是国民党"以党治国"的恶劣传统在我们党内的反映，党对政权应该是采取指导与监督的政策。

4 月 28 日，在《党的生活》第 36、37 期合刊上发表《反对麻木，打开太行区的严重局面》一文。文章针对百团大战后日军报复性"扫荡"和国民党顽固派发动第二次反共高潮后太行根据地一些干部在工作中严重退缩的右倾情绪和恐日病增长的严重局面，提出了克服严重局面的条件与方法。文章指出：形成严重局面的原因是由于敌寇、汉奸从各方面加紧对我们进攻。大地主大资产阶级顽固反共派在亲日派何应钦辈的策动之下，积极挑动内战，也从各方面向我们进攻。但是，形成严重局面的主要原因，不在于敌人和顽固反共派的进攻，而在于我们自己工作上的弱点。要反对麻木不仁和张皇失措的右倾情绪，要克服失望情绪和恐日病的心理，要有细密的组织工作，要团结一致，正视困难，面向敌人，面向交通线展开顽强的对敌斗争，反对关起门来建设。

5月15日，在一二九师全师模范宣传队初赛会上作《本师文化工作的方针任务及其努力方向》的报告。指出：文化服从于政治任务。无论哪一种势力或哪一种派别的文化工作，都是服从其政治任务的。今天的中国，不管在政治上、军事上和经济上，都存在着三种不同的势力，即抗战民主派，日寇、汉奸、亲日派和大地主大资产阶级的反共顽固派。这三种势力的斗争，也尖锐地表现在文化领域。各种势力的文化工作都是与其政治任务密切联系着的，所谓超政治的文化是不存在的。报告针对部队文化工作中的各种不良倾向，提出今后的努力方向：一、要同一切轻视文化工作的倾向作斗争，并应克服文化工作不大众化的现象。二、要造就大批的青年文化工作者，同时要提高原有文化工作者的素养。三、文化工作者要不断增强自己在政治、文艺方面的修养和实际工作的锻炼，以提高自己，充实自己。四、文化工作者要具有虚心学习、认真探讨的态度。要将自己的作品就教于大众，倾听大众的意见。这篇报告发表于一二九师政治部6月16日出版的《抗日战场》第26期。

6月1日，为庆祝中国人民抗日军事政治大学成立5周年，在《新华日报》（华北版）发表《对抗大的新希望》一文。文章指出：抗大在中国共产党领导之下，给予中国革命的贡献，是极其巨大的。几万个革命青年，经过抗大火炉的锻炼，一批批地输送到抗日战争的最前线。抗大的威力，已在全国每个角落里显示出来。几万干部在各方面所起的作用，是不可估计的。在前线的八路军中，抗大的威信是由抗大同学们的实际工作建立起来的。斗争的发展，自然不仅要求抗大"愈抗愈大"，而且要求"愈抗愈深"，使抗大成为建设抗日军队的火车头，成为提高军事政治科学的领导者，这是大家对于抗大的新希望。

6月30日，撰写《我们站在反法西斯的最前线》一文。文章指出：几年来，特别在占领武汉后，敌人没有一天不是以政治进攻为主、军事进攻为辅的方法来达其解决中国事件亦即是灭亡中国的目的。我们中国人民要以高度的警觉性，注视时局的发展。我们必须坚持统一战线，坚持团结，坚持进步，更亲密地结合全民族的力量，与日本法西斯强盗战斗到底！我们必须更进一步地与苏联联合，并肩作战；与世界一切反法西斯的国家和人民联合，为拥护民主、维护人类的自由与文化而战斗！我们敌后华北的军民，更要以高度的警觉性，密切地监视着敌人的一举一动，因为敌人强化华北是必然加紧的。最近晋冀豫边区临时参议会的召开，象征着我们的团结，我们敌后抗日根据地的日益坚强与巩固。我们必须在正确政策之下，团结一切力量，打下长期斗争的坚固基础，成为全国坚持抗战、坚持团结、坚持进步的有力因素，并从长期斗争中，最后战胜日本法西斯强盗。这篇文章刊载于八路军一二九师政治部7月1日出版的《抗日战场》第27期。

7月1日，出席日本士兵觉醒联盟太行支部成立一周年扩大会议并在会上讲话。讲话肯定了觉联支部一年来的工作，指出：中日人民革命的目的与利益是一致的，因此在八路军中的日本同志和我们精神感情相融洽，同样的其他国际革命友人如美国、法国同志，也都由于世界革命利益相一致能和我们一起斗争。这篇讲话发表在一二九师政治部7月16日出版的《抗日战场》第28期。

7月，出席一二九师参谋长会议并讲话。讲话总结过去作战与建军的经验教训，对参谋人员提出新的要求：一、要在政治上加强自己，要了解各项政策，使军事与政治密切地结合起来。二、要提高参谋工作者的能力。三、要认识参谋工作的重要性。四、要一切为着部队，提高部队的战斗力，减少部队的困难。这个讲话刊载于一二九师政治部同年9月1日出版的《抗日战场》第31期。

9月1日，出席晋冀豫工人第二次代表大会并发表讲话，号召爱护八路军，爱护根据地，积极参军参战。

10月23日，和刘伯承主持召开太行区各旅、各分区干部会议，具体布置反"扫荡"作战。会议要求各级领导干部进一步建立和健全县、区、村各级临时指挥部，统一领导该地域内各游击集团和其他力量作战，加紧备战演习，彻底空舍清野，以高度的警觉准备反"扫荡"。

12月30日，和刘伯承等发出一二九师《关于一九四二年工作方向》的命令，提出1942年的工作方针是：在"巩固抗日根据地""开展敌占区群众工作""加强敌伪军工作"三大口号下，加强党政军民一元化的对敌斗争；从各方面积蓄力量，一切为着长期斗争，一切为着准备将来的反攻；一切要求质重于量，实行正规兵团的精兵主义；用极大努力巩固部队；强化全力全面的群众游击战争和交通斗争，并寻找有利时机给敌人以必须打击。

1942年　三十八岁

1月7日至9日，和刘伯承在涉县赤岸村主持召开一二九师精兵简政动员大会，贯彻落实中共中央1941年12月17日发出的《关于太平洋战争爆发后敌后抗日根据地工作的指示》。《指示》提出：为进行长期斗争，准备将来反攻，必须普遍地实行精兵简政。精兵简政节省民力是目前迫切的重要的任务。

1 月 15 日，和刘伯承、李达、蔡树藩、黄镇联名签发《第一二九师关于实施精兵建设的命令》。《命令》指出，为继续坚持长期斗争与准备将来反攻，必须实行精兵主义。脱离生产的军人只能占居民百分之二，甚至少于此数，以减轻民众负担，积蓄民众力量，并实行紧缩编整，从训练与战斗中提高军队质量。

1 月 16 日至 19 日，出席一二九师师部、中共晋冀豫区委联合召开的晋冀豫区文化工作者座谈会。16 日，在会上发表《新的形势与对文化工作者的希望》的讲话。

1 月 25 日，带领师直机关的负责人从赤岸出发，赴太行军区第六军分区所辖的邢台、武安、沙河等地检查和指导精兵简政工作。

3 月 19 日，越过白晋铁路，进入太岳军区，住沁源县阎寨村，从北往南，检查、布置太岳、中条地区的工作，指导对敌斗争和根据地建设。

3 月 30 日，出席在沁源县阎寨村召开的太岳区党政军委员会会议，听取关于太岳区工作的检讨和今后工作方针的汇报，对太岳区工作提出意见。

4 月 15 日、16 日，指挥在岳南地区的八路军主力部队三八五旅、三八六旅、决死队一旅和二一二旅等十个团共两万多人，发起浮（山）翼（城）战役，向阎锡山六十一军发起反击。经过两天激战，歼灭阎军 1100 余人，重创六十一军，打退阎锡山军对大岳根据地的侵犯。

4 月 25 日，一二九师政治部决定成立师整顿“三风”学习总检查委员会，任主任。

4 月 26 日，在冀氏县石槽村出席中共岳南地委召开的地、县两级党政军群干部会议。会议总结了岳南开辟近一年来的工作，确定了转变岳南形势的方针和办法。

6 月 17 日，在岳北召集中共晋冀豫区委、晋豫联防区、晋豫边区人民抗日联合办事处的负责人座谈。在谈话中分析了中条山地区的形势，对开辟这一地区的工作提出了包括争取中间势力以发展自己的力量、发动群众收集资材、增加税收、充分利用群众武装和群众团体开展工作、部队保护丰收等具体意见。

6月28日、29日，出席中共中央北方局会议。28日，在会议讨论冀鲁豫工作时发言。29日，向会议作关于视察太岳、中条山地区工作情况的汇报，重点汇报了中条山地区的工作情况。

7月3日，出席中共中央北方局、八路军总部在辽县麻田村举行的悼念左权将军大会。4日，和刘伯承在《新华日报》（华北版）联名发表《纪念我们的战友左权同志》一文。

8月20日，对《新华日报》（华北版）记者发表《政治攻势与敌占区同胞的关系》的谈话，号召晋冀鲁豫全区军民展开对敌政治攻势。

9月1日，中共中央北方局太行分局成立，任书记，统一领导太行、冀南、太岳、晋豫（中条）四个区党委。

10月下旬至11月，和刘伯承领导太行、冀南反"扫荡"、反"合围"斗争。

12月15日，主持庆祝刘伯承50寿辰大会，并发表祝词《祝福我们共同努力的事业胜利——庆祝刘伯承同志五十寿辰》。

1943年　三十九岁

1月25日至2月21日，出席中共中央太行分局在涉县温村召开的高级干部会议。26日，在会上作报告。当时抗日战争处于最困难的相持阶段。报告综述了5年来同敌人在华北进行的尖锐、严重的斗争，包括军事、政治、经济、文化宣传的斗争。总结出十条非常重要的对敌斗争经验，指出：敌我斗争不仅是军事力量的竞赛，而且是全副本领的斗争，不仅斗力，更主要的是斗智；要掌握住持久战与敌强我弱的特点，隐蔽积蓄力量，准备反攻；要关心人民的问题，保护人民利益，争取敌占区人民的支持，一切政策、一切工作的出发点，都必须紧紧掌握中日矛盾的实质，发展抗日民族统一战线；努力建设根据地；采取"敌进我进"的方针以争取对敌斗争的主动；实行基本的游击战，不放松有利条件下的运动战；以坚持敌后斗争去影响全国，争取战后团结建国。报告强调指出：每一个干部在自己的工作中，对于党中央和上级的指示，必须精细地研究，并使之适用于自己的工作环境。这将成为今后克服严重困难，取得抗战胜利与战后建国的重要保障。

2月20日，在会议结束时作长篇结论报告。报告对会议讨论中提出的关于北方局工作的评价，关于武装工作、反倾向问题、根据地巩固程度等问题作了辩证的分析，提出了新形势下开展对敌斗争和根据地建设的一系列正确的原则。

3月12日，主持召开太行分局和总整风委员参加的会议，研究太行分局党校举行整风班问题。

3月29日，对《新华日报》（华北版）记者发表《动员全军助民春耕、节约粮食、救济灾胞》的谈话。4月1日，延安《解放日报》转载这篇讲话。

6月5日，主持北方局太行分局和一二九师直属机关干部大会，作关于共产国际解散和整风问题的报告。

6月21日，主持召开北方局太行分局会议，研究太行区经济建设工作。会议作出《关于太行区经济建设工作的检查和决定》。在会上讲话指出，必须加强对生产工作的领导，要把生产当作今后一切工作的中心环节。

6月27日，在一二九师师部驻地召开的干部会议上作《深刻领会对敌斗争的几个原则》的报告，就削弱敌人与保存自己、积极活动与隐蔽力量、军事行动服从于政治任务、强化普遍的群众性的游击战争、一元化的斗争等问题作了阐述。

7月2日，在延安《解放日报》发表《太行区的经济建设》一文。当时日本侵略者对抗日根据地实行一面封锁一面掠夺的政策，目的在于"毁灭抗战生存力"。文章确定发展生产是打破敌人封锁、建设自给自足经济的基础，发展农业和手工业是生产的重心的方针。强调指出：谁有了粮食，谁就有了一切。并且规定了根据地经济建设的各项具体政策。文章指出，我们在敌后极端困难的条件下进行了经济战线的斗争，正因为有了这一经济战线的胜利，我们才能在敌后坚持抗战六年之久，并且还能继续坚持下去。

7月14日，在国民党准备向陕甘宁边区发动进攻的严峻形势下，中共中央北方局、太行分局召开反对内战的紧急动员大会。在会上作《内战危机面前的紧急动员》报告，指出：全党同志必须紧急动员起来，号召群众，组织群众，制止当前的内战危机，并准备应付万一事变，以便及时地支援陕甘宁边区。不管局势如何变化，我们都要坚持华北抗战到底，即使内战爆发，我们也必须同过去一样努力地坚持华北斗争，坚持抗日民主根据地。报告发表在7月20日出版的《战斗》第81期上。

9月21日至24日，在涉县弹音村主持晋冀鲁豫边区政府和一二九师师部联合召开的生产动员会议，在会上作《努力生产，渡过困难，迎接胜利》的讲话，总结抗战六年来晋冀鲁豫边区的经济建设工作，提出今后的生产任务。这次会议后，晋冀鲁豫边区掀起了秋耕秋种和垦荒热潮。

10月6日，中共中央北方局与太行分局合并，任北方局代理书记，主持晋冀鲁豫地区党政军工作。

10月10日，主持中共中央北方局、八路军总部会议，讨论华北地区作战战略问题。在总结一九四一年和一九四二年战斗经验时，讲话指出，思想上需要弄清楚两个问题：一是弄清正规军的战略地位。正规部队要有一定的比例，否则没有力量巩固根据地，要适当地加强正规部队。二是消耗与消灭的关系。战略上是消耗敌人，消耗包括歼灭敌人，保存自己，发展自己。不要损失自己的力量，打不必要的战斗，同时，一定要有顽强的战斗拼搏精神。

10 月 12 日，主持召开中共中央北方局会议，讨论宣传和贯彻中共中央政治局《关于减租、生产、拥政爱民及宣传十大政策的指示》。讲话指出，十大政策是今后工作的基本方向，中央指示的重大意义是如何争取群众跟党走，这是贯穿于战后的问题，是同敌人争夺群众的问题，了解这一点，才会对十大政策积极执行。并指出，强化对敌斗争，开展大生产运动、减租减息和救灾，完成整风工作，并在整顿"三风"的基础上搞好审干，是当年冬季和一九四四年全年的中心工作。

10 月 23 日，主持召开中共中央北方局会议，讨论统一战线问题。在会上讲话说：我们对国民党态度是有联合有斗争，并对其进行限制。我们要在革命斗争的实践中对党在抗日战争中坚持独立自主原则，不断提高认识，加深理解。

11 月 10 日，在北方局党校第八期开学典礼上作整风动员讲话。当时太行区正开展整风运动。讲话系统阐述了整风的目的和意义，指出要以无产阶级的马列主义的思想，去克服存在于我们同志中的非无产阶级的非马列主义的思想。讲话回顾党的历史经验时说：遵义会议之后，党的事业完全放在中国化的马列主义，即毛泽东思想的指导之下，直到现在已经九年的时间，不但没有犯过错误，而且一直是胜利地发展着。在以毛泽东思想为指导的党中央的领导之下，我们回忆起过去机会主义领导下的惨痛教训，每个同志都会感觉到这九年是很幸福的，同时也会更加感到三风不正对我们的毒害了。

12 月 3 日，就华北战时经济情况，致电毛泽东、彭德怀，电报针对华北各区因敌人破坏、战争影响、普遍灾荒及各地过去对生产领导不够、没有注意积蓄等问题提出：今后必须注意生产，讲求积蓄。16 日，毛泽东、彭德怀复电指出："努力生产，注意积蓄，准备迎接更加艰苦局势之到来，这是完全对的，请你坚持此方针。"

12月5日，在《党的生活》第67期发表《正确地展开除奸反特务斗争》一文。

12月9日，主持召开中共中央北方局会议，讨论南锄奸反特工作。在讲话中说：我们今后斗争的办法、原则应是少捕少杀，开展群众性教育。对内部坚决采取不杀的方针，对没有重大的直接危害的人，不轻易逮捕。

12月16日，主持召开中共中央北方局会议，研究贯彻中共中央提出的十大政策，确定一九四四年的工作方针和任务在讲话中指出：中央的十大政策和拥政爱民指示是明年工作的基本方针。生产是明年主要任务之一，必须组织群众，发动群众生产，才能改善生活。整风不仅是巩固内部，而且会加强我们的指导力。一九四四年要做的三项工作：一是提高警，强化对敌斗争，广泛开展群众性的游击战争。同时，要加强对伪军伪组织的工作，加强对敌人的政治攻势，加强敌占城市的工作。二是开展大生产运动和减租减息救灾工作。三是完成整风审干，加强时事教育。

12月18日，主持中共中央北方局、八路军总部直属机关第一学区召开的整风反省大会并讲话，重点阐述整风的意义和政策。指出：整风就是把全党从思想上、行动上统一在布尔什维克——毛泽东思想上，在思想上、政治上、组织上把全党团结得像一个人一样，增强党的战斗力量。

本年为一二九师机要科编印的《机要工作手册》题词："大家要为党负责，为革命负责。力求进步，力求革新。加强政治文化学习，提高党性锻炼。把我们的机要工作永远向前推进，始终为机要，保护机要就是保护我党我军的生命，所有同志必须愉快地担负起这个光荣的责任。"

1944 年　四十岁

1月1日，中共中央北方局发出《关于一九四四年工作方针的指示》，指出 1944 年全华北的工作方针是：团结全华北人民的力量，克服一切困难，坚持华北抗战，坚持抗日根据地，积蓄力量，准备反攻，迎接胜利。

1 月 8 日至 11 日，主持北方局晋冀鲁豫区财经会议。会议确定 1944 年财经工作的总方针是：增加生产，扩大根据地的财富，发展工农业，克服财经困难，奠定新民主主义的经济基础。

5 月 20 日，主持召开北方局会议，讨论向河南发展开辟豫北根据地的问题。

7 月 20 日，主持召开北方局会议，讨论开辟豫西抗日根据地问题。

7 月 24 日，主持召开北方局会议，讨论中共中央 6 月 5 日发出的《关于城市工作的指示》。会议要求各根据地加紧建立和健全城市工作机构，派遣干部到城市开展工作，团结群众，建立党组织，争取和瓦解伪组织。

8 月 24 日，致电毛泽东，答复 7 月 28 日来电所询关于"三三制"、减租减息、拥政爱民与拥军优抗、民兵工作、沦陷区接敌区工作、城市工作、人民负担、大生产运动、民众团体工作等十个方面的情况。

12 月 6 日，出席在山西黎城县南委泉村召开的太行区第一届杀敌英雄和劳动英雄大会并讲话。讲话刊登在北方局 12 月 25 日出版的《新华日报》（太行版）。

1945 年　四十一岁

1 月 21 日至 4 月 1 日，为开辟道清铁路两侧的豫北地区，打通太行根据地与豫西根据地的联系，和滕代远等指挥太行军区第七、第八军分区主力和冀鲁豫区部队发起道清战役，此次战役分三个阶段，历时两个多月，共歼灭日伪军 2700 余人，收复国土 2000 平方公里，解放民众 75 万人，建立了 4 个县的抗日民主政权。

3 月初，率北方局干部从左权县麻田出发，穿越平汉铁路，过卫河，到达冀鲁豫分局和冀鲁豫军区司令部驻地河北清丰县（今属河南濮阳）单拐村，指导冀鲁豫分局发动群众开展减租减息，调查研究解决群众运动中的政策问题。调研期间，听取宋任穷关于对敌斗争、发动群众、减租减息等情况汇报。针对减租减息运动中少数地方出现侵犯中农利益现象，指出，一定要注意团结中农，保护中农利益，要采取坚决措施，制止侵犯中农利益的现象发生。

4月23日至6月11日，中国共产党第七次全国代表大会在延安召开。在会上被选为中央委员会委员。

4月24日至27日，和宋任穷等指挥冀鲁豫军区发起以攻取敌之孤立据点南乐城为主的战役。这次战役歼灭日伪军3300多人，解放了卫河以东的大片土地，使冀鲁豫解放区南北连成一片。

6月6日，出席冀鲁豫分局召开的群众工作会议并讲话，总结冀鲁豫根据地群众工作的经验教训。

6月中旬，离开冀鲁豫区，返回麻田镇。

6月29日，从麻田镇出发赴延安参加党的七届一中全会。

8月15日，日本宣布无条件投降。此时，与刘伯承领导的抗日根据地已扩大为太行、太岳、冀鲁豫、冀南等四个地区。中共中央决定成立晋冀鲁豫中央局和晋冀鲁豫军区，任中央局书记和军区政治委员。

8月23日，参加中共中央政治局扩大会议。会议分析了国内外形势，决定今后的口号是和平、民主、团结，对蒋介石的斗争策略是"蒋反我亦反，蒋停我亦停，以斗争达团结，有理有利有节"。会议决定毛泽东赴重庆同国民党进行和平谈判。

8月25日，和刘伯承等乘坐美军观察组运输机离开延安抵山西黎城县长宁机场，遂即返回涉县赤岸村一二九师司令部驻地。

9月至10月，为反击国民党军向解放区的进攻，同刘伯承指挥上党战役、邯郸战役。

11 月 11 日至 13 日，在邯郸市郊峰峰煤矿主持召开中共晋冀鲁豫中央局第一届全体扩大会议并讲话，指出：目前斗争是激烈的，甚至可以说带全面性的内战局面是存在的。既然军事斗争不可避免，我们就要采取又团结又斗争的方针，争取斗争的胜利。我们的胜利愈伟大，和平就愈来得快，对全国人民也愈有利。

本年，和刘伯承等指挥晋冀鲁豫军区部队，自 9 月至 12 月，在挫败国民党军队进攻的同时，继续攻歼拒绝投降的日伪军。在平汉路沿线，连续攻克滑县、内丘、高邑、邢台、汤阴、邯郸等 19 座城市。在新乡以南地区攻占原武、中牟等县城，在道清铁路沿线攻克焦作、修武、孟县（今孟州市）、沁阳等地。在其他地区先后收复齐河、夏津、高唐、曹县、菏泽、衡水等县城。

1946 年　四十二岁

2 月 17 日，为晋冀鲁豫军区政治部主办的《人民的军队》报创刊号题词："人民军队的责任是随时随地为人民服务，一切为人民的利益着想。今天我们必须亲自动手，努力生产，克服困难，以减轻人民负担，使人民经济向上，逐渐恢复八年战争的创伤，走向丰衣足食的道路。"

2 月 20 日至 22 日，和刘伯承等多次致电中央军委并告叶剑英、滕代远，报告国民党军进攻解放区的计划、行动，及其残害解放区民众的罪行。提出向军调部提出抗议，揭露国民党的罪行。

3 月 18 日至 29 日，出席在邯郸市召开的晋冀鲁豫边区第一届参议会第二次大会，在会上作关于政治形势的报告。会议着重讨论解放区建设及国民党军队违反停战协定等问题。

4 月 4 日，鉴于国民党军积极准备内战，随时可能大规模进犯晋冀鲁豫解放区，和刘伯承等发出晋冀鲁豫军区关于准备应付内战的指示。

4 月 21 日，在出席在邯郸召开的晋冀鲁豫区党内干部追悼王若飞等殉难同志大会，并作《把悲痛变为力量，和人民密切结合》的报告。

6月26日，蒋介石大举进攻中原解放区，发动全面内战。

6月28日，参加即将开赴冀鲁豫战场的野战军第三、第六纵队在马头镇举行的爱国自卫作战誓师大会。在讲话中指出：蒋介石不遵守政治协商会议协议和停战决定，现在已经公开向解放区全面进攻了。讲话号召全体指战员，要迅速做好一切准备，粉碎蒋介石的进攻。

7月14日，和刘伯承率晋冀鲁豫军区野战指挥部，由邯郸开赴冀鲁豫地区。

8月4日，出席晋冀鲁豫野战军第七纵队干部会议并讲话，强调要发动群众执行纪律，反对自由主义。

8月至翌年1月，与刘伯承先后组织指挥了陇海、定陶、鄄城、滑县、巨（野）金（台）鱼（乡）等较大规模的战役，大量歼灭国民党军队的有生力量。

1947年　四十三岁

1月1日，为晋冀鲁豫军区政治部机关报《战友报》作新年题词："为更多的消灭蒋军而斗争；为争取战略主动，收复一切失地而斗争；为民族独立与人民解放事业而斗争！"

自1946年7月至1947年2月，人民解放军在8个月中共歼灭国民党军71万余人，粉碎了蒋介石全面进攻解放区的计划。在有生力量大量被歼、用于进攻的机动兵力锐减的情况下，蒋介石被迫将全面进攻改为重点进攻，把主要兵力用于进攻陕甘宁边区和山东解放区。

3月13日，国民党军胡宗南部23万人向中共中央和中央军委所在地陕甘宁边区发起进攻。

3月18日，中共中央机关撤离延安。国民党军胡宗南部占领延安。

3月23日，和刘伯承等发起豫北反攻作战。到5月28日，作战结束，先后解放濮阳、封丘、延津、阳武、淇县、濬（浚）县、滑县、汤阴等地，歼灭国民党第二快速队等 4 万余人，为晋冀鲁豫野战军转入战略进攻创造了条件。

5 月 15 日，在河北武安县冶陶镇主持召开晋冀鲁豫中央局会议，讨论晋冀鲁豫军区部队在转入全国战略进攻后组织领导等问题。任中共中央中原局书记。

6 月 10 日，和刘伯承在安阳附近石林镇主持召开野战军各纵队首长会议，讨论转入战略反攻的各项准备工作。

6 月 21 日，出席晋冀鲁豫野战军直属部队股长、营以上干部会议并讲话，指出：战略反攻的时机已经到来。22 日，和刘伯承发布晋冀鲁豫野战军强渡黄河实施鲁西南战役的基本命令。

6 月 30 日，和刘伯承率晋冀鲁豫野战军主力 12 万人，强渡黄河天险，发动鲁西南战役，揭开了人民解放军全国性战略进攻的序幕。

8 月 7 日，同刘伯承率晋冀鲁豫野战军主力开始向大别山地区挺进，实施千里跃进大别山的战略任务。至 27 日，历经 20 天连续急行军千余里，冲破国民党军围追堵截，先后解放宁陵、睢县、柘城、亳县、淮阳、沈丘、新蔡、项城、上蔡、临泉、息县 11 座县城，胜利完成千里跃进大别山的战略任务。

8 月 31 日，出席在河南光山县北向店晋冀鲁豫野战军直属部队连以上干部会议并讲话，强调：一定要在大别山站住脚生下根。

8 月以后，和刘伯承率部在国民党军重兵围攻中坚持大别山斗争，在中原地区站稳了脚。并同相继南下的另外两支野战大军在中原地区布成"品"字形阵势，牵制和吸引了国民党军南线 160 多个旅中的 90 个旅的兵力，把战线由黄河南北推进到长江北岸，使中原地区由国民党军进攻解放区的重要后方变成了人民解放军夺取全国胜利的前进阵地。

1948 年　四十四岁

春，和刘伯承率中原野战军与华东野战军协同作战，相继发起洛阳、宛西、宛东、豫东、襄樊等战役，粉碎了中原国民党军队的防御体系。

3 月 6 日，出席在安徽省临泉县韦寨召开的晋冀鲁豫野战军直属部队干部会议，在会上作《关于反攻形势与整党问题的报告》，全面阐述由内线防御转入外线进攻的战略意义，指出：在去年 7 个月中，我们从内线防御转到外线进攻，解放了 4500 万人民的中原地区，在这块土地上扭转了战争的车轮，全部打破了蒋介石反革命的战略阴谋，迫使他处于完全被动的地位。目前整个阶段是我们走在前头，插进了敌人的心脏，威胁着南京、武汉，蒋介石也必然拼命地扭着我们，我们担着重的由内线防御转入外线进攻的战略意义一头，也要吃些苦，多走些路，把敌人背住。当我们担着重的一头的时候，千万不要忘记整体。还强调：整党要和三大民主结合起来，要实行政治民主、经济民主、军事民主，连队成立士兵委员会。

4 月 25 日，出席在河南鲁山召开的豫陕鄂前委和后委联席会议，在会议上作报告，提出跃进中原的胜利形势与今后的政策策略。指出，中原野战军由黄河到长江跃进了一千里，使战略形势起了巨大变化。中原战场吸引了蒋介石南线的一半以上的兵力，保证了其他地区的胜利展开。虽在全国范围吃苦头最多，付出了代价，但换取了战略上的主动，取得了全局的胜利。

5 月 9 日，任辖区扩大了的中共中央中原局第一书记、中原军区及中原野战军政治委员。

5 月 29 日至 6 月 3 日，和刘伯承集中 6 个纵队及桐柏军区主力，发起以调动歼灭南阳守敌为主要目的的宛东战役。战役历时 5 天，共歼敌 1 万余人。有力地打击了国民党军在中原的分区防御体系，配合了粟裕兵团南渡黄河加入中原作战。

6月6日，为中共中央中原局起草《贯彻执行中共中央关于土改与整党工作的指示》。《指示》根据中央关于土改与整党工作的指示，从中原地区的实际出发，区别不同情况，制定了一整套适合新解放区的土改和整党工作的具体政策。这个指示报送中央后，毛泽东于6月28日代中共中央复电，完全同意中原局这个指示。并将这个文件转发各中央局、分局、前委。

7月2日，和刘伯承指挥中原野战军第六纵队和桐柏、陕南军区主力在江汉军区部队配合下，采取远距离奔袭战术，发起襄（阳）樊（城）战役，经过14天激战，歼国民党军2万余人，生俘国民党军第十五绥靖区司令官康泽，解放了光化、老河口、谷城、南漳、宜城、襄阳、樊城等地。

8月24日，致信中共中央和毛泽东，作综合工作报告。这时，解放战争已进入第三年，新解放区迅速扩大，不论在作战、供应、社会政策以及干部准备等方面都遇到许多新的问题。其中有些问题，无论在内战时期或抗日战争时期，都没有经验。报告根据一年来新区工作的经验，提出了进入新区后的一些重要意见。提出，在新区必须经过一个军事时期然后才能进入巩固时期。在军事时期，应特别发挥政权的作用和加强宣传工作，将斗争对象集中于最反动的部分，团结大多数，以安定民心，造成新区的新气象。

9月至翌年1月，人民解放军进行了具有决战性质的辽沈、淮海、平津三大战役，基本上消灭了蒋介石赖以维持其反动统治的主要军事力量。

11月16日，中共中央军委决定由刘伯承、陈毅、邓小平、粟裕、谭震林组成总前委，邓小平为书记，负责领导华东野战军和中原野战军的行动，统筹淮海前线一切事宜。

11月6日至翌年1月10日，和刘伯承、陈毅、粟裕、谭震林等组成的总前委指挥华东野战军，中原野战军及华东、中原、华北军区所属冀鲁豫军区地方武装共 60 万余人，在以徐州为中心，东起海州（今连云港市），西至商丘，北起临城，南达淮河的广大地区发起淮海战役。经过 66 天的作战，击毙国民党军兵团司令官黄百韬、邱清泉，俘虏徐州"剿总"副总司令杜聿明、兵团司令官黄维、兵团副司令官吴绍周，共歼敌 55.5 万人，解放了长江中下游以北广大地区，使蒋介石的精锐主力损失殆尽，反动统治的中心南京以及上海、武汉等地，处于人民解放军直接威胁之下。

1949 年　四十五岁

1 月 11 日，致电毛泽东，提出要从军队的正规化着眼，克服中原野战军无组织无纪律状态。

1 月，为晋冀鲁豫烈士陵园题词："人民解放事业的胜利是无数先烈用自己的鲜血换得，追念我们的先烈，不但要我们珍贵这个事业，巩固这个胜利，更重要的是发扬他们艰苦卓绝、英勇奋斗和自我牺牲的精神，继承他们的遗志，为达成中华民族和中国人民的最后的最彻底的解放而奋斗。"

2 月 5 日，中原野战军改编为第二野战军，下辖第三、第四、第五兵团。任政治委员。

3 月，参加党的七届二中全会，后任中共中央华东局第一书记。

3 月 31 日，为总前委主持起草《京沪杭战役实施纲要》。

4 月 21 日，遵照毛泽东主席、朱德总司令发布的《向全国进军的命令》，以邓小平为书记的总前委统率第二、第三野战军发起京沪杭战役，突破国民党军队的长江防线，渡过长江，解放了南京、上海及苏、皖、浙、赣等省广大地区。南京的解放，宣告了国民党反动统治的覆灭。

8 月 1 日，为《淮海战役中双堆集歼灭战初步总结》一书题词："双堆集胜利仅仅是全国千百次重要胜利的一个。一如坚持大别山的意义一样，只能把它的宝贵经验提取出来，作为我们继续进步的基础，而不能把它变成阻碍自己前进的政治包袱！"

8 月 4 日，向新政治协商会议筹备会代表作关于从渡江到占领上海和接管上海后的工作情况的报告。

8 月 17 日，在二野、三野县团级以上干部扩大会议上作报告，提出要接管城市，改造城市，建设城市。

8 月 20 日，在西南服务团团以上干部会议上讲话。

9 月 4 日，在第二野战军直属部队党代表会议上的讲话。阐述召开党的代表会议是发扬党内民主、克服不良倾向的好办法。

9 月 12 日，在第二野战军军政大学全体干部学员大会上作报告，指出帝国主义和原子弹并不可怕。

9 月 17 日，在中共南京市委支部书记及排以上干部大会上作"论忠诚与老实"的报告。

9 月 20 日，在南京给西南服务团团员作进军西南的报告，提出克服西南困难要掌握好三个法宝。第一，内部团结；第二，依靠西南人民；第三，搞好统一战线。

9 月 21 日、22 日，在南京给西南服务团团员作中国青年与党的关系的报告。

9 月 21 日至 30 日，在中国人民政治协商会议第一届全体会议上，当选为中央人民政府委员。

10 月 1 日，出席中华人民共和国开国大典。为纪念中华人民共和国建国日题词："永远铭记着：在过去长期艰难的岁月里，人民英雄们用了自己的鲜血，才换得了今天的胜利。"

10 月 19 日，在中央人民政府委员会第三次会议上，被任命为中国人民革命军事委员会委员。

10 月 21 日，和刘伯承、陈毅、粟裕等乘列车离开北京南下。22 日到达徐州，和张际春、李达率领的二野机关会合。然后，辞别陈毅、粟裕，率领二野机关向西，于 23 日抵达郑州。按照毛泽东提出的"大迂回、大包围"的战略方针，制订解放大西南的作战计划。刘伯承、邓小平先是作出大军要从郑州向西动作的假象，然后突然从东西横跨 500 公里的地域发起多路出击，直取湘、黔、滇，造成对四川夹击之势，打乱了蒋介石的整个西南防御部署。

11 月 12 日，就贵州新区工作策略问题，起草二野前委给五兵团杨勇、苏振华、徐运北的电报，并报中共中央。19 日，中共中央将这份电报转发各中央局。

11 月 23 日，邓小平在湖南常德受命组建中共中央西南局，并任第一书记。

11 月 27 日，为第二野战军前委起草的给滇桂黔边区党委并告第二野战军第四兵团司令员兼政治委员陈赓和西南服务团团长宋任穷的电报，指出要教育干部学习党的各项政策。

12 月，和刘伯承率部迅速消灭了盘踞在云、贵、川三省的 90 多万国民党反动武装，把国民党反动统治势力最后逐出中国大陆。

1950 年　四十六岁

1 月 1 日，和刘伯承出席重庆各界庆祝解放大会。

1 月 2 日，向中共中央提交关于西南工作情况的综合报告。同日，收到毛泽东在莫斯科发给中共中央并转发彭德怀、刘伯承、邓小平、贺龙的电报，确定由西南局担负进军和经营西藏的任务。

1 月 4 日，在重庆市军管会第一次接管干部代表会议上讲话。

1 月 8 日，起草和刘伯承联名给中共中央转毛泽东和贺龙的电报，提出西南局对进军西藏的意见。

1 月 17 日，在二野第三兵团团以上干部会议上讲话。将西南局的工作概括为 90 万、6000 万、60 万。90 万，就是要把 90 万原国民党军队改造过来，90 万，就是消灭土匪；6000 万，是要把西南的 6000 多万人民群众组织起来，恢复经济，发展生产；60万是要把我军在西南的60万部队迅速转变为工作队。

1月18日，就进军西藏部署和成立中共西藏工委问题起草中共中央西南局致中央军委并报毛泽东和贺龙、李井泉的电报。

2月6日，出席中共中央西南局委员会第一次全体会议并作报告，共讲了西南的基本情况、今后的任务、财经困难等十一个问题。同日，在《解放西藏进军纪念》册上题词：接受与完成党所给予的最艰苦的任务，是每个共产党员每个革命军人无上的光荣。

2月9日，出席中共中央西南局委员会会议并作总结讲话。任西南军区政治委员。

2月18日，起草给刘少奇并中共中央的综合报告，汇报西南解放两个月以来的工作情况和今后工作的方针。提出，目前剿匪已成为西南全面工作的中心任务。

4月11日，出席中央人民政府委员会第六次会议，作关于西南工作情况的报告。

4月，为《人民空军》创刊号题词："强大的空军和强大的陆军结合起来，我们将是无敌的！"

5月6日至8日，出席西南军区高级干部会议并就部队的缩编问题发表讲话。

5月16日，在西南区新闻工作会议上作报告。指出：拿笔杆是实行领导的主要方法。领导同志要学会拿笔杆。

6月2日，为中共中央西南局起草给中共西藏工委等的电报。提出以十条条件作为和平进军西藏的谈判基础。

6月6日，出席中共重庆市第二次代表会议，作关于整风问题的报告。

6月15日，出席成渝铁路正式开工典礼并致辞。

7月4日，任西南军政委员会主席兼财政经济委员会主任。27日，西南军政委员会正式成立。

7月14日，为西南军区司令部机要处编印的《机要工作》创刊号题词："今天的环境比过去更为复杂，保护我们的机密比过去任何时候更为重要。革命的胜利，很容易产生麻痹和疏忽，这就会给敌人以可乘之机，故应引起一切负责同志和机要干部的警惕。"

7月16日，将准备在当月22日召开的中共中央西南局委员会第三次会议上的报告上报毛泽东并中共中央。7月19日，毛泽东在向中共中央华东局、中南局、西北局转发这一电报时写了批语："兹将邓小平同志七月十五日的报告转给你们作参考，你们并可转发所属的各省委、市委、区党委阅看，作为工作的参考。"

7月21日，在欢迎赴西南地区的中央民族访问团大会上作《关于西南少数民族问题》的讲话。

9月7日，出席西南军区第一届战斗英雄和模范工作者代表会议并讲话。指出：要发扬积极因素，战胜消极因素。

10月25日，为中共中央西南局及西南军区起草给西南军区第十八军军长张国华、政治委员谭冠三、副政治委员王其梅并中共西藏工委，并告西南军区第十四军军长李成芳、支援进军西藏司令部，报中共中央军委、中共中央西北局的电报，提出昌都战役后的工作要点。

12月21日，在西南局城市工作会议上作总结报告。

1951年　四十七岁

1月3日，出席西南军区组织工作会议并讲话，提出对党的干部要求应更加严格，党员干部的标准是德才兼备。

3月26日，出席中共中央西南局第一次统一战线工作会议并作总结报告，强调全党要重视做统一战线工作。

5月9日，起草给毛泽东和中共中央的西南局三、四两月工作综合报告，汇报西南地区的土改情况和经验。毛泽东在 5 月 16 日转发各地的批语中指出："小平同志的报告很好，发给你们研究。我的意见附注在报告里面，并供你们参考。"

8 月 10 日，出席西南军区干部工作会议并讲话，阐述新形势下的军队干部工作。

10 月 17 日，在北京起草和贺龙联名给中共中央西南局第二副书记、西南军区副政治委员兼政治部主任张际春、西南军区副司令员兼参谋长李达、西南军区政治部副主任王新亭等人的电报，提出要精简军队，节约开支。

10 月 31 日，出席西南军政委员会第五十八次办公会议并讲话。为中共中央西南局和西南军区起草给中共中央军委并告中共西藏工委及中央人民政府驻西藏代表张经武的电报，提出对西藏军区人选及机构的意见。

1952 年　四十八岁

1 月 7 日，为中共中央西南局、西南军区起草给西南军区第十八军军长张国华和政治委员谭冠三并中央人民政府驻西藏代表张经武的电报，提出西藏军区成立大会应以庄严朴素为主。

7 月 1 日，出席重庆市人民举行庆祝中国共产党成立 31 周年暨成渝铁路全线通车大会，并题词：庆祝成渝铁路全面通车。

7 月下旬，根据中共中央决定，调政务院工作。离开重庆到达北京。

8 月 5 日，为《重庆日报》创刊题词："发展生产，交流城乡，是城市工作的中心任务。祝贺重庆日报创刊。"

8 月 7 日，被中央人民政府任命为政务院副总理。

8 月 8 日，出席中央人民政府委员会第十八次会议并作关于西南区工作情况的报告。

12 月 10 日至 12 日，出席西南军政委员会第四次全体委员会议，总结西南区一年来的工作，确定今后全区工作任务。会议还讨论了如何执行中央人民政府委员会第十九次会议决定关于改变大行政区政权机构与任务的问题。在讲话中指出：今后的经济建设是全国性的，必须有全国计划，全国统一的战斗目标。集中，是建设的基本条件之一。改变大行政区一级政权机构的组织形式就是为了适应这种形势的要求。今后西南区除了根据中央人民政府的决定，改变大行政区的机构与任务外，对于组织机构和人事的处理，都应力求妥善，同时各民主党派西南区地方组织和西南各族人民还要进一步加强团结，共同实现西南区新的工作任务。

1953 年　四十九岁

1 月 13 日，出席中央人民政府委员会第二十次会议，被任命为宪法起草委员会委员和选举法起草委员会委员。

2 月 4 日，出席中国人民政治协商会议第一届全国委员会第四次会议，当选为全国政协常务委员会委员。

2 月 11 日，出席中央人民政府委员会第二十二次会议。会议通过《中华人民共和国全国人民代表大会及地方各级人民代表大会选举法》，任命邓小平为中央选举委员会委员。在会上作关于选举法（草案）的说明。

8 月，兼任中央财政经济委员会第一副主任，兼中央人民政府财政部部长。

9 月 29 日，设宴招待西藏和其他藏族地区观礼团代表并讲话。

10 月，出席全国粮食工作会议，代表政务院作关于实行粮食统购统销的讲话。

1954 年　五十岁

1 月 13 日、25 日，在全国财政厅局长会议上作报告，提出财政工作的六条方针，指出：要把国家财政放在经常的、稳固的、可靠的基础上；

地方财政工作要有全局观念。

2月6日至10日，出席党的七届四中全会并发言。6日，在会上讲话批评党内滋长的骄傲自满情绪。

4月，任中共中央秘书长。

6月16日，出席中央人民政府委员会第三十一次会议，作关于1954年国家预算草案的报告。

6月19日，在中央人民政府委员会第三十二次会议上，作关于基层选举工作完成情况的报告。

7月9日，主持政务院第二百二十一次政务会议讨论教育工作并作总结讲话。指出：要办好学校，培养干部。

9月3日，出席中央选举委员会第五次会议，在会上作《关于中华人民共和国第一届全国人民代表大会代表选举工作完成情况的报告》。

9月，任国务院副总理、国防委员会副主席、中共中央军事委员会委员。

1955年　五十一岁

3月21日，在中国共产党全国代表会议上，代表中央作《关于高岗、饶漱石反党联盟的报告》。

4月，在党的七届五中全会上，增选为中央政治局委员。

9月28日，出席全国青年社会主义建设积极分子大会闭幕会并讲话。

10月4日至11日，出席党的七届六中全会扩大会议。4日，在会上作《关于召开党的第八次全国代表大会的决议草案的说明》。

1956年　五十二岁

2月14日至25日，和朱德、谭震林、王稼祥、刘晓应邀出席苏共二十大。

9 月 15 日至 27 日，中国共产党第八次全国代表大会召开，在会上作《关于修改党的章程的报告》，提出和深刻论述了执政党加强自身建设的任务，指出党面临新的考验，必须经常警惕脱离实际和脱离群众的危险，要求全党坚持群众路线和民主集中制，健全各级党组织的集体领导，避免个人专断和个人决定重大问题。在党的八届一中全会上，当选为中央政治局委员、常委，中央委员会总书记。

10 月 23 日至 31 日，与刘少奇、王稼祥、胡乔木组成中共代表团，在莫斯科与苏共中央领导人会谈，讨论波匈事件。并列席苏共中央主席团会议。

11 月 17 日，会见国际青年代表团，解答了代表团团员们提出的问题。强调：马列主义要与中国的实际情况相结合。

1957 年　五十三岁

3 月至 4 月，到山西、陕西、甘肃等地视察工作，宣传贯彻党的八大精神。

3 月 5 日、6 日、8 日、9 日，主持召开有中共中央有关部门负责人和中共西藏工委负责人参加的中共中央书记处会议，听取张经武关于西藏工作的汇报并讲话。

5 月 15 日，在中国新民主主义青年团第三次全国代表大会上，代表中共中央致祝词。

11 月，随毛泽东率领的中国党政代表团出访苏联，参加十月革命 40 周年庆祝大会、各国共产党和工人党代表会议。

1958 年　五十四岁

1 月 9 日至 2 月 15 日，前往四川考察工作。

3 月 8 日至 26 日，出席中共中央在成都召开的中央有关部门负责人和大部分各省、市、自治区党委第一书记参加的工作会议（后通称为成都会议）。根据会议的精神起草《关于国防工作的意见》。25日，就反冒进问题在会上发言。

4月7日，在中共中央书记处会议讨论教育工作时指出：办教育一要普及二要提高，两者不能偏废。只普及不提高，科学文化不能很快进步；只提高不普及，也不能适应国家各方面的需要。社会主义建设需要有文化的劳动者，所有劳动者也都需要文化。教育普及了，群众的科学文化水平提高了，发明创造就会多起来。我们在任何时候都要坚持"两条腿走路"，做到在普及基础上的提高和在提高指导下的普及。

5月5日至23日，出席中国共产党第八次全国代表大会第二次会议。23日，在会上作关于1957年11月14日至16日在莫斯科举行的社会主义国家共产党和工人党代表会议和16日至19日举行的六十四个共产党和工人党代表会议的报告。

5月25日，和毛泽东、刘少奇、周恩来、朱德等到北京昌平十三陵水库工地参加义务劳动。

6月20日，和毛泽东、刘少奇、周恩来、朱德、陈云在中南海参观北京第一汽车附件厂制造的井冈山牌小轿车、兴平机械厂制造的巨龙牌拖拉机和北京农业机械厂制造的红旗牌万能底盘拖拉机。

8月，出席中共中央政治局在北戴河举行的扩大会议（后通称为北戴河会议）。会议通过《关于在农村建立人民公社问题的决议》等文件。

9月10日至29日，先后到黑龙江、吉林、辽宁三省视察工作，对东北地区工业、农业、文化教育、城市公社、整风等方面工作作重要的指示。

10月7日至中旬，到天津、河北视察工作。

10月22日至11月11日，到广西、云南、贵州、四川等地视察工作。

11月21日至27日，出席在武昌召开的中共中央政治局扩大会议。

会议围绕人民公社和一九五九年国民经济计划，着重讨论高指标和浮夸风问题。

11月28日至12月10日，出席在武昌举行的党的八届六中全会。12月9日下午，在会上作《关于人民公社若干问题的决议（草案）》的说明。

1959年 五十五岁

1月26日至2月2日，出席中共中央在北京召开的省、市、自治区党委第一书记会议并作报告和总结发言。会议主要讨论年度计划、工农业生产和市场安排等问题。

2月9日至20日，赴上海参观上海工业展览会、江南造船厂、上海手表厂、上海钢铁三厂和英雄金笔厂。20日，出席上海市委工业会议开幕会。

2月27日至3月5日，出席在郑州举行的中共中央政治局扩大会议（后通称第二次郑州会议）。

4月，在党的八届七中全会上作关于经济工作和国家机构的人事配备的说明。

9月，任中共中央军事委员会常务委员。

10月2日，为苏联《真理报》撰写的《中国人民大团结和世界人民大团结——庆祝中华人民共和国成立十周年》一文在《人民日报》上发表。

1960年 五十六岁

1月24日至2月14日，赴广东参观考察。其间，出席在广州召开的中央军委扩大会议。会议研究了人民解放军的战略方针和国防建设问题。

2月14日至3月26日，到湖北、河南、安徽、山东、天津等地视察工作。

3月25日，主持天津会议全体会议并讲话，强调要正确宣传毛泽东思想，不要庸俗化。

9月17日至22日，作为中共代表团团长，和彭真率团赴莫斯科参加中苏两党会谈。

9月30日至10月22日，作为中共代表团团长，和彭真率团赴莫斯科参加二十六国共产党和工人党文件起草委员会会议。

11月5日至12月3日，与刘少奇率中国党政代表团参加在苏联莫斯科举行的十月革命43周年庆典和八十一国共产党、工人党代表会议。

1961年　五十七岁

2月2日至5日，前往福建、湖南参观考察。

2月10日至3月2日，前往云南、四川、河南参观考察。

3月，出席中共中央在广州举行的工作会议，作反对平均主义等问题的发言。会议制定了《农村人民公社工作条例（草案）》（即"农业六十条"）。

4月至5月，《农村人民公社工作条例（草案）》印发讨论后，和彭真到北京顺义、怀柔县搞调查研究。5月10日，和彭真联名致信毛泽东，汇报一个月来调查的情况，就条例中有关供给制、粮食征购、公共食堂等问题提出意见。

7月14日至24日，赴东北考察工作。

8月至9月，出席中共中央在庐山召开的工作会议。会议通过了由邓小平主持起草的《国营工业企业工作条例（草案）》（即"工业七十条"）和《中华人民共和国教育部直属高等学校暂行工作条例（草案）》（即"高教六十条"）。

9月9日至26日，应朝鲜劳动党中央委员会的邀请，前往朝鲜参加劳动党第四次代表大会。

10月23日，接见中国共产主义青年团中央工作会议全体同志并讲话。指出：现在摆在党和青年团面前的工作不是少了，而是多了；工作不是比过去更好做了，而是更难做了。至少这个阶段是如此。在气象一新、大家都满意、大家高高兴兴的情况下，工作好做，在现在不是那么兴旺的情况下，工作难做。越是在这个时候，越要多做工作，越要做得深入细致。

11月23日，在中共中央书记处会议上听取冶金工业七年规划汇报时的讲话。指出：要大批提拔年轻的技术干部。

12月27日，接见参加全国省、市、自治区妇联主任会议全体代表并讲话。指出：党的工作、群众工作要着重把经常工作建立起来。

1962年　五十八岁

1月11日至2月7日，出席扩大的中央工作会议（后通称七千人大会）。2月6日，在会上发表讲话，强调要发扬党的革命传统，加强民主集中制。

2月19日，为广西红八军烈士纪念碑题词："革命胜利的果实，是烈士们的鲜血凝成的。红八军和人民革命先烈们的丰功伟绩，永远活在我们的记忆里。"

5月11日，出席中共中央工作会议并讲话。指出：要做好对受到错误处理的干部的甄别平反工作，用"一揽子解决"的办法，一次解决。

7月7日，在共青团三届七中全会上发表讲话，提出要恢复农业生产，在生产关系上不能完全采取一种固定不变的形式，哪种形式能够比较容易比较快地恢复和发展农业生产，就采用哪种形式。群众愿意采取哪种形式，就应该采取哪种形式，不合法的使它合法起来。"黄猫、黑猫，只要捉住老鼠就是好猫。"

11月29日，接见参加组织工作会议和全国监察工作会议的代表并讲话。指出党要管党，一管党员，二管干部。对执政党来说，党要管党，最关键的是干部问题，因为许多党员都在当大大小小的干部。

1963 年　五十九岁

7 月 5 日至 21 日，率中国共产党代表团赴莫斯科，同苏联共产党代表团举行会谈。

8 月 20 日至 24 日，主持中共中央《关于工业发展问题》起草委员会会议。会上和周恩来等反对陈伯达提出的用二三十年的时间超过美国和苏联的意见。提出要把"立足现实，瞻望前途"作为制定我国工业发展方针的出发点。在 20 日的发言中指出：制定发展工业的方针和规划，要从现实出发，考虑到农业、工业和科学技术的基础，考虑到管理水平问题。

8 月，为河北、天津战胜洪涝灾害题词："防洪斗争的胜利，是集体主义的胜利，是社会主义优越性的胜利。"

1964 年　六十岁

1 月 24 日，出席全国人大常委会会议，介绍中法建交的有关情况。

4 月 5 日至 20 日，前往山西、内蒙古、宁夏、甘肃、陕西、河南、山东等地参观考察。

6 月 19 日，在共青团第九次全国代表大会上，代表中共中央作政治报告。

6 月 22 日至 7 月 25 日，到辽宁、吉林、黑龙江等地视察工作。

1965 年　六十一岁

6 月 14 日、12 月 27 日，先后两次同锡兰（今斯里兰卡）共产党中央委员会全国组织员纳·桑穆加塔桑举行会谈。指出：建设一个成熟的有战斗力的党。

7 月 17 日至 27 日，率中国共产党代表团前往罗马尼亚首都布加勒斯特，出席罗马尼亚工人党第四次全国代表大会。

11 月 1 日至 12 月 7 日，到四川、贵州、云南考察三线建设情况。

1966 年　六十二岁

1 月 17 日，在全军政治工作会议上作报告。报告分三个部分：（一）国际形势的几个问题。（二）国内形势问题。（三）军队问题。

2 月 26 日，在全国工业交通工作会议和全国工业交通政治工作会议上作报告。

3 月 9 日至 4 月 1 日，在西北地区视察工作。

4 月 16 日至 25 日，出席毛泽东在杭州主持召开的中共中央政治局常委扩大会议。

8 月 1 日至 12 日，出席中共八届十一中全会。

8 月 13 日至 23 日，出席由林彪主持的中央工作会议。23 日，在会上作检讨发言。

1967 年　六十三岁

1 月 2 日，被中南海的造反派围攻批斗。

8 月 5 日起，实际处于软禁状态。

1969 年　六十五岁

10 月，被送到江西省新建县，在拖拉机修造厂参加劳动。

1970 年　六十六岁

在江西省新建县拖拉机修造厂参加劳动。

1971 年　六十七岁

9 月 13 日，林彪谋害毛泽东阴谋败露，乘飞机外逃叛国，途经蒙古温都尔汗坠落，机毁人亡。

11 月 8 日，就林彪事件、陈伯达问题给毛泽东写信。

1972 年　六十八岁

8 月 3 日，致信毛泽东，希望再为党和国家多做几年工作。毛泽东批示肯定了邓小平的历史功绩。

11 月 12 日至 19 日，根据江西省革命委员会安排，和卓琳赴井冈山参观访问。这次活动，标志着邓小平长达 6 年的禁锢生活的结束。

12 月 5 日至 15 日，赴赣南地区参观。

1973 年　六十九岁

2 月 7 日至 11 日，赴景德镇参观。

2 月 22 日，回到北京。

3 月 10 日，中共中央作出《关于恢复邓小平同志的党组织生活和国务院副总理的职务的决定》。

8 月，在中国共产党第十次全国代表大会上，当选为中央委员。

12 月，根据中共中央决定，任中央政治局委员、中央军委委员。

1974 年　七十岁

4 月 6 日至 16 日，率中国政府代表团前往纽约，出席联合国第六届特别会议。10 日，在联合国大会第六届特别会议上发言，阐述毛泽东关于三个世界划分的论断。

11 月，根据毛泽东和周恩来的意见，主持起草周恩来准备在四届全国人大一次会议上作的《政府工作报告》稿。

12 月 23 日至 27 日，在筹备四届全国人大和酝酿国务院领导人选时，毛泽东评价邓小平"人才难得，政治思想强"。

1975 年　七十一岁

1 月 5 日，根据毛泽东的提议，中共中央发出 1975 年一号文件，任命邓小平为中共中央军委副主席兼中国人民解放军总参谋长。

1 月 8 日至 10 日，出席党的十届二中全会。全会讨论了四届全国人大的准备工作，决定将《中华人民共和国宪法修改草案》《关于修改宪法的报告》《政府工作报告》和全国人大常委会、国务院成员的候选人名单提请全国人民代表大会讨论。会议期间，毛泽东再次强调："还是安定团结为好。"会议还传达了毛泽东关于理论问题的谈话要点。会议追认邓小平为中共中央政治局委员，选举邓小平为中共中央副主席、中央政治局常委。

1 月 13 日至 17 日，出席第四届全国人民代表大会第一次会议。13 日，周恩来代表国务院作《政府工作报告》。报告是由邓小平主持起草，毛泽东、周恩来审定的。报告重申三届全国人大一次会议《政府工作报告》提出的分两步走、在本世纪末实现四个现代化的构想：第一步，用 15 年时间，即在 1980 年以前，建成一个独立的比较完整的工业体系和国民经济体系；第二步，在本世纪内，全面实现农业、工业、国防和科学技术的现代化，使我国国民经济走在世界的前列。

1 月 25 日，在中国人民解放军总参谋部机关团以上干部会上讲话，传达毛泽东提出的军队要整顿的指示。指出：军队的整顿，一个是要提高党性，消除派性；一个是要加强纪律性。

1 月 28 日，约见铁道部部长万里，听取关于铁路运输情况的汇报。在听到目前铁路问题严重，情况十分复杂，不少单位处于瘫痪、半瘫痪状态情况的汇报时，指出：看来有几个问题要解决。第一，关于体制问题，应当实行铁路运输的集中统一领导，把权力集中到中央，铁道部在中央直接领导下工作。第二，关于干部管理，由铁道部统一管理，调配使用，与地方脱钩。第三，关于运输生产，要建立健全的规章制度，加强组织纪律性，保证安全正点。在听到派性问题很严重，要在调查研究的基础上争取半年解决铁路问题的汇报时，指出：不行，不能拖，不能等，要用最快的速度、最坚决的措施，迅速扭转形势，改变面貌。2月6日晚，和纪登奎、王震等继续听取万里汇报，并指示铁道部为中共中央起草一份关于解决铁路问题的文件，要写清楚有关方针政策，文件不要太长。2月11日，约谷牧、万里等到家里研究解决铁路问题。在听到万里说以解决铁路问题为重点的全国工业书记会议准备在3月召开时表示：不行，要在2月25日开。同时，要求抓紧把铁路整顿的文件搞好，并口授了文件的主要内容，强调铁路要集中，要实行军事化管理。之后，在审改中共中央《关于加强铁路工作的决定》稿时增写："对于少数资产阶级极性严重、经过批评和教育仍不改正的领导干部和头头，应该及时调离，不宜拖延不决，妨害大局。对严重违法乱纪的要给予处分。"3月5日，中共中央发出经中共中央政治局会议讨论和毛泽东审定的1975年9号文件《关于加强铁路工作的决定》。

2月1日，听取吴庆彤转告周恩来的意见：请小平同志将各副总理分工列出。此事小平同志不好讲，由我讲。同日，出席周恩来主持的国务院常务会议，商议国务院12位副总理的分工问题。会议确定，邓小平主管外事，在周恩来总理治病疗养期间，代总理主持会议和呈批主要文件，李先念、纪登奎、华国锋三位常务副总理"负责处理国务院日常事务"。会上，周恩来说：我身体不行了，今后国务院的工作由小平同志主持。同日，出席国务院各部委负责人会议。主持会议的周恩来指出：主席指定副总理第一名是小平同志，主席称赞小平同志有能力，他政治思想强，人才难得，小平同志现在是党中央副主席，又是国务院第一副总理、军委副主席兼总参谋长。同时表示：这样的会，我不可能常来参加，将来这样的会，请小平同志主持。邓小平发言说：国务院的头还是周总理，我们帮助总理，因为他有病，具体事情有12个副总理。将来国务院要有几个人搞常务，经中央批准后再通知大家，请他们多做工作。毛主席在十届二中全会就提出，现在还是以安定团结为好。这是我们要注意的一个重要指示。现在看来，国际形势对我们是很有利的。这次，周总理在《政府工作报告》中对革命与战争的关系问题的提法有改变，就是"革命和战争的因素都在增长"。这也是毛主席同意的。世界大战的危险是个现实问题，但是可不可以争取几年之内不打，我们利用这段时间把我们的力量加强，把社会主义经济基础加强，也包含军事力量特别是装备的加强。所以，我们要好好地把建设抓一下。今天在座的各部门要认真地注意抓这个工作。次日，周恩来致信毛泽东，汇报国务院各副总理分工情况。毛泽东圈阅了此信。在毛泽东、周恩来支持下，邓小平实际上开始主持国务院的日常工作。

3月5日，在中共省、市、自治区委员会主管工业的书记会议上讲话。在会议开始前说：不拉手了，现在工业情况还不好，等你们工业搞上去了再拉手。在讲话中指出：现在有一个大局，全党要多讲。大局是什么？到20世纪末，把我国建设成为具有现代农业、现代工业、现代国防和现代科学技术的社会主义强国。全党全国都要为实现这个伟大目标而奋斗。这就是大局。听说现在有的同志只敢抓革命，不敢抓生产，说什么"抓革命保险，抓生产危险"，这是大错特错的。怎样才能把国民经济搞上去，分析的结果，当前的薄弱环节是铁路。铁路运输的问题不解决，生产部署统统打乱，整个计划都会落空。解决铁路问题的办法，是要加强集中统一，建立必要的规章制度，增强组织性纪律性，还必须反对派性。现在闹派性已经严重地妨害我们的大局。要把这个问题摆到全体职工面前，要讲清楚这是大是大非问题。这个问题不解决，光解决具体问题不行。对于当前存在的问题，要有明确的政策。要从大局出发，解决问题不能拖。拖到哪一年呢，搞社会主义怎么能等呢。还指出：现在学习毛主席关于理论问题的指示，限制资产阶级法权，也要有个物质基础，不然怎么过渡到共产主义。各取所需，是要有丰富的物质基础嘛。这同"唯生产力论"是两回事。

5月12日至18日，前往法国访问。

5月29日，出席中共中央召开的钢铁工业座谈会。在讲话中首次提出"三项指示为纲"的思想。还指出：把钢铁工业搞上去，重点要解决四个问题。第一，必须建立一个坚强的领导班子。第二，必须坚决同派性作斗争。第三，必须认真落实政策。第四，必须建立必要的规章制度。执行规章制度宁可要求严一些，不严就建立不起来。根据邓小平的讲话精神，座谈会后，国务院成立了钢铁工业领导小组。6月4日，中共中央发出1975年13号文件《关于努力完成今年钢铁生产计划的批示》，并批准下发中共冶金工业部核心小组《关于迅速把钢铁工业搞上去的报告》。

6月24日至7月15日，7月14日，在讲话中着重讲了关于军队整顿的五个问题。一、军队的状况。由于林彪一伙的破坏，军队建设中确实存在不少问题，有五个字：肿、散、骄、奢、惰。当然，全军总的面貌不是这样。但是从部分单位来说，从部分同志来说，是存在这五个字的。尽管是部分的，但是不可忽略。二、军队要整顿。军队整顿什么？就是整上面讲的那五个字，要联系起来解决。在整顿中，还要加强干部学习，增强党性，反对派性，加强纪律性，发扬艰苦奋斗的传统作风。三、军委的工作。实际上就是两件事：第一件是"军队要整顿"；第二件是"要准备打仗"。

7月4日，对中央读书班第四期学员发表讲话。指出：搞好安定团结，发展社会主义经济，需要加强党的领导，把我们党的优良作风发扬起来，坚持下去，这是一个非常重要的问题。现在，相当一部分地方党的领导没有建立起来，党的领导削弱了。解决这个问题，关键是建立省委一级的领导，现在解决各地区、各部门的问题，都要从反对派性、增强党性入手。我们要把毛泽东同志树立的优良作风发扬起来。

8月3日，和叶剑英等接见国防工业重点企业会议全体代表并讲话。针对许多军工企业领导不力、技术人员不受重视、职工生活有后顾之忧等问题，提出三条整顿措施：第一，一定要建立敢字当头的领导班子。第二，一定要坚持质量第一。要发挥科技人员的积极性，要搞三结合，科技人员不要灰溜溜的。不是把科技人员叫"老九"，毛主席说，"老九不能走"。第三，一定要关心群众生活。

8月18日，在国务院讨论国家计委起草的《关于加快工业发展的若干问题》时，对这个文件的修改提出七点指导性意见：一、确立以农业为基础、为农业服务的思想。二、引进新技术、新设备，扩大进出口。可以考虑同外国签订长期合同，引进他们的技术装备开采煤矿，用煤炭偿付。这是一个大政策。总之，要争取多出口一点东西，换点高、精、尖的技术和设备回来，加速工业技术改造，提高劳动生产率。三、加强企业的科学研究工作。四、整顿企业管理秩序。五、抓好产品质量。六、恢复和健全规章制度。七、坚持按劳分配原则。

9月26日，听取胡耀邦、李昌、王光伟等汇报中国科学院工作和讨论《科学院工作汇报提纲》。指出：如果我们的科学研究工作不走在前面，就要拖整个国家建设的后腿。现在科研队伍大大削弱了，接不上了。一些科研人员打派仗，不务正业，少务正业，搞科研的很少。少数人秘密搞，像犯罪一样。陈景润就是秘密搞的。像这样一些世界上公认有水平的人，中国有一千个就了不得。说什么"白专"，只要对中华人民共和国有好处，比闹派性、拉后腿的人好得多。现在连红专也不敢讲，实际上是不敢讲"专"字。科研工作能不能搞起来，归根到底是领导班子问题，不把领导班子弄好，谁来执行政策领导班子，特别要注意提拔有发展前途的人。对于那些一不懂行、二不热心、三有派性的人，为什么还让他们留在领导班子里？科研人员中有水平有知识的为什么不可以当所长？要让党性好、组织能力强的人搞后勤。要给有培养前途的科技人员创造条件，关心他们，支持他们。要后继有人，这是对教育部门提出的问题。我们有个危机，可能发生在教育部门，把整个现代化水平拖住了。提高自动化水平，减少体力劳动，世界上发达国家不管是什么社会制度都是走这个道路。科技人员是不是劳动者？科学技术叫生产力，科技人员就是劳动者！要解决教师地位问题。几百万教员，只是挨骂，怎么调动他们的积极性？毛主席讲，消极因素还要转化为积极因素嘛！教育战线也要调动人的积极性。

9月27日、10月4日，出席全国农村工作座谈会。在出席9月27日上午会议的讲话中指出：当前，各方面都存在一个整顿的问题。要通过整顿，解决农村的问题，解决工厂的问题，解决科学技术方面的问题，解决各方面的问题。现在问题相当多，要解决，没有一股劲不行。要敢字当头，横下一条心。这半年来，我讲了多次话，中心是讲敢字当头。整顿的核心是党的整顿。只要抓住整党这个中心环节，各个方面的整顿就不难。在谈到什么叫宣传毛泽东思想时指出：我总觉得现在有一个很大的问题，就是怎样宣传毛泽东思想。林彪把毛泽东思想庸俗化的那套做法，罗荣桓同志首先表示不同意，说学习毛主席著作要学精神实质。当时书记处讨论，赞成罗荣桓同志的这个意见。林彪主张就学"老三篇"（后来加成"老五篇"），是割裂毛泽东思想。毛泽东思想有丰富的内容，是完整的一套，怎么能够只把"老三篇""老五篇"叫做毛泽东思想，而把毛泽东同志的其他著作都抛开呢？怎么能够抓住一两句话、一两个观点，就片面地进行宣传呢？割裂毛泽东思想这个问题，现在实际上并没有解决。比如文艺方针，毛泽东同志说，要古为今用，洋为中用，百花齐放，推陈出新。这是很完整的。可是，现在百花齐放不提了，没有了，这就是割裂。恐怕在相当多的领域里，都存在怎样全面学习、宣传、贯彻毛泽东思想的问题。毛泽东思想紧密联系着各个领域的实践，紧密联系着各个方面工作的方针、政策和方法，我们一定要全面地学习、宣传和实行，不能听到风就是雨。在出席10月4日上午会议的讲话中谈到整党问题时，指出：整党主要放在整顿各级领导班子上。领导班子整顿好了，党员的问题就容易解决了。要在整党的基础上挑选干部。一个大队，一个公社，一个县，选好了一、二把手，整个领导班子就带起来了。特别要抓好县委一级，建立一个强有力的县委可是重要啊！军队是团，地方是县，为什么总讲县、团级呀，就是这个道理。又说：挑选领导干部，不管老中青，都要看他是不是肯干，是不是能带头吃大苦耐大劳。这是第一条。当然还要有头脑。

11 月 20 日，出席中共中央政治局会议，讨论对文化大革命的评价问题。会议根据毛泽东的意见，提出由邓小平主持作一个关于文化大革命的决议，总的看法是文化大革命基本正确，有所不足。邓小平婉拒，表示：由我主持写这个决议不适宜，我是桃花源中人，"不知有汉，无论魏晋"。

12 月 20 日，主持中共中央政治局会议，并作检讨发言，表示感谢毛主席的教育和同志们的帮助，并介绍自己几个月来的思想状态。指出：九号文件以前一段时间，看到相当部分工业生产上不去，事故比较多，不少地方派性比较严重，确实很着急。二三月间铁路运输问题很多，影响到各方面的生产，所以我提出首先从铁路着手解决问题。在这个问题上，除了在管理体制上提出强调集中统一以外，特别强调了放手发动群众，批判资产阶级派性，强调了抢时间，企图迅速解决问题。因此，在方法上强调对少数坚持打派仗的头头，采取坚决调离的方能。徐州问题的解决，铁路上的面貌很快地改观，我当时觉得，用这种方法的结果，打击面极小，教育面极大，见效也最快，同时我还觉得江苏运用铁路的经验解决全省其他问题，也得到较快较显著的效果，所以我认为这个方法可以用之于其他方面。紧接着，把这样的方法用之于钢铁，用之于七机部，用之于某些地区、某些省，用之于整顿科学院的工作。在这次会议之前，我还自认为这些方法是对头的，所以，当有同志对这些方针和方法提出批评的时候，我还觉得有些突然，有些抵触情绪。在谈了对派性，对工业生产，对文教系统，对老、中、青三结合，对新生事物，特别对文化大革命的态度后，说：检查原因，最主要、最根本的，是对文化大革命的态度问题。"桃花源中人"，八年未工作，不是主要原因，主要原因是思想认识问题。会后，致信毛泽东:"在今(廿)晚的会议上,我对自己的错误作了一个检讨性的发言,现将这个发言送呈主席审阅。当然,这是一个初步的检讨,同志们还会继续给我以更多的批评和帮助,使自己得到更大的益处和提高。我希望能够取得主席的当面教诲,当然应在主席认为必要的时候。"

1976 年 七十二岁

1 月 3 日,出席中共中央政治局会议,进一步作补充检讨。

1 月 15 日,出席周恩来追悼大会,并代表中共中央致悼词。

1 月 20 日,出席中共中央政治局会议,再作检讨。会上,江青等轮番对邓小平进行指责和批判。

1 月 21 日,毛泽东在听取毛远新关于 20 日政治局会议情况的汇报后表示:邓小平还是人民内部问题,引导得好,可以不走到对抗方面去。又说:小平工作问题以后再议。我意可以减少工作,但不脱离工作,即不应一棍子打死。同日,在江青、张春桥授意下,迟群召开清华大学、北京大学党委负责人会议,公开点名批判邓小平。

2 月 2 日,中共中央发出通知,宣布:经毛主席提议,中央政治局一致通过,由华国锋任国务院代总理;经毛主席提议,中央政治局一致通过,在叶剑英生病期间,由陈锡联负责主持中央军委的工作。6 日,中央军委常委开会,对去年 7 月中央军委扩大会议的文件作了检查。16 日,中共中央批转中央军委关于检查 1975 年 7 月中央军委扩大会议文件的报告,中央军委检查报告称邓小平、叶剑英在 1975 年军委扩大会议上的讲话是"有错误的","建议停止学习和贯彻执行"。自中共中央通知发出后,邓小平实际上被停止中央的领导工作,叶剑英实际上被停止中央军委的领导工作。

2 月 25 日至 3 月初,中共中央召集各省、市、自治区和各大军区负责人会议(打招呼会议),传达经毛泽东批准、由毛远新整理的毛泽东自

1975 年 10 月至 1976 年 1 月关于"批邓、反击右倾翻案风"的多次谈话。3 月 3 日，中共中央发出《关于学习〈毛主席重要指示〉的通知》和华国锋在打招呼会议上的讲话，"批邓"问题在党内公开。

4 月 4 日，清明节，北京天安门广场出现了 200 多万人次参加的悼念周恩来、反对"四人帮"、拥护邓小平的群众运动，使全国性的悼念、抗议活动达到高潮。为了不使江青等找到借口，邓小平要求全家人在这期间都不去天安门广场。当日晚，华国锋主持召开中共中央政治局会议，讨论连日来天安门广场发生的事态。在江青等人的左右下，会议将天安门广场发生的群众运动定性为"反革命搞的事件"，"是邓小平搞了很长时间的准备形成的"，决定当晚采取清理天安门广场的花圈和标语等措施。

4 月 7 日，根据毛泽东的提议，中共中央政治局召开会议，一致通过：一、《中共中央关于华国锋同志任中国共产党中央委员会第一副主席、中华人民共和国国务院总理的决议》。二、《中共中央关于撤销邓小平党内外一切职务的决议》。《决议》还提出"保留党籍，以观后效"。同日，"四人帮"毫无根据地认定邓小平是天安门事件的"总后台"，并声称可能有"群众"要去冲击邓小平，要把邓小平抓起来。汪东兴把这一情况向毛泽东作了汇报。毛泽东表示：不能冲击，也不能把人抓走。指示汪东兴将邓小平转移到安全地方。本日下午，邓小平夫妇被迁至东交民巷一处住所住下，并与外界断绝了一切联系。仍住在宽街的邓小平的子女和工作人员不久也接到通知：不准自行外出，就地集中办"学习班"。

10 月 6 日晚，华国锋、叶剑英等代表中共中央政治局采取断然措施，对王洪文、张春桥、江青、姚文元实行隔离审查，一举粉碎江青反党集团。

10 月 7 日，从家属那里得知粉碎"四人帮"的消息。

10 月 10 日，致信汪东兴转华国锋并中共中央，表示坚决拥护党中央一举粉碎"四人帮"的果断行动，拥护党中央关于由华国锋同志担任党中央主席和军委主席的决定。

12月14日，中共中央决定，恢复邓小平看中央文件的权利。邓小平看到的第一批文件是本月10日中共中央发出的《王洪文、张春桥、江青、姚文元反党集团罪证（材料之一）》。看完文件后说：这就够了。不需要之二、之三了。可以定罪了。

1977年 七十三岁

2月3日，康复出院。在叶剑英安排下，和全家住进北京西山中央军委25号楼。

4月10日，致信中共中央，提出我们必须世世代代地用准确的完整的毛泽东思想来指导我们全党、全军和全国人民。中共中央批转此信，肯定了邓小平的意见。

5月24日，同王震、邓力群谈话。指出："两个凡是"不符合马克思主义；一定要在党内造成一种空气，尊重知识，尊重人才。

7月1日，迁居北京东城区米粮库胡同5号。

7月16日至21日，出席党的十届三中全会。17日，全会一致通过《关于恢复邓小平同志职务的决议》，决定恢复邓小平中共中央委员，中央政治局委员、常委，中央副主席，中央军委副主席，国务院副总理，中国人民解放军总参谋长的职务。21日，在全会上讲话说：作为一名老的共产党员，还能在不多的余年里为党为国家为人民做一点力所能及的事情，在我个人来说是高兴的。出来工作，可以有两种态度，一个是做官，一个是做点工作。我想，谁叫你当共产党人呢，既然当了，就不能够做官，不能够有私心杂念，不能够有别的选择，应该老老实实地履行党员的责任，听从党的安排。

7月30日，出席在北京工人体育场举行的北京国际足球友好邀请赛闭幕式，观看香港足球队同中国青年足球队的比赛。这是邓小平复出后第一次公开在群众场合露面。

8月4日至8日，邀请30多位著名科学家和教育工作者，召开科学和教育工作座谈会。

8月，在中国共产党第十一次全国代表大会上，当选为中央委员会委员。

8月18日，审阅教育部《关于推迟招生和新生开学时间的请示报告》，作出批示："这是经过考虑，为了保证重点大学学生质量而商定的。拟同意。"《报告》提出，原计划高等学校和中等专业学校8月开始招生，11月中旬新生开学。现根据邓副主席最近的指示，我们将对高等学校招生制度作较大的改进，招生时间拟推迟到第4季度，1977年新生于明年2月底前入学，推迟3个月（包括寒假）。8月13日至9月25日，全国高等学校招生工作会议决定：从今年起高等学校招生改变文化大革命期间不考试的做法，恢复统一考试、择优录取的办法。

8月19日，出席中共十一届一中全会，当选为中共中央政治局委员、中共中央政治局常委、中共中央副主席、中共中央军委副主席。

8月23日，出席中共中央军委座谈会。在讲话中指出：军队要把教育训练提高到战略地位。

12月28日，出席中共中央军委全体会议并讲话。在讲到整顿领导班子问题时指出：军队是无产阶级专政的主要工具。军队不搞好，军队干部不纯，祸害很大。对于同"四人帮"篡党夺权阴谋活动有牵连的人和事，一定要彻底查清。要全面地历史地看干部，不仅要看他过去的历史，也要看他在同林彪、"四人帮"斗争中的表现。今后配备领导班子，要选那些认真学习马列主义、毛泽东思想，在斗争中经得起考验的人；要选那些党性强，能团结人，不信邪的人；要选那些艰苦朴素，实事求是，讲老实话，办老实事，做老实人，作风正派的人；要选那些努力工作，联系群众，关心群众疾苦，有魄力，有实际经验，能够办事的人。

1978 年　七十四岁

1 月 26 日至 31 日，前往缅甸访问。

1 月 31 日至 2 月 3 日，在四川参观考察。

2 月 3 日至 6 日，前往尼泊尔访问。

2 月 26 日，出席第五届全国人民代表大会第一次会议。

3 月 2 日，出席解放军代表团第一小组会议。在讲话中指出：要恢复和发扬我们行之有效的政策，恢复和发扬毛主席创立的一套好作风。目标就是四个现代化。社会主义不是比资本主义优越吗？不优越叫什么社会主义。"四人帮"不讲生产。过渡到共产主义不讲生产能行吗？共产主义是什么？是各尽所能，按需分配。按需分配就要物质极大丰富。所以要实现四个现代化，才能更好地体现社会主义的优越性，不然，就始终处于挨打的地位。光喊口号没有用。

3 月 8 日，当选为第五届全国政治协商会议主席。

3 月 15 日，为中国人民解放军军事科学院建院 20 周年题词："继承毛泽东军事思想，研究现代条件下人民战争，发展我国军事科学。"

3 月 18 日，在全国科学大会开幕式上讲话，系统地论述科学技术在社会主义现代化建设中的关键性作用。

3 月 28 日，同胡乔木、邓力群谈话。指出：我们一定要坚持按劳分配的社会主义原则。按劳分配就是按劳动的数量和质量进行分配。根据这个原则，评定职工工资级别时，主要是看他的劳动好坏、技术高低、贡献大小。总之，只能是按劳，不能是按政，也不能是按资格。

4 月 22 日，出席全国教育工作会议开幕式并发表讲话。指出：学校是为社会主义建设培养人才的地方，人才的标准是德、智、体几方面都得到发展，成为有社会主义觉悟的有文化的劳动者。学生把坚定正确的政治方向放在第一位，这不仅不排斥学习科学文化，相反，应该越加自觉、刻苦。我们要在科学技术上赶超世界先进水平，不但要提高高等教育的质量，而且首先要提高中小学教育的质量，按照中小学生所能接受的程度，用先进的科学知识来充实中小学的教育内容。还指出：要尊重教师的劳动，提高教师的质量。一个学校能不能为社会主义建设培养合格的人才，培养德、智、体全面发展、有社会主义觉悟的有文化的劳动者，关键在教师。要提高人民教师的政治地位和社会地位。不但学生应该尊重教师，整个社会都应该尊重教师。

5月11日，为中国人民解放军空军题词："高举毛主席伟大旗帜，建设一支革命的强大的人民空军，准备打仗，保卫社会主义祖国。"

5月30日，同胡乔木等谈准备在中国人民解放军全军政治工作会议上讲话的内容，提出要着重讲实事求是问题。

6月2日，出席中国人民解放军全军政治工作会议并讲话。指出：我们一些同志天天讲毛泽东思想，却往往忘记、抛弃甚至反对毛泽东同志的实事求是、一切从实际出发、理论与实践相结合的这样一个马克思主义的根本观点、根本方法。不但如此，有的人还认为谁要是坚持实事求是，从实际出发，理论和实践相结合，谁就是犯了弥天大罪。他们提出的这个问题不是小问题，而是涉及怎么看待马列主义、毛泽东思想的问题。马列主义、毛泽东思想的基本原则，我们任何时候都不能违背，这是毫无疑义的。但是，一定要和实际相结合，要分析研究实际情况，解决实际问题。按照实际情况决定工作方针，这是一切共产党员所必须牢牢记住的最基本的思想方法、工作方法。实事求是，是毛泽东思想的出发点、根本点。还指出：从部队存在的问题和实际情况来看，最重要的，就是要研究和解决在新的历史条件下，怎样恢复和发扬政治工作的优良传统，提高我军战斗力的问题。

7月22日，同胡耀邦谈话，明确肯定和支持真理标准问题的讨论。指出：《实践是检验真理的唯一标准》这篇文章是马克思主义的。争论不可避免，争得好。引起争论的根源就是"两个凡是"。

9 月 8 日至 13 日，率中国党政代表团乘专机赴平壤参加朝鲜国庆三十周年庆祝活动。

9 月 13 日至 21 日，率中国党政代表团访问朝鲜回国后，到东北三省、河北省、天津市视察，反复强调恢复实事求是的思想路线。提出，社会主义制度优越性的根本表现，就是能够允许社会生产力以旧社会所没有的速度迅速发展，使人民不断增长的物质文化生活需要能够得到满足。

10 月 9 日上午，同中国旅行游览事业管理总局、中国民用航空总局负责人卢绪章等谈话，指出：民航和旅游这两个行业很值得搞。

10 月 10 日，会见德意志联邦共和国新闻代表团。谈话时提出，中国要实行开放政策，要引进国际上的先进技术、先进装备，作为发展的起点。

10 月 11 日，在中国工会第九次全国代表大会致辞中提出，实现四个现代化，各个经济战线不仅需要进行技术上的重大改革，而且需要进行制度上组织上的重大改革。

10 月 20 日，由林乎加、赵鹏飞等陪同，视察北京前三门新建的公寓住宅楼。在谈话中肯定了北京市为改善人民居住条件所作的努力，并对新住宅存在的问题提出意见，指出：今后修建住宅楼时，设计要力求布局合理，尽量增加使用面积，更多地考虑住户的方便，比如尽可能安装一些淋浴设施等，还要注意内部装修的美观，多采用新型轻质建筑材料，降低住房造价。同时，要请一些会挑毛病的人来提意见，研究一下怎样把住宅楼修建得更好些。

10 月 22 日至 29 日，访问日本，出席互换《中日和平友好条约》批准书仪式。这是中华人民共和国成立后中国领导人第一次访问日本。

11 月 5 日至 14 日，访问泰国、马来西亚和新加坡三国。

12 月 13 日，在中共中央工作会议闭幕会上作《解放思想，实事求是，团结一致向前看》讲话。指出：解放思想是当前一个重大政治问题。不打破思想僵化，不大大解放干部群众的思想，四个现代化就没有希望。民主是解放思想的重要条件，必须使民主制度化、法律化。要研究新情况，解决新问题。强调如果现在再不实行改革，我们的现代化事业和社会主义事业就会被葬送。提出允许一部分地区、一部分人先富裕起来，是带动整个国民经济不断波浪式向前发展的大政策。这个讲话实际上是党的十一届三中全会的主题报告。

12 月 18 日至 22 日，出席党的十一届三中全会。三中全会恢复了党的实事求是思想路线，停止使用"以阶级斗争为纲"的口号，作出把工作重点转移到社会主义现代化建设上来的战略决策。会议标志中国进入了改革开放的新的历史时期。经过这次全会，形成了以邓小平同志为核心的中共第二代中央领导集体。

1979 年　七十五岁

1 月 1 日，出席全国政协举行的讨论五届全国人大常委会第五次会议通过的《全国人民代表大会常务委员会告台湾同胞书》座谈会。在讲话中指出：1979 年元旦是个不平凡的日子，有三个特点：第一，是我们全国工作的重点转移到四个现代化建设上来了；第二，中美关系实现了正常化；第三，把台湾归回祖国、完成祖国统一的大业提到具体的日程上来了。这三个特点，反映了在粉碎"四人帮"之后，我们在国内工作和国际事务中都取得了相当大的成就。毛主席在 1957 年就提出的那种又有集中又有民主，又有纪律又有自由，又有统一意志又有个人心情舒畅、生动活泼的政治局面，在去年逐渐地形成了。这个情况，特别集中地体现在我们党刚刚开过的中央工作会议和十一届三中全会上。这种风气和局面概括起来就叫做生动活泼的政治局面。我们要把这种风气和局面在全国发扬开来、坚持下去，在党、政、军、民各方面发扬开来、坚持下去。这是实现四个现代化的政治基础。没有这样的政治局面，四个现代化是不可能实现的。

1月6日，同余秋里、方毅、谷牧、康世恩谈经济建设方针问题。指出：旅游事业大有文章可做，要突出地搞，加快地搞。

1月上旬，被美国《时代》周刊评为1978年度世界风云人物。《时代》周刊1979年第一期序言说：一个崭新中国的梦想者——邓小平向世界打开了"中央之国"的大门。这是人类历史上气势恢宏、绝无仅有的一个壮举！

1月17日，同工商界领导人胡厥文、胡子昂、荣毅仁、周叔弢、古耕虞谈话。指出：现在搞建设，门路要多一点，可以利用外国的资金和技术，华侨、华裔也可以回来办工厂。吸收外资可以采取补偿贸易的办法，也可以搞合营，先选择资金周转快的行业做起。当然，利用外资一定要考虑偿还能力。要发挥原工商业者的作用，有真才实学的人应该使用起来，能干的人就当干部，要落实对他们的政策。总之，钱要用起来，人要用起来。

1月28日至2月6日，应美国总统吉米·卡特的邀请访问美国，这是新中国领导人第一次访美，也是邓小平最后一次正式出国访问。

2月6日至8日，对日本进行为期两天的访问。

3月12日，在中国第一个植树节，到北京市大兴县庞各庄公社薛营大队参加植树造林活动。指出：要让娃娃们从小养成种树、爱树的好习惯。植树后，观看挖坑机的挖树坑操作表演。

3月29日，会见香港总督麦理浩，明确提出1997年中国收回香港后，香港还可以搞资本主义。

3月30日，在中共中央召开的党的理论工作务虚会上，提出必须坚持四项基本原则，即坚持社会主义道路，坚持人民民主专政，坚持共产党的领导，坚持马克思列宁主义、毛泽东思想。强调这是实现四个现代化的根本前提。

4月3日，听取叶飞、杜义德关于中国人民解放军海军现代化建设问题的汇报。指出：究竟要建立一个什么样的海军？我看是要顶用的。装备要能够形成战斗力，要恢复我军雷厉风行、严格的作风。整顿要扎实一点。训练部队一定要从实战出发，符合战斗要求，不要搞形式主义。要建立严格规章制度和岗位责任制。还说：要害部门的人选要注意。打砸抢分子不能放在要害部门。

4月，在中共中央工作会议期间，对习仲勋、杨尚昆提出的在邻近香港、澳门的深圳、珠海以及汕头兴办出口加工区的意见，表示赞同。并说：还是叫特区好，陕甘宁开始就叫特区嘛！中央没有钱，可以给些政策，你们自己去搞，杀出一条血路来。根据邓小平的提议，中央工作会议正式讨论了广东省的提议。7月15日，中共中央、国务院批转中共广东省委、福建省委关于对外经济活动实行特殊政策和灵活措施的报告，决定在深圳、珠海、汕头、厦门试办特区。1980年5月16日，中共中央、国务院批转《广东、福建两省会议纪要》，正式将"特区"定名为"经济特区"。

6月15日，在中国人民政治协商会议第五届全国委员会第二次会上致开幕词。

6月28日，会见日本公明党第八次访华团。谈话时说，要加强民主就要加强法制。民主和法制两手都不能削弱。

6月，在第五届全国人民代表大会第二次会议期间，同万里谈话，就他汇报安徽农村一些地方已经搞起包产到户但有人反对一事，发表意见说：不要争论，你就这么干下去就行了，就实事求是干下去。

7月11日至8月10日，视察安徽、上海、山东、天津。

9月1日，和华国锋、李先念、王震、邓颖超、乌兰夫、胡耀邦等，听取第十四次全国统战工作会议情况的汇报。在插话中，就统一战线的对象、性质和扩大统一战线的范围等问题发表意见，指出：新时期统一战线，可以称为社会主义劳动者和爱国者的联盟。爱国者的范围是很宽广的，包括蒋经国在内，只要台湾归回祖国，他就做了爱国的事。现在可以提第三次国共合作。现在最大的统一战线问题，是台湾归回祖国、实现祖国统一问题。统一战线的对象，清楚得很，顾名思义，是把一切能够联合的都联合起来，范围以宽为宜，宽有利，不是窄有利。统一战线的性质，叫革命的爱国的统一战线，就是劳动者与爱国者的联盟。这样范围就宽了，具有广泛的性质。

10月4日，在中共省、市、自治区第一书记座谈会上讲话。提出经济工作是当前最大的政治。今后长期工作的重点都要放在经济工作上面。经济工作要按经济规律办事。利用外资是一个很大的政策。扩大企业自主权，有利于发展生产，必须坚持。

10月19日，在全国政协、中共中央统战部宴请出席各民主党派和全国工商联代表大会代表时讲话指出，我国新的历史时期的统一战线，已经发展成为全体社会主义劳动者、拥护社会主义的爱国者和拥护祖国统一的爱国者的最广泛的联盟。

11月2日，在中央党、政、军机关副部长以上干部会上作《高级干部要带头发扬党的艰苦朴素、密切联系群众的优良传统》的报告。

11月26日，会见美国不列颠百科全书出版公司编委会副主席吉布尼和加拿大麦吉尔大学东亚研究所主任林达光等。谈话时提出，社会主义也可以搞市场经济。

12月6日，会见日本首相大平正芳。谈话中提出，中国本世纪的目标是实现小康。

1980年　七十六岁

1月1日，出席政协全国委员会举行的新年茶话会。在讲话中指出：在80年代里，我们最根本的工作就是要把自己的事情办好，国内的事情最重要的是把经济搞好。

1 月 16 日，在中共中央召集的干部会议上作《目前的形势和任务》的报告，报告提出了 80 年代要做的三件大事和现代化建设必须具备的四个前提。三件大事是：在国际事务中反对霸权主义，维护世界和平；台湾回归祖国，实现祖国统一；加紧经济建设。三件事的核心是现代化建设。这是解决国际问题、国内问题的最主要的条件。我们在发展经济方面，正在寻求一条合乎中国实际的，能够快一点的、省一点的道路，其中包括扩大企业自主权和民主管理，发展专业化和协作，计划调节和市场调节相结合，先进技术和中等技术相结合，合理地利用外国资金、外国技术等等。四个前提是：第一，要有一条坚定不移、贯彻始终的政治路线。现代化建设是当前最大的政治。第二，要有一个安定团结的政治局面。第三，要有一股艰苦奋斗的创业精神。第四，要有一支坚持走社会主义道路的、具有专业知识和能力的干部队伍。

1 月 28 日，同胡耀邦、胡乔木、邓力群谈对《中国共产党章程（修改草案）》本月 20 日稿的意见。在谈到建立党的顾问委员会时指出：党章作这一规定的目的，是使党的各级委员会逐步年轻化。要讲清各级顾问委员会的性质、职权。它应是同级党委的咨询机构，党委决定重大问题时要向它提供情况、材料，听取它的意见。中央顾问委员会成员可以列席中央政治局会议，各级顾问委员会的成员也可列席同级党委会或常委会。这个规定，不只是解决丧失工作能力的老同志退出中央委员会当参谋的问题，就是那些有过重大贡献、在全国德高望重的人，也可以转入第二线。与此相联系的问题，还是要按国家规定实行干部离职退休制度，都安排当顾问不可能。在谈到当选党的各级委员会委员的条件时说：总的趋势应该是年轻化、专业化。专业化就是具有专业知识和专业能力，不合条件的不再选入党的各级委员会。从基层到中央，党的各级委员会委员只是在年龄要求上有区别。党的各级委员会要善于通过党组织和党员的模范作用来实现党的领导。党的各级委员会的核心，人数不能太多，要年富力强，真正干事。还指出：党员的条件要严格一些。具备什么条件算共产党员，不够条件的怎么办，还应要求党员要把党和人民的利益放在第一位，两者发生矛盾时，要牺牲个人利益。

2月26日，出席中共中央政治局常委召集的党的十一届五中全会各组召集人汇报会。在讲话中谈到中共中央的人事安排和设立中央书记处问题时说：对于中央政治局常委中岁数大的同志，我总的倾向是，包括我在内，慢慢脱钩，以后逐步增加比较年轻的、身体好的、年轻力壮的人。这是一个总的决策。6月全国人大以后，陈云同志、先念同志和我都不兼副总理了，逐步地、慢慢地推一些年轻的、身体好的同志在第一线。建立书记处的目的也是这个意思，书记处作为第一线。中央政治局成员，我倾向在相当一个时期内岁数大一点、人数稍微多一点也可以，因为有书记处了。老同志可以在政治局里发挥作用。以后的人事安排要慢慢年轻化。我们这些人是安排后事的问题，不再放到第一线了。当然，这也要根据实际情况和实际可能。我自己定了个奋斗目标，时间定在1985年，就是要办一件事，精心地选拔身体比较好的、比较年轻的同志上来搞事情。这次全会开始注意这件事，但没有做完，还要继续做。

2月28日，出席中共中央政治局常委召集的党的十一届五中全会各组召集人汇报会。就讨论中有人提出为刘少奇平反的决议要不要写他也犯过错误的问题，发表意见说：今天倒是议了一个重要原则问题。实事求是可不容易。写上这样的语句不会给人们说这是贬低少奇同志，不可能这样理解。少奇同志与一般人不同，在给他作的平反决议中如果没有这样的内容，会给人一个印象，就是所有错误都是毛主席一个人的。这不是事实。我们犯的错误比少奇同志犯的错误多。总要承认他也有错误就是了。这也是个党风问题。

2月29日，在党的十一届五中全会第三次全会上讲话，指出要坚持党的路线，改进工作方法。

3月12日，出席中共中央军委常委扩大会议，并讲话。指出：我们存在的一个最大问题，就是军队很臃肿。现在提出"消肿"，主要是要解决军队机构重叠、臃肿，以及由此带来的各级指挥不灵等问题。军队要提高战斗力，提高工作效率，不"消肿"不行。要"消肿"，不改革体制不行。体制、制度问题中，很重要的是建立军官服役、退役制度。要有退休制度，不仅军队要有，地方也要有，国务院也要办这件事。

3月17日，出席中共中央政治局常委会会议。就各省、市、自治区选拔的165名优秀中青年干部名单一事，指出：我仔仔细细地看了名单，发觉在选拔中青年干部上有问题，主要是两点，第一，年龄偏高；第二，文化程度偏低，大学毕业的很少。组织部门一定要建立卡片制度。要不断将优秀中青年干部在工作中的表现、新贡献填进卡片中。在胡耀邦讲这个问题可能军队比地方更严重时说：是。军队选拔中青年干部问题更没有解决好，你们要好好抓紧解决一节。

3月19日，就起草《关于建国以来党的若干历史问题的决议》、编制长期规划等问题，同胡耀邦、胡乔木、邓力群谈话。指出：今年要抓好两件大事，一件是写好若干历史问题的决议，一件是搞好长期规划。起草历史决议的中心意思应该是三条：第一，确立毛泽东同志的历史地位，坚持和发展毛泽东思想。这是最核心的一条。不仅今天，而且今后，我们都要高举毛泽东思想的旗帜。要写毛泽东思想的历史，毛泽东思想形成的过程。要正确评价毛泽东思想，科学地确立毛泽东思想的指导地位。第二，对建国三十年来历史上的大事，哪些是正确的，哪些是错误的，要进行实事求是的分析，包括一些负责同志的功过是非，要做出公正的评价。第三，通过这个决议对过去的事情做个基本的总结。这个总结宜粗不宜细。总结过去是为了引导大家团结一致向前看。总的指导思想，就是这三条。其中最重要、最根本、最关键的还是第一条。

4月1日，同胡耀邦、胡乔木、邓力群谈历史决议起草问题。指出：

建国后十七年这一段，有曲折，有错误，基本方面还是对的。社会主义革命搞得好，转入社会主义建设以后，毛泽东同志也有好文章、好思想。再次强调：决议中最核心、最根本的问题，还是坚持和发展毛泽东思想。党内党外、国内国外都需要我们对这一问题加以论证，加以阐述，加以概括。还指出：革命是要搞阶级斗争，但革命不只是搞阶级斗争。生产力方面的革命也是革命，而且是很重要的革命，从历史的发展来讲是最根本的革命。

4月2日，同胡耀邦、万里、姚依林、邓力群谈长期规划问题。在谈到建筑业和住宅问题时指出：从多数资本主义国家看，建筑业是国民经济的三大支柱之一，这不是没有道理的。过去我们很不重视建筑业，只把它看成是消费领域的问题。但是这种生产消费资料的部门，也是发展生产、增加收入的一个重要产业部门。要改变一个观念，就是认为建筑业是赔钱的。应该看到，建筑业是可以赚钱的，是可以为国家增加收入、增加积累的一个重要的产业部门。建筑业发展起来，就可以解决大量人口的就业问题，就可以多盖房，更好地满足城乡人民的需要。随着建筑业的发展，也就带动了建材工业的发展。在长期规划中必须把这个问题放在重要地位。

4月12日，会见赞比亚总统肯尼思·戴维·卡翁达。指出：不解放思想不行，甚至于包括什么叫社会主义这个问题也要解放思想。经济长期处于停滞状态总不能叫社会主义，人民生活长期停止在很低的水平总不能叫社会主义。

4月21日，会见拉赫达尔·布拉希米为团长的阿尔及利亚民族解放阵线党代表团。在谈到如何进行社会主义建设问题时指出：要充分研究如何搞社会主义建设的问题。现在我们正在总结建国三十年的经验。总起来说，第一，不要离开现实和超越阶段采取一些"左"的办法，这样是搞不成社会主义的。我们过去就是吃"左"的亏。第二，不管你搞什么，一定要有利于发展生产力。发展生产力要讲究经济效果。只有在发展生产力的基础上才能随之逐步增加人民的收入。我们在这一方面吃的亏太大了，特别是"文化大革命"这十年。要研究一下，为什么好多非洲国家搞社会主义越搞越穷。不能因为有社会主义的名字就光荣，就好。

5月5日，会见并宴请几内亚人民革命共和国总统艾哈迈德·塞古·杜尔。在谈话中指出：社会主义是一个很好的名词，但是如果搞不好，不能正确理解，不能采取正确的政策，那就体现不出社会主义的本质。我们认为社会主义道路是正确的。我们现在进行一系列改革，仍然坚持四项基本原则，其中有一条就是坚持社会主义道路。各个国家应该根据自己的特点来实行社会主义的政策。像中国这样的大国，也要考虑到国内各个不同地区的特点才行。在搞社会主义方面，毛泽东主席的最大功劳是将马克思列宁主义的普遍原理同中国革命的具体实践结合起来。我们最成功的是社会主义改造。根据我们自己的经验，讲社会主义，首先就要使生产力发展，这是主要的。只有这样，才能表明社会主义的优越性。社会主义经济政策对不对，归根到底要看生产力是否发展，人民收入是否增加。这是压倒一切的标准。空讲社会主义不行，人民不相信。

5月17日，出席为刘少奇举行的万人追悼大会，并致悼词。致悼词后，同其他党和国家领导人向刘少奇的亲属王光美等表示慰问，紧紧握着王光美的手说：是好事，是胜利。

5月31日，同中央有关负责人谈农村政策问题，强调要因地制宜，实行多种形式的生产责任制。

6月27日，同胡耀邦等谈对历史决议稿的意见。指出：决议草稿看了一遍。不行，要重新来。我们一开始就说，要确立毛泽东同志的历史地位，坚持和发展毛泽东思想，现在这个稿子没有很好体现原先的设想。要说清楚关于社会主义革命和社会主义建设，毛泽东同志有哪些贡献。他的思想还在发展中。我们要恢复毛泽东思想，坚持毛泽东思想，以至还要发展毛泽东思想，在这些方面，他都提供了一个基础。要把这些思想充分地表达出来。重点要放在毛泽东思想是什么、毛泽东同志正确的东西是什么这方面。错误的东西要批评，但是要很恰当。单单讲毛泽东同志本人的错误不能解决问题，最重要的是一个制度问题。毛泽东同志说了许多好话，但因为过去一些制度不好，把他推向了反面。毛泽东同志的错误在于违反了他自己正确的东西。

6月30日，乘专列由北京前往西安，到陕西、四川、湖北、河南等地参观视察。出发前，指示中央警卫局通知各地：不搞迎送，不请客，外出参观、考察，不断绝交通，不坐小轿车，一律乘面包车。

8月18日，在中共中央政治局扩大会议上作《党和国家领导制度的改革》报告时指出，对现行制度存在的官僚主义、家长制作风、权力过分集中、党政不分、特权现象和干部领导职务终身制等弊端，必须进行有计划、有步骤而又坚决彻底的改革。提出要建立退休制度，干部队伍要在坚持社会主义道路和党的领导的前提下，年轻化、知识化、专业化。

8月28日，出席政协第五届全国委员会第三次会议，并致开幕词。

8月21日、23日，会见意大利记者奥琳埃娜·法拉奇。在回答提问时说，我们要对毛主席一生的功过作客观评价。我们将肯定毛主席的功绩是第一位的，他的错误是第二位的。

9月10日，辞去国务院副总理职务。

12月25日，出席中共中央工作会议闭幕式，并作题为《贯彻调整方针，改善党的工作，保证安定团结》的讲话。指出：这次对经济作进一步调整，是为了站稳脚跟，稳步前进，更有把握地实现四个现代化，更有利于达到四个现代化的目标。这次调整是三中全会以来的各项正确方针、政策的继续和发展，是三中全会实事求是、纠正"左"倾错误的指导思想的进一步贯彻。

1981年　七十七岁

1月4日，会见美国参议院共和党副领袖西奥多·史蒂文斯和美国共和党全国少数民族委员会主席、美国总统出口委员会副主席陈香梅，阐明中国政府对发展中美关系的原则立场。

2月14日，为英国培格曼出版公司编辑出版的《邓小平副主席文集》英文版作序。《序言》指出：我荣幸地以中华民族一员的资格，而成为世界的公民。我是中国人民的儿子，我深情地爱着我的祖国和人民。

6月，党的十一届六中全会通过邓小平主持起草的《关于建国以来党的若干历史问题的决议》。决议彻底否定了"文化大革命"，全面评价了毛泽东的历史地位，提出必须坚持和发展毛泽东思想。会议选举邓小平为中央军委主席。

7月2日，在中共省、自治区、直辖市委员会书记座谈会上讲话提出，老干部第一位的任务是选拔中青年干部。

7月17日上午，同王任重等谈话。指出：当前思想战线上，存在着涣散软弱的状态，对错误倾向不敢批评，而一批评有人就说是打棍子。现在我们开展批评很不容易，自我批评更不容易。党的三大作风有一条讲的是自我批评，这是我们区别于其他政党的主要标志之一，但是现在对不少人来说，这一条很难做到。我们今后不搞反右派运动，但是对于各种错误倾向决不能不进行严肃的批评。不仅文艺界，其他方面也有类似的问题。有些人思想路线不对头，同党唱反调，作风不正派，但是有人很欣赏他们，热心发表他们的文章，这是不正确的。

8月5日至22日，视察新疆。

9月16日，约万里谈话，就长江和汉江上游山区毁林开荒和森林过量采伐造成四川、陕西南部发生特大水灾一事，提出开展全民义务植树的倡议。

9 月 17 日至 19 日，在华北某地观看中国人民解放军北京军区和空军部队举行的合成军军事演习。19 日，检阅演习部队并发表讲话：这次演习，检验了部队现代化、正规化建设的成果，较好地体现了现代战争的特点，摸索了现代条件下诸军兵种协同作战的经验，提高了部队军政素质和实战水平。这对全军的建设、战备和训练是一个有力的推动。演习达到了预期目的，是成功的。这充分表明，我们党缔造的、用毛泽东思想武装起来的人民军队，军政素质是好的，是有优良的战斗作风和严格的组织纪律的，是有战斗力的。强调：我军是人民民主专政的坚强柱石，肩负着保卫社会主义祖国、保卫四化建设的光荣使命。因此，必须把我军建设成为一支强大的现代化、正规化的革命军队。

1982 年　七十八岁

1 月 11 日、13 日，出席中共中央政治局扩大会议，讨论中央机构精简问题。13 日下午，在讲话中指出：精简机构是一场革命。当然，这不是对人的革命，而是对体制的革命。如果不搞这场革命，让党和国家的组织继续目前这样机构臃肿重叠、职责不清，许多人员不称职、不负责，工作缺乏精力、知识和效率的状况，这是不可能得到人民赞同的，包括我们自己和我们下面的干部。这确是难以为继的状态，确实到了不能容忍的地步，人民不能容忍，我们党也不能容忍。所有的老干部都要认识到，实现干部队伍革命化、年轻化、知识化、专业化，是革命和建设的战略需要，也是我们老干部的最光荣最神圣的职责；是我们对党的最后一次历史性贡献，也是对我们每个人党性的一次严峻考验。

4 月 10 日，在中共中央政治局会议上讲话，提出坚持社会主义道路的四项必要保证：体制改革；建设社会主义精神文明；打击经济犯罪活动；整顿党的作风和党的组织。强调一手坚持对外开放和对内搞活经济的政策，一手坚决打击经济犯罪活动。

4月25日至4月30日，和胡耀邦离开北京赴朝鲜进行内部访问。

5月6日，会见利比里亚国家元首多伊。谈话时说，我们一方面实行开放政策，一方面仍坚持自力更生为主的方针。

7月4日，出席中共中央军委座谈会。指出：最近我有两次讲话，讲了对坚持社会主义制度、搞好现代化建设的四个保证。第一是体制改革，目前进行机构改革。第二是搞社会主义精神文明。第三是坚决打击经济领域的犯罪活动，或者叫打击经济犯罪分子。第四是党的建设、党的组织和作风的整顿。这四件事都不能一次搞完，要长期搞下去。我们不搞运动，但是，随着四个现代化建设的进程，就要坚持四个保证，一天也不要丢掉，要把它变成一种经常性的工作和斗争。这四件事情当中反映出来的一些问题不都是阶级斗争，但有阶级斗争。在谈到军队体制改革问题时，着重强调了两点。一是提高工作效率。军队就是提高战斗力，也有提高工作效率的问题。另外一点，体制改革有一个重要的内容，就是有利于选拔人才。过去那样臃肿，根本无法培养人才、选拔人才。干部年轻化，要当做体制改革的一个中心目标。不解决选拔人才的问题，我们交不了班，历史会给我们写下一笔。

7月26日，同姚依林、宋平谈"六五"计划和长期规划。指出：集中使用资金势在必行。社会主义同资本主义比较，它的优越性就在于能做到全国一盘棋，集中力量，保证重点。缺点在于市场运用得不好，经济搞得不活。计划与市场的关系问题如何解决？解决得好，对经济的发展就很有利，解决不好，就会糟。集中力量办大事这个决心要下，明年就要开始。现在要聚精会神把长远规划搞好，长远规划的关键，是前十年为后十年做好准备。

7月30日，出席中共中央政治局扩大会议。在讲话中指出：设顾问委员会是废除领导职务终身制的过渡办法。

8月21日，会见联合国秘书长德奎利亚尔。谈话时重申，中国是第三世界的一员。反对霸权主义、维护世界和平是中国对外政策的纲领。

9月1日，在中国共产党第十二次全国代表大会上致开幕词，提出："把马克思主义的普遍真理同我国的具体实际结合起来，走自己的道路，建设有中国特色的社会主义。"这次大会确定了全面开创社会主义现代化建设新局面的纲领。

9月12日至13日，党的十二届一中全会召开，选举邓小平为中央政治局常务委员，决定他任中央军委主席。

9月13日，在中共中央顾问委员会第一次全体会议上，当选为中央顾问委员会主任。在讲话时指出：中央顾问委员会是个新东西，是根据中国共产党的实际情况建立的，是解决党的中央领导机构新老交替的一种组织形式。目的是使中央委员会年轻化，同时让一些老同志在退出第一线之后继续发挥一定的作用。从某种意义上说，顾问委员会是一种过渡性质的组织形式。我们的国家也好，党也好，最根本的应该是建立退休制度。中央顾问委员会是中央委员会在政治上的助手和参谋，中顾委的任务有四条：一是对党的方针政策的制定和执行提出建议，接受咨询；二是协助中央委员会调查处理某些重要问题；三是在党内外宣传党的重大方针政策；四是承担中央委员会委托的其他任务。顾问委员会的工作，总的说就是要按照新党章办事。顾问委员会要注意的第一件事情，就是不要妨碍中央委员会的工作。第二，顾问委员会的成员要联系群众。第三，在保持党的优良作风方面以身作则。搞精神文明，关键是以身作则。

9月18日至22日，陪同朝鲜劳动党中央委员会总书记金日成去四川访问。

9月24日，会见英国首相撒切尔夫人，就香港前途问题交换意见，全面阐述中国政府对香港问题的基本立场。指出：我们对香港问题的基本立场是明确的。这里主要有三个问题，一个是主权问题，再一个是1997年后中国采取什么方式来管理香港，继续保持香港繁荣，第三个是中英两国政府要妥善商谈如何使香港从现在到 1997 年的 15 年中不出现大的波动。强调：主权问题不是一个可以讨论的问题。中国在这个问题上没有回旋的余地。1997 年中国将收回香港，不仅是新界，而且包括香港岛、九龙。否则，任何一个中国领导人和政府都不能向中国人民交代，甚至也不能向世界人民交代。如果不收回就意味着中国政府是晚清政府，中国领导人是李鸿章！不迟于一两年时间，中国就要正式宣布收回香港这个决策。中国的这个决策，从大的方面讲，对英国也是有利的，因为这意味着届时英国将彻底结束殖民统治时代。中英两国应该合作，共同来处理好香港问题。保持香港的繁荣，我们希望取得英国的合作，但这不是说，香港继续保持繁荣必须在英国的管辖之下才能实现。香港继续保持繁荣，根本上取决于中国收回香港后，在中国管辖之下，实行适合于香港的政策。香港现行的政治、经济制度，甚至大部分法律都可以保留，当然，有些要加以改革。香港仍将实行资本主义，现行的许多适合的制度要保持。

11 月，为全军植树造林总结经验表彰先进大会题词："植树造林，绿化祖国，造福后代。"

1983 年　七十九岁

1 月 12 日，和胡耀邦等谈话。在谈到计划问题时说：总结历史经验，计划定得过高，冒了，教训是很深刻的，这方面的问题我们已经注意到了，今后还要注意。现在我们要注意另外一个方面的问题，年度计划定低了，而实际增长速度高出很多，会产生什么影响？对这个问题，要抓紧调查研究，作出符合实际的分析。年度计划要抓紧，工作不能放松，要重视提高经济效益，不要片面追求产值、产量的增长。总之，制订计划遵循的原则，应该是积极的、留有余地的、经过努力才能达到的。在谈到粮食生产和农业翻番问题时说：一号文件很好，政策问题解决了。农业要有全面规划，首先要增产粮食。2000 年总要做到粮食基本过关，这是一项重要的战略部署。要从各方面努力，在规划中要确定用什么手段来达到这个目标。农业翻番不能只靠粮食，主要靠多种经营。要大力加强农业科学研究和人才培养。提高农作物单产，发展多种经营，改革耕作栽培方法，解决农村能源，保护生态环境等，都要靠科学。要切实组织农业科学重点项目的攻关。农业文章很多，我们还没有破题。农业是根本，不要忘掉。在谈到如何看待目前出现的一些新事物时说：农村、城市都要允许一部分人先富裕起来，勤劳致富是正当的。一部分人先富裕起来，一部分地区先富裕起来，是大家都拥护的新办法，新办法比老办越好。农业搞承包大户我赞成，现在放得还不够。总之，各项工作都要有助于建设有中国特色的社会主义，都要以是否有助于人民的富裕幸福，是否有助于国家的兴旺发达，作为衡量做得对或不对的标准。1 月 12 日，同国家计委、国家经委和农业部门负责人谈话时指出，各项工作都要有助于建设有中国特色的社会主义，并强调农业是根本，不要忘掉。

2 月 5 日至 27 日，视察江苏、浙江、上海等地。

3 月 2 日，同胡耀邦等谈话。指出：这次，我经江苏到浙江，再从浙江到上海，一路上，看到情况很好，人们喜气洋洋，新房子修得很多，市场物资丰富，干部信心很足。看来，四个现代化希望很大。

4 月 29 日，会见南布迪里巴德率领的印度共产党（马克思主义）中央代表团。指出：在社会主义国家，一个真正的马克思主义政党在执政以后，一定要致力于发展生产力，并在这个基础上逐步提高人民的生活水平。这就是建设物质文明。与此同时，还要建设社会主义的精神文明，最根本的是要使广大人民有共产主义的理想，有道德，有文化，守纪律。

6 月 18 日，会见参加 1983 年北京科学技术政策讨论会的外籍专家，并回答专家们提出的问题。我们搞的现代化，是中国式的现代化。我们建设的社会主义，是有中国特色的社会主义。我们现在的路子走对了。我们的政策是不会变的。要变的话，只会变得更好。对外开放政策只会变得更加开放。路子不会越走越窄，只会越走越宽。路子走窄的苦头，我们是吃得太多了。如果我们走回头路，只能回到落后、贫困的状态。

6月，在六届全国人大一次会议上，当选为中华人民共和国中央军事委员会主席。

6月26日，会见美国新泽西州西东大学教授杨力宇，进一步阐明实现大陆和台湾和平统一的方针政策。指出：问题的核心是祖国统一。我们不赞成台湾"完全自治"的提法。"完全自治"就是"两个中国"，而不是一个中国。制度可以不同，但在国际上代表中国的，只能是中华人民共和国。

6月30日，出席中共中央工作会议。在讲话中指出：这次会议应该解决的问题都提出来了，最重要的是集中。一个是集中资金搞重点建设，一个是集中精力搞技术改造。体制改革是为了实现这两点。

7月1日，《邓小平文选（1975—1982年）》出版发行。

7月8日，同中央几位负责人谈话时提出，要利用外国智力和扩大对外开放。

7月19日，在北戴河同公安部负责人谈话时指出，必须严厉打击刑事犯罪活动，保护最大多数人的安全。

8月5日至22日，前往东北参观考察。

10月1日，为景山学校题词："教育要面向现代化，面向世界，面向未来。"

10月12日，在党的十二届二中全会上作《党在组织战线和思想战线上的迫切任务》讲话，强调思想战线不能搞精神污染。

1984年 八十岁

1月22日至2月11日，第一次视察广东、福建经济特区。

2月11日至17日，视察上海。

2月22日，会见兹比格涅夫·布热津斯基率领的美国战略和国际问题研究中心代表团。指出：中美建交，是1972年以来中美关系的高峰，以后不幸出现曲折。这个曲折，是从美国国会通过"与台湾关系法"开始的。这个法对中国人民的伤害是不能低估的。我们对全球战略看法的改变来自美国的变化，当然主要是台湾问题，也有其他问题。

我总感到美国至少有一部分政治家又把杜勒斯主义拣起来了。从全球战略看，美国要取得主动就必须从"四个航空母舰"的圈子里走出来，否则取得不了主动。在谈到中苏关系时指出：中苏关系正常化的前提还是消除三个障碍，我们仍然坚持这一点。只要苏联不在消除三个障碍上迈出一步，中苏关系不可能有戏剧性的变化。但既然是邻国，可以在其他领域改善和发展一些关系。这对于稳定国际局势有益处。世界上有许多争端，总要找个解决问题的出路。我多年来一直在想，找个什么办法，不用战争手段而用和平方式，来解决这种问题。我们提出的大陆与台湾统一的方式是合情合理的。统一后，台湾仍搞它的资本主义，大陆搞社会主义，但是是一个统一的中国。一个中国，两种制度。香港问题也是这样，一个中国，两种制度。我还设想，有些国际上的领土争端，可以先不谈主权，先进行共同开发。这样的问题，要从尊重现实出发，找条新的路子来解决。有好多问题不能用老办法去解决，能否找个新办法，新问题就得用新办法。我多次讲过，中国人不比世界上任何人更少关心和平和国际局势的稳定。中国需要至少二十年的和平，以便聚精会神地搞好国内建设。

2月24日，同胡耀邦等谈话。指出：最近，我专门到广东、福建，跑了三个经济特区，还到上海，看了看宝钢，有了点感性认识。我们建立经济特区、实行开放政策，有个指导思想要明确，就是，不是收而是放。特区是个窗口，是技术的窗口、管理的窗口、知识的窗口，也是对外政策的窗口。从特区可以引进技术，获得知识，学到管理，管理也是知识。特区成为开放的基地，不仅在经济方面、培养人才方面使我们得到好处，而且会扩大我国的对外影响。厦门特区地方划得太小，要把整个厦门岛搞成特区。这样就能吸收大批华侨资金、港台资金，许多外国人也会来投资，而且可以把周围地区带动起来，使整个福建省的经济活跃起来。厦门特区不叫自由港，但可以实行自由港的某些政策。除现在的特区之外，可以考虑再开放几个港口城市，如大连、青岛。这些地方不叫特区，但可以实行特区的某些政策。我们还要开发海南岛。

3月25日，会见日本首相中曾根康弘。指出：中日两国经济合作看得远些广些，有利于我们之间的合作。这种合作不是只对一方有利，而是对双方、对两国、对两国人民都有利。

4月，中共中央、国务院根据邓小平的意见召开沿海部分城市座谈会，并于5月4日发出《沿海部分城市座谈会纪要》的通知，确定进一步开放14个沿海港口城市。

5月29日，会见巴西总统若昂·菲格雷多。指出：中国的对外政策，主要是两句话。一句话是反对霸权主义，维护世界和平，另一句话是中国永远属于第二世界。现在世界上问题很多，有两个比较突出。一是和平问题。现在有核武器，一旦发生战争，核武器就会给人类带来巨大的损失。要争取和平就必须反对霸权主义，反对强权政治。二是南北问题。这个问题在目前十分突出。发达国家越来越富，相对的是发展中国家越来越穷。南北问题不解决，就会对世界经济的发展带来障碍。解决这个问题当然要靠南北对话，但这还不行，还要加强第三世界国家之间的合作。在谈到中国对外政策时指出：中国的对外政策是独立自主的，是真正的不结盟。中国不打美国牌，也不打苏联牌，中国也不允许别人打中国牌。中国对外政策的目标是争取世界和平。在争取和平的前提下，一心一意搞现代化建设，发展自己的国家，建设具有中国特色的社会主义。

6月22日、23日，分别会见香港工商界访京团和香港知名人士钟士元等。在同他们谈话时指出，用"一个国家，两种制度"的办法来解决香港和台湾问题，是全国人民代表大会通过的政策，不会变。

6月30日，会见中日民间人士会议日方委员会代表团。谈话时指出，社会主义阶段的最根本任务就是发展生产力。

7月31日，会见英国外交大臣杰弗里·豪。指出：在香港问题上，我们非常关注13年过渡时期，只要过渡时期安排好了，我们并不担心1997年后的事情。

8月1日，和谷牧会见包玉刚。指出：要加快宁波改革开放的步伐，把全世界的"宁波帮"都动员起来，建设宁波。派卢绪章去宁波，帮助搞好宁波的对外开放工作。并指示：宁波的民航机场问题要解决。

10月1日，在中华人民共和国成立35周年庆祝典礼上检阅部队并讲话。指出：35年来，我国不但完全结束了旧时代的黑暗历史，建立了社会主义社会，也改变了人类历史的进程。特别是十一届三中全会以来，由于彻底纠正了"四人帮"反革命集团的倒行逆施，恢复和发展了毛泽东同志的实事求是的思想路线，陆续实行了一系列适合新情况的重大政策，全国的面貌更是焕然一新。当前的主要任务，是要对妨碍我们前进的现行经济体制进行有系统的改革。同时，要对全国现有的企业进行有计划的技术改造。要大大加强科学技术研究工作，大大加强各级教育工作，以及全体职工和干部的教育工作。全党和全社会都要真正尊重知识，真正发挥知识分子的作用。这样，我们就一定会逐步实现现代化。讲话还重申了我国的对外政策和统一祖国的决心。在随后开始的群众游行中，一些大学生自发打出"小平你好"的横幅。

10月3日，会见由200人组成的港澳同胞国庆观礼团。指出：你们这么多人回来观礼，我非常高兴，我看香港一定有希望。这次回来观礼的，各行各业各界人士都有，各种不同政治观点的人也都来了。这说明大家都赞成中国恢复对香港行使主权，赞成中英两国所达成的协议的内容。这就是说，我们有了一个共同的大前提，一个共同的目标，就是爱祖国，爱香港，在今后 13 年和 13 年以后保持香港的繁荣和稳定。大家共同努力，这个目标肯定可以实现。

10 月 6 日，会见参加中外经济合作问题讨论会全体中外代表。说：在经济问题上，我是个外行，也讲了一些话，都是从政治角度讲的。我们确定了一个政治目标：发展经济，到本世纪末翻两番，国民生产总值按人口平均达到 800 美元，人民生活达到小康水平。这个目标，对中国来说是一个雄心壮志，是一个宏伟的目标。更为重要的是，在这个基础上，再发展 30 年到 50 年，力争接近世界发达国家的水平。实现我们的目标，不是很容易的。讲大话，讲空话，都不行，要有一系列正确的对内对外的方针和政策。党的十一届三中全会以来，我们确定了对内经济搞活、对外经济开放的政策，没有这样的政策不可能成功。对内经济搞活，首先从农村着手。这几年进行的农村改革，是一种带革命意义的改革。与此同时，我们开始了城市改革的试验。即将召开的十二届三中全会的主题，就是城市和整个经济体制的改革。这意味着中国将出现全面改革的局面。由于城市改革的复杂性，可能会出差错，我们是走一步看一步，有不妥当的地方，改过来就是了。总之，遵循一个原则，就是实事求是。我们相信，城市改革也会成功。党的十二届三中全会将在中国的历史发展中写上很重要的一笔。在谈到开放问题时指出：总结历史经验，中国长期处于停滞和落后状态的一个重要原因是闭关自守。经验证明，关起门来搞建设是不能成功的，中国的发展离不开世界。当然，像中国这样大的国家搞建设，不靠自己不行，主要靠自己，这叫做自力更生。但是在坚持自力更生的基础上，还需要对外开放，吸收外国的资金和技术来帮助我们发展。这种帮助不是单方面的。中国取得了国际的特别是发达国家的资金和技术，中国对国际的经济也会做出较多的贡献。对内经济搞活，对外经济开放，这不是短期的政策，是个长期的政策，最少 50 年到 70 年不会变。

10 月 7 日，出席北京正负电子对撞机国家实验室奠基典礼，在电子对撞机工地为基石培上第一锹土。

10月10日，会见德意志联邦共和国总理赫尔穆特·科尔。指出：过几天我们要开十二届三中全会，这将是一次很有特色的全会。前一次三中全会重点在农村改革，这一次三中全会则要转到城市改革。无论是农村改革还是城市改革，其内容和基本经验都是开放，对内把经济搞活，对外更加开放。我们把改革当做一种革命。

10月20日，同胡耀邦等主持中国共产党第十二届中央委员会第三次全体会议。在会议通过《中共中央关于经济体制改革的决定》后发言，指出：这个决定，是马克思主义的基本原理和中国社会主义实践相结合的政治经济学。我有这么一个评价。但是要到五年之后才能够讲这个话，证明它正确。

10月22日，在中共中央顾问委员会第三次全体会议上讲话。指出：我们要向世界说明，我们现在制定的这些方针、政策、战略，谁也变不了。因为实践证明现在的政策是正确的，是行之有效的。在谈到祖国统一问题时指出："一国两制"是从中国的实际提出的，中国面临一个香港问题、一个台湾问题。解决问题只有两个方式，一个是谈判方式，一个是武力方式。用和平谈判的方式来解决，总要各方都能接受，所以要提出"一国两制"。香港问题能够谈成，主要是我们这个国家这几年发展起来了，是个有力量、值得信任的国家。当然，还是由于"一国两制"的根本方针或者说战略搞对了，也是中英双方共同努力的结果。香港问题的解决会直接影响到台湾问题。在谈到台湾问题时指出，我们坚持谋求用和平的方式解决台湾问题，但是始终没有放弃非和平方式的可能性，我们不能作排除使用武力的承诺。这是一种战略考虑。

10月26日，会见马尔代夫总统穆蒙·阿卡杜勒·加尧姆。指出：我们取得的成就，如果有一点经验的话，那就是这几年来重申了毛泽东同志提倡的实事求是的原则。中国革命的成功，是毛泽东同志把马克思列宁主义同中国的实际相结合，走自己的路。现在中国搞建设，也要把马克思列宁主义同中国的实际相结合，走自己的路。六年来，中国农村就是根据这样的原则，走自己的路，取得成功的。最近通过的以城市为重点的改革的决定，也是把马克思列宁主义的基本原理同中国实际相结合，走自己的路。这是我们吃了苦头总结出来的经验。今后我们可能还会犯错误。但是，第一不能犯大错误，第二发现不对就赶快改。

10 月 31 日，会见缅甸总统、缅甸国务委员会主席吴山友。指出：总结国际关系的实践，最具有强大生命力的就是和平共处五项原则。

11 月 1 日，出席中央军委座谈会并讲话。指出：现在需要的是全国党政军民一心一意地服从国家建设这个大局，照顾这个大局。这个问题，我们军队有自己的责任，不能妨碍这个大局，要紧密地配合这个大局，而且要在这个大局下面行动。

12 月 19 日下午，出席中英两国政府《关于香港问题的联合声明》签字仪式，并会见英国首相撒切尔夫人。

1985 年　八十一岁

1 月 19 日，会见香港核电投资有限公司代表团。谈话时说，中国的对外开放、吸引外资的政策，是一项长期持久的政策。我们的开放政策不会导致资本主义。

1 月 31 至 2 月 27 日，前往江苏、上海、广东等地视察。

3 月 4 日，会见日本商工会议所访华团。谈话时指出，和平和发展是当代世界的两大问题。

3 月 7 日，在全国科技工作会议上作《改革科技体制是为了解放生产力》讲话。在这个讲话之后，又即席讲话，指出：我们在建设具有中国特色的社会主义社会时，一定要坚持发展物质文明和精神文明，坚持五讲四美三热爱，教育全国人民做到有理想、有道德、有文化、有纪律。这四条里面，理想和纪律特别重要。

3 月 28 日，会见日本自由民主党副总裁二阶堂进。谈话时指出，改革是中国的第二次革命。

4 月 15 日，会见坦桑尼亚联合共和国副总统姆维尼。谈话时说，我们的经验教训最重要的一条，就是要搞清楚什么是社会主义，如何建设社会主义。

5 月 19 日，在全国教育工作会议上讲话指出，各级党和政府要把教育工作认真抓起来。强调一个地区、一个部门，如果只抓经济，不抓教育，那里的工作重点就是没有转移好或者说转移得不完全。

6 月 4 日，在中央军委扩大会议上宣布，中国政府决定裁减军队员额 100 万，并阐述了党的十一届三中全会以后对国际形势判断和对外政策的两个重要转变。

7 月 11 日，在听取中央负责人汇报当前经济情况时指出，没有改革就没有今后的持续发展。要抓住时机，推进改革。

8 月 28 日，会见津巴布韦非洲民族联盟主席、政府总理穆加贝。谈话时指出，改革是中国发展生产力的必由之路。

9 月 23 日，在中国共产党全国代表会议上讲话，强调改革中要始终坚持公有制占主体和共同富裕这两条社会主义的根本原则，要加强精神文明建设和干部理论学习。

1986 年　八十二岁

1 月 17 日，在中共中央政治局常委会上讲话，强调搞四个现代化一定要有两手，即一手抓建设，一手抓法制。指出，不能不讲专政，这个专政可以保证我们的社会主义现代化建设顺利进行，有力地对付那些破坏建设的人和事。

1 月至 2 月，到四川、广西等地视察工作。

3月5日，对四位科学家提出的关于跟踪世界高技术发展的建议批示："这个建议很重要，不可拖延。"11月，中共中央、国务院批准《高技术研究发展计划纲要》，简称"八六三"计划。"八六三"指1986年3月。

3月28日，会见新西兰总理朗伊。谈话时说，我们现在搞两个文明建设，一是物质文明，一是精神文明。实行开放政策必然会带来一些坏的东西，我们依靠人民的力量，用法律和教育这两个手段来解决这个问题。

4月19日，会见香港知名人士包玉刚、王宽诚、霍英东、李兆基等。谈话时说，教育是一个民族最根本的事业。

8月，视察天津。

9月2日，接受美国哥伦比亚广播公司"60分钟"节目记者迈克·华莱士电视采访，就中苏、中美关系问题，台湾问题，改革和现代化建设问题等回答了记者的提问。

9月28日，在党的十二届六中全会讨论关于社会主义精神文明建设决议草案时讲话指出，我们搞的四个现代化是社会主义的四个现代化，搞自由化就是要把我们引导到资本主义道路上去，就会破坏我们安定团结的政治局面。

9月至11月，多次谈话阐述政治体制改革要与经济体制改革相适应，要向着三个目标进行：一是始终保持党和国家的活力，主要是指领导层干部的年轻化；二是克服官僚主义，提高工作效率；三是调动基层工人、农民、知识分子的积极性。

12月19日，在听取中央几位负责人汇报当前经济情况和明年改革设想时指出，企业改革，主要是解决搞活国营大中型企业的问题，金融改革的步子要迈大一些。

1987年　八十三岁

1月至3月，针对1986年底一些高等院校少数学生闹事，多次谈话指出，要加强四项基本原则教育，旗帜鲜明地反对资产阶级自由化，要有领导有秩序地进行社会主义建设。

2月6日，同中共中央几位负责人谈话指出，计划和市场都是发展生产力的方法，只要对发展生产力有好处就可以利用。

4月13日，出席中葡两国政府关于澳门问题联合声明的签字仪式。

4月16日，会见香港特别行政区基本法起草委员会委员并讲话，阐述按"一国两制"方针解决统一问题后，对香港、澳门、台湾政策要真正能做到50年不变，50年以后也不变，就要保证大陆社会主义制度不变。

4月30日，会见西班牙工人社会党副总书记、政府副首相格拉。谈话时系统阐述中国经济发展分三步走的战略目标。第一步，在80年代人均国民生产总值翻一番，达到500美元，解决温饱问题。第二步，到本世纪末再翻一番，达到人均1000美元，实现小康。第三步，在下世纪用30年到50年再翻两番，实现人均4000美元，达到中等发达国家的水平。

6月12日，会见南斯拉夫共产主义者联盟中央主席团委员科罗舍茨。谈话时提出，中国要加快改革开放的步伐。在谈到党与党之间要建立新型关系时说，任何大党、中党、小党，都要相互尊重对方的选择和经验，对别的党、别的国家的事情不应随便指手画脚。

7月4日，会见孟加拉国总统艾尔沙德。谈话时指出，中国方针政策有两个基本点。一是实行改革开放，二是坚持四项基本原则。这两个基本点是相互依存的。

8月29日，会见意大利共产党领导人约蒂和赞盖里。谈话时指出，中国处在社会主义初级阶段，一切都要从这个实际出发，根据这个实际来制订规划。

10月13日，会见匈牙利社会主义工人党总书记卡达尔。谈话时说，整个社会主义历史阶段的中心任务是发展生产力。贫穷不是社会主义，发展太慢也不是社会主义。

11月，根据党的十三届一中全会决定，任中央军委主席。

1988年 八十四岁

1月23日，在一份关于加快沿海地区对外开放和经济发展的报告中批示："完全赞成。特别是放胆地干，加速步伐，千万不要贻误时机。"

5月25日，会见捷克斯洛伐克共产党中央总书记雅克什。谈话时指出，我们现在要进一步改革，进一步开放。我们的思想要更解放一些，改革开放的步子要更快一些。改革开放要贯穿中国整个发展过程。中国解决所有问题的关键是要靠自己的发展。

9月5日，会见捷克斯洛伐克总统胡萨克。谈话时提出，科学技术是第一生产力。

9月12日，在听取关于价格和工资改革初步方案汇报时指出，要注意教育和科学技术，千方百计把教育问题解决好，这是一个战略方针问题，改革要成功，就必须有领导有秩序地进行。中央要有权威。要在中央统一领导下深化改革。

10月24日，视察北京正负电子对撞机工程时强调，中国必须在世界高科技领域占有一席之地。

11月2日，在祝贺广西壮族自治区成立30周年时题词："加速现代化建设，促进各民族共同繁荣。"

12月21日，会见印度总理拉吉夫·甘地。谈话时提出，要以和平共处五项原则为准则建立国际政治新秩序和国际经济新秩序；应当把发展问题提到全人类的高度来认识。

1989年 八十五岁

2月26日，会见美国总统布什。谈话时指出，中国的问题，压倒一切的是需要稳定。离开国家的稳定就谈不上改革开放和搞经济建设。

3月4日，同中共中央负责人谈话，指出中国不允许乱。十年来最大失误是在教育方面，对青年的政治思想教育抓得不够，教育发展不够。

4月，针对北京发生的动乱，两次发表谈话，对中共中央政治局常委会关于平息动乱、稳定局势的决定，表示完全赞同和支持。主张旗帜鲜明地反对动乱。

5月16日，会见苏联最高苏维埃主席团主席、苏共中央总书记戈尔巴乔夫，宣布中苏关系实现正常化。

5月至6月，在平息动乱前后提出，中国共产党要组成一个实行改革的有希望的第三代领导集体。新的领导集体要以江泽民同志为核心。在谈到当务之急时强调，要在更大胆地改革开放和惩治腐败方面做几件使人民满意的事情，常委会要聚精会神地抓党的建设。

6月9日，接见首都戒严部队军以上干部，并发表重要讲话，指出这次事件爆发出来，促使我们冷静地考虑过去和未来，党的"一个中心、两个基本点"的基本路线、十一届三中全会以来制定的一系列方针、政策，包括改革开放、"三部曲"发展战略目标，都没有错。今后要继续坚定不移地照样干下去。

6月23日、24日，党的十三届四中全会举行，选举江泽民为中央委员会总书记。

8月，《邓小平文选（1938—1965年)》出版发行。

9月4日，同中共中央几位负责人谈话时指出，中国肯定要沿着自己选择的社会主义道路走到底，谁也压不垮我们。对国际局势我们要冷静观察，稳住阵脚，沉着应付。

11月，党的十三届五中全会同意邓小平辞去中共中央军委主席的请求，实现了他从领导岗位上完全退下来的凤愿。在以他为核心的党的第二代中央领导集体向以江泽民同志为核心的党的第三代领导集体顺利过渡、保持党和国家稳定的过程中，他起了关键的作用。

11 月 20 日，会见编写第二野战军战史的老同志，畅述第二野战军的光辉战斗历程。

12 月 1 日，会见以樱内义雄为团长的日本国际贸易促进协会访华团主要成员。谈话时指出，国家的主权和安全要始终放在第一位。

1990 年　八十六岁

2 月 17 日，会见出席香港特别行政区基本法起草委员会第九次全体会议的委员。

3 月 3 日，同中共中央几位负责人谈话时指出，中国能不能顶住霸权主义、强权政治的压力，坚持社会主义制度，关键就看能不能争得较快的增长速度，实现我们的发展战略。

3 月，七届全国人大三次会议接受邓小平辞去中华人民共和国中央军事委员会主席职务。

4 月 7 日，会见泰国正大集团董事长谢国民等。指出：我们集中力量搞四个现代化，着眼于振兴中华民族。没有四个现代化，中国在世界上就没有应有的地位。

7 月 11 日，会见加拿大前总理皮埃尔·特鲁多。指出：去年以来一些国家对中国实行制裁。我认为，第一，他们没有资格制裁中国，第二，实践证明中国有抵抗制裁的能力。中国的特点是建国四十多年来大部分时间是在国际制裁之下发展起来的。尽管东欧、苏联出了问题，尽管西方七国制裁我们，我们坚持一个方针：同苏联继续打交道，搞好关系；同美国继续打交道，搞好关系，同日本、欧洲国家也继续打交道，搞好关系。这一方针，一天都没有动摇过。中国永远不会接受别人干涉内政。要求全世界所有国家都照搬美、英、陆的模式是办不到的。我们不在乎别人说我们什么，真正在乎的是有一个好的环境来发展自己。只要历史证明中国社会主义制度的优越性就够了，别国的社会制度如何我们管不了。

9月15日上午，会见马来西亚郭氏兄弟集团董事长郭鹤年。指出：大陆同胞，台湾、香港、澳门的同胞，还有海外华侨，大家都是中华民族子孙。我们要共同奋斗，实现祖国统一和民族振兴。

12月24日，同江泽民、杨尚昆、李鹏谈话。指出：对一年半以来中央的工作，我满意。对这次统一思想，制订出新的五年计划和十年规划，我完全赞成。强调：沿海如何帮助内地，这是一个大问题。可以由沿海一个省包内地一个省或两个省，也不要一下子负担太重。开始时可以做某些技术转让。共同致富，我们从改革一开始就讲，将来总有一天要成为中心课题。社会主义不是少数人富起来、大多数人穷，不是那个样子。社会主义最大的优越性就是共同富裕，这是体现社会主义本质的一个东西。

1991年　八十七岁

1月27日至2月20日，视察上海。同上海市负责人谈话时提出，抓紧开发浦东，不要动摇，一直到建成，希望上海人民思想更解放一点，胆子更大一点，步子更快一点。

8月20日，同中共中央几位负责人谈话时指出，坚持改革开放是决定中国命运的一招。

1992年　八十八岁

1月17日至2月21日，到武昌、深圳、珠海、上海等地视察，发表重要谈话，分析了国际国内形势，总结了党的十一届三中全会以来党的基本实践和基本经验，明确回答了经常困扰和束缚人们思想的许多重大认识问题。指出，计划和市场都是经济手段，不是社会主义与资本主义的本质区别。社会主义的本质，是解放生产力，发展生产力，消灭剥削，消除两极分化，最终达到共同富裕。提出判断是非的标准，主要看是否有利于发展社会主义社会的生产力，是否有利于增强社会主义国家的综合国力，是否有利于提高人民的生活水平。强调要抓住机遇，大胆改革，加快发展，坚持党的基本路线一百年不动摇。以这次谈话和党的十四大为标志，中国的改革开放和现代化建设进入了一个新阶段。

10 月，中国共产党第十四次全国代表大会召开。会议确定经济体制改革的目标是建立社会主义市场经济体制，提出用邓小平建设有中国特色社会主义理论武装全党的战略任务。邓小平会见了出席十四大的全体代表。

12 月 29 日，被英国《金融时报》评选为"1992 年风云人物"。

1993 年　八十九岁

11 月 2 日，《邓小平文选》第三卷出版发行。中共中央举行学习《邓小平文选》第三卷报告会，江泽民发表重要讲话。

1994 年　九十岁

11 月 2 日，经修订增补的《邓小平文选（1938—1965 年）》《邓小平文选（1975—1982 年）》，改称《邓小平文选》第一卷、第二卷出版发行。

1997 年　九十三岁

2 月 19 日，在北京逝世，享年 93 岁。

后　记

邓小平是全党全军全国各族人民公认的享有崇高威望的卓越领导人，伟大的马克思主义者，伟大的无产阶级革命家、政治家、军事家、外交家，久经考验的共产主义战士，中国社会主义改革开放和现代化建设的总设计师，中国特色社会主义道路的开创者，邓小平理论的主要创立者，为世界和平和发展作出重大贡献的伟大国际主义者。

邓小平是20世纪的一位伟人，他70多年的革命生涯波澜壮阔，他把毕生的精力献给了中国人民，他是人民共和国的开国元勋，中国共产党第一代中央领导集体的重要成员，中国共产党第二代中央领导集体的核心。

邓小平从不主张宣传自己，他说，"我多次拒绝外国人要我写自传，如果只讲功不讲过，本身就变成了歌功颂德，吹嘘自己，那有什么必要？"

邓小平没有写过完整的自传，但是他对自己的经历、信念、爱好和重要思想都有他自己的说法和评价，这些内容大多散见于他早年自己填写的履历表，以及后来与家人、身边工作人员、外国友人的谈话中，还有一些散见于他在一些会议上的讲话和即席发言之中。我们从《邓小平文选》《邓小平年谱》《邓小平传》和邓小平的有关档案材料中把这些内容集纳起来，编辑了这本《邓小平自述》。这些内容基本反映了邓小平一生的经历和重要思想，是奉献给读者的一本研究邓小平和学习邓小平的重要读物。2005 年出版了第 1 版，2009 年出版第 2 版，这次作了稍许修订。

编　者

2024 年 8 月

责任编辑：翟金明

封面设计：石笑梦

图书在版编目（CIP）数据

邓小平自述 ／ 中共中央文献研究室邓小平研究组编.
修订本 . -- 北京 ： 人民出版社，2025. 8. -- ISBN 978 - 7
- 01 - 027537 - 6

Ⅰ．A761

中国国家版本馆 CIP 数据核字第 2025SS8724 号

邓小平自述
DENGXIAOPING ZISHU

（修订本）

中共中央文献研究室邓小平研究组　编

人 民 出 版 社 出版发行
（100706　北京市东城区隆福寺街 99 号）

中煤（北京）印务有限公司印刷　新华书店经销

2025 年 8 月第 1 版　2025 年 8 月北京第 1 次印刷
开本：710 毫米 × 1000 毫米 1/16　印张：21.25
字数：278 千字

ISBN 978 - 7 - 01 - 027537 - 6　定价：75.00 元

邮购地址 100706　北京市东城区隆福寺街 99 号
人民东方图书销售中心　电话（010）65250042　65289539

版权所有·侵权必究
凡购买本社图书，如有印制质量问题，我社负责调换。
服务电话：（010）65250042